本书获得2022年河北省科技金融协同创新中心开放基金项目支持，
项目名称：金融支持河北省科技成果转化的机制、路径与政策研究；
项目编号：STFCIC202218

支持科技成果转化的金融工具

王宪明　孙立永　胡继成 ◎ 编著

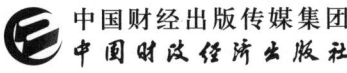

中国财经出版传媒集团
中国财政经济出版社

·北　京·

图书在版编目（CIP）数据

支持科技成果转化的金融工具／王宪明，孙立永，胡继成编著. --北京：中国财政经济出版社，2024.6
ISBN 978－7－5223－3163－8

Ⅰ.①支… Ⅱ.①王… ②孙… ③胡… Ⅲ.①金融衍生产品－研究－中国 Ⅳ.①F832.5

中国国家版本馆 CIP 数据核字（2024）第 099149 号

责任编辑：潘　飞　　　　　　责任校对：胡永立
封面设计：陈宇琰　　　　　　责任印制：史大鹏

支持科技成果转化的金融工具
ZHICHI KEJI CHENGGUO ZHUANHUA DE JINRONG GONGJU

中国财政经济出版社 出版
URL：http://www.cfeph.cn
E－mail：cfeph@cfeph.cn
（版权所有　翻印必究）
社址：北京市海淀区阜成路甲 28 号　邮政编码：100142
营销中心电话：010－88191522
天猫网店：中国财政经济出版社旗舰店
网址：https://zgczjjcbs.tmall.com
中煤（北京）印务有限公司印刷　各地新华书店经销
成品尺寸：185mm×260mm　16 开　20.75 印张　382 000 字
2024 年 6 月第 1 版　2024 年 6 月北京第 1 次印刷
定价：75.00 元
ISBN 978－7－5223－3163－8
（图书出现印装问题，本社负责调换，电话：010－88190548）
本社图书质量投诉电话：010－88190744
打击盗版举报热线：010－88191661　QQ：2242791300

序　言

党的二十大报告指出，科技是国家发展的核心动力，人才是国家的重要资源，创新则是推动国家前进的驱动力。

为深入贯彻党的二十大精神，推动建设中国式现代化河北省高质量发展应用场景，实施科教兴国战略、人才强国战略和创新驱动发展战略，我们需要不断开辟新的领域和赛道，积极塑造新的发展动能和新优势。通过加强科技创新和教育发展，提高全民族的素质和能力，我们可以更好地应对未来的挑战和机遇。完善科技创新体系，促进科技创新成果转化，加快发展技术要素市场是完善社会主义市场经济体制的重要内容，对实现高水平科技自立自强，加快构建以国内大循环为主体、国内国际双循环相互促进的新发展格局具有重要意义。本书根据《中共中央 国务院关于构建更加完善的要素市场化配置体制机制的意见》《中共中央 国务院关于新时代加快完善社会主义市场经济体制的意见》《中共中央 国务院关于加快建设全国统一大市场的意见》《河北省科技创新"十四五"规划》《赋予科研人员职务科技成果所有权或长期使用权试点实施方案》（国科发区〔2020〕128号）以及《关于进一步吸引京津科技成果在冀转移转化的若干措施》等文件要求，深入研究河北省科技成果转化的难点与瓶颈，全面梳理国家发展改革委、科技部、中国人民银行、证券监督管理委员会及各类金融机构与全国主要省区特色做法，编著了《支持科技成果转化的金融工具》，以期为京津冀协同发展、雄安新区建设、创新驱动发展和经济社会全面高质量发展贡献绵薄之力。

习近平总书记强调要广泛运用先进科学技术，着力加强科技创新能力建设，加大科技成果转化力度，积极发展新业态、新模式，培育新增长点、形成新动能，把智能、绿色、创新打造成为京津冀协同发展与雄安新区建设的亮丽名片。河北省出台了一系列政策措施大力发展科技型中小企业，使科技型中小企业从数量和规模上都得到了快速发展，已成为支持河北省地方经济发展的重要成员。由于科技型中小企业自身经营风险较高，存在信息不对称等问题，所以融资途径一直是制约其发展的重要因素。

《支持科技成果转化的金融工具》给出了基于知识产权与知识价值的银行信用贷款、资本市场融资工具、债券融资以及质押、租赁融资等22种金融工具，并借鉴相关典型政策措施，提出了应对河北省科技型中小企业的融资困难的相对应的建议和对策，重点构建以政府帮扶为抓手，以银行等金融机构为核心的外源性融资渠道，以完善科技型中小企业内部建设为落脚点的科学制度体系，以此全面推动河北省科技型中小企业实现由初创期向成熟期的稳步过渡及创新发展，对其他省市科技型中小企业融资发展也具有积极的借鉴意义。

目 录

第 1 章 知识价值信用贷款 ··· 1
1.1 知识价值信用贷款概念与特点 ······································ 3
1.2 知识价值信用贷款的主要流程 ······································ 3
1.3 发展知识价值信用贷款典型措施借鉴 ······························ 5
1.4 关于科技型企业知识价值信用评价指标体系 ······················ 12
1.5 河北省推动发展知识价值信用贷款的建议 ························ 13

第 2 章 科技创新再贷款 ··· 17
2.1 科技创新再贷款概念与特点 ·· 19
2.2 科技创新再贷款的主要流程 ·· 19
2.3 发展科技创新再贷款典型措施借鉴 ································ 20
2.4 河北省推动发展科技创新再贷款的建议 ·························· 24

第 3 章 创新积分贷 ·· 27
3.1 创新积分贷概念与特点 ··· 29
3.2 创新积分贷的主要流程 ··· 29
3.3 创新积分贷政府典型措施借鉴 ····································· 30
3.4 科技型企业创新积分贷评价指标体系 ····························· 33
3.5 河北省推动发展创新积分贷的建议 ································ 38

第 4 章 科创 e 贷 ··· 41
4.1 科创 e 贷的概念与现状 ·· 43
4.2 科创 e 贷的申请条件及流程 ······································· 43
4.3 科创 e 贷典型措施借鉴 ·· 44
4.4 科创 e 贷的典型案例 ··· 45
4.5 加快推动河北省科创 e 贷发展的对策建议 ······················· 47

第 5 章 预期收益权质押贷款 ·· 51
5.1 预期收益权质押贷款概念与特点 ··································· 53
5.2 预期收益权质押贷款典型措施借鉴 ································ 54
5.3 河北省预期收益权质押贷款发展建议 ····························· 57

第 6 章 专利权质押融资 ······ 59
- 6.1 专利权质押融资概念与特点 ······ 61
- 6.2 专利权质押贷款的主要流程 ······ 61
- 6.3 发展专利权质押融资典型措施借鉴 ······ 62
- 6.4 河北省发展专利权质押融资的建议 ······ 62

第 7 章 知识产权质押融资 ······ 65
- 7.1 知识产权质押融资概念与特点 ······ 67
- 7.2 知识产权质押融资的主要流程 ······ 68
- 7.3 知识产权质押融资典型措施借鉴 ······ 69
- 7.4 关于科技型企业知识产权质押融资评价指标体系 ······ 74
- 7.5 河北省推动发展知识产权质押融资的建议 ······ 82

第 8 章 知识产权融资租赁 ······ 87
- 8.1 知识产权融资租赁概念与特点 ······ 89
- 8.2 知识产权融资租赁的主要流程 ······ 90
- 8.3 发展知识产权融资租赁的典型措施借鉴 ······ 91
- 8.4 关于科技型企业知识产权融资租赁评价指标体系 ······ 100
- 8.5 河北省推动发展知识产权融资租赁的建议 ······ 102

第 9 章 知识产权证券化 ······ 105
- 9.1 知识产权证券化概念与特点 ······ 107
- 9.2 知识产权证券化的主要流程 ······ 108
- 9.3 发展知识产权证券化典型措施借鉴 ······ 108
- 9.4 河北省推动发展知识产权证券化的建议 ······ 123

第 10 章 天使投资引导基金与子基金 ······ 127
- 10.1 天使投资引导基金概念与特点 ······ 129
- 10.2 天使投资引导基金主要流程 ······ 129
- 10.3 天使投资引导基金典型措施借鉴 ······ 130
- 10.4 河北省发展天使投资引导基金举措与建议 ······ 137

第 11 章 创业投资引导基金与子基金 ······ 141
- 11.1 创业投资引导基金概念与特点 ······ 143
- 11.2 创业投资引导基金主要流程与运行模式 ······ 143
- 11.3 创业投资引导基金典型措施借鉴 ······ 144
- 11.4 河北省创业投资引导基金发展举措与建议 ······ 150

第12章　产业投资引导基金与子基金 · 153

12.1　产业投资引导基金概念与特点 · 155
12.2　产业投资引导基金主要流程与运行模式 · 156
12.3　产业投资引导基金典型措施借鉴 · 157
12.4　河北省产业投资引导基金发展举措与建议 · 176

第13章　科技担保基金 · 181

13.1　科技担保基金概念与特点 · 183
13.2　科技担保基金的主要流程 · 183
13.3　发展科技担保基金的典型措施借鉴 · 184
13.4　河北省推动科技担保基金发展的建议 · 190

第14章　科创板企业上市 · 193

14.1　科创板的概念与特点 · 195
14.2　科创板企业上市的流程 · 195
14.3　科创板企业上市的典型措施借鉴 · 196
14.4　科创板企业上市可能存在的风险 · 200
14.5　河北省推动科创板企业上市的建议 · 201

第15章　知识产权运营基金 · 205

15.1　知识产权运营基金的概念与内涵 · 207
15.2　知识产权运营基金的流程 · 208
15.3　知识产权运营基金的典型措施借鉴 · 209
15.4　河北省知识产权运营基金方面存在的不足 · 213
15.5　推动河北省知识产权运营基金发展的建议 · 215

第16章　科技创新公司债券 · 217

16.1　科技创新公司债券概念与特点 · 219
16.2　科技创新公司债券的主要流程 · 219
16.3　科技创新公司债券典型措施借鉴 · 220
16.4　关于科技创新公司债券典型案例 · 226
16.5　河北省推动发展科技创新公司债券的建议 · 227

第17章　科创企业集合债 · 231

17.1　科创企业集合债概念与特点 · 233
17.2　科创企业集合债的主要流程 · 233
17.3　发展科创企业集合债典型措施借鉴 · 234

17.4 河北省发展科创企业集合债建议 …… 241

第18章 双创金融债 …… 243
18.1 双创金融债概念与特点 …… 245
18.2 双创金融债的主要流程 …… 245
18.3 双创金融债典型措施借鉴 …… 247
18.4 双创金融债的典型案例 …… 253
18.5 河北省推动发展双创金融债的建议 …… 254

第19章 科技创新券 …… 257
19.1 科技创新券概念与特点 …… 259
19.2 科技创新券申请的主要流程 …… 259
19.3 发展科技创新券典型措施借鉴 …… 260
19.4 河北省推动发展科技创新券的建议 …… 270

第20章 供应链融资 …… 273
20.1 供应链融资概念与特点 …… 275
20.2 供应链融资的主要流程 …… 275
20.3 发展供应链融资典型措施借鉴 …… 277
20.4 关于供应链服务质量评价指标体系 …… 284
20.5 供应链企业金融风险控制与评价体系 …… 287
20.6 河北省推动发展供应链融资的建议 …… 290

第21章 投贷联动 …… 293
21.1 投贷联动概念与特点 …… 295
21.2 投贷联动的主要流程 …… 295
21.3 发展投贷联动典型措施借鉴 …… 298
21.4 关于投贷联动——银行科技信贷风险评价指标体系 …… 306
21.5 河北省推动发展投贷联动的建议 …… 307

第22章 科技保险（与保险补偿）…… 311
22.1 科技保险的概念与特点 …… 313
22.2 科技保险补贴的主要流程 …… 314
22.3 发展科技保险的典型措施借鉴 …… 317
22.4 关于科技保险典型案例 …… 318
22.5 河北省推动科技保险发展的建议 …… 319

第1章

知识价值信用贷款

知识价值信用贷款在河北省具有良好的前景，同时河北省人民政府也在积极促进知识价值信用贷款的开展。因为科技型公司是推动中国经济成长非常关键的部分，而知识价值信用贷款较好地给中小科技公司带来了便捷的融资支持，且其通过自身创新的信贷方式和评估制度，为未来的科技型公司资本融通提供了很大的支持，并具有非常充足的潜力。

在河北更加注重科技创新的背景下，政府着力推动知识价值信用贷款的制度建设，建立规范的知识价值信用贷款评估体系，为高新技术企业成长发展提供有利条件，从而促使河北的高新技术企业发展取得了更大突破，政府特别要从健全专利和无形资产配套措施、提高优化企业科技创新条件、促进高新技术企业服务体系创新性发展等领域加强创新的压力，从而促进河北高新技术产业建设取得更大跨越。

1.1 知识价值信用贷款概念与特点

知识价值信用贷款，是指银行通过对科技型企业的知识价值进行综合分析，确定其可获得的合理的融资需求，并依据中国人民银行确定的当月最低贷款利率（LPR），为这家企业提供为期一年的信用贷款。

科技型企业知识价值信用贷款，其实质既包含了政府的引导，也体现了市场的运作，涉及政府、银行与科技型企业三方。成功实施的关键在于如何依法依规、精准高效地协调三者之间的关系，确保科学合理。为了有效解决科技企业知识产权评估与定价难题，重庆、湖南、河南、江苏等地相继推出了科技型企业知识价值信用贷款政策。这一政策旨在构建科学的信用评价模型，从而为科技型企业打开轻资产融资的大门，推动人才、技术、资本与产业在重庆等地的深度融合与落地。知识价值信用贷款改革试点，正是探索轻资化、信用化、便利化的债权融资新路径。通过联合银行，以基准利率为科技企业发放信用贷款，旨在缓解轻资产科技企业的融资压力。同时，与种子基金形成联动，共同支持科技型企业的健康发展。

1.2 知识价值信用贷款的主要流程

对合作银行来说，其自身应该实力较强，应构建针对科技型企业的专属信贷审批和信用评价机制，在实施区域有正常发放知识价值信用贷款的渠道；资产状良好，管理机制完善，具有较强的风险控制能力和较好的经营业绩，无重大违规违法行为。对于贷款企业来说，贷款资金应专款专用，仅限于本企业的日常生产经营活动，严禁将其用于转贷、委托贷款等不当用途；贷款到期后，符合条件的企业可以向合作银行申请无还本续贷，同步纳入知识价值信用贷款风险补偿范畴，无还本续贷最长不超过两年。获得知识价值信用贷款的企业应当按合同还本付息，配合合作银行及实施区域开展贷后检查，及时向实施区域及贷款银行报备重大事项变更情况。

关于风险补偿资金的管理，省级和实施区域将按照1∶1的比例共同设立科技型企业知识价值信用贷款风险补偿资金，旨在为该类型贷款提供风险保障，确保贷款的安全性和稳定性。风险补偿资金原则上承担不超过贷款本金损失的80%，省级风险补偿资金与实施区域风险补偿资金按照同比例进行补偿。在一个合作年度内，单家银行在单个实施区域累计不良率达到3%时，实施区域应立即向该银行提出风险警示；不良率达到5%时，实施区域应暂停受理该银行该区域知识价值信用贷款新增业务，并对前期运行效果予以全面评估，视评估结果决定是否重启，并受理该区域工作。对于已经受理的业务，风险补偿资金继续履行风险补偿责任。知识价值信用贷款程序简要步骤详见图1-1，其具体流程大概分为以下六步：

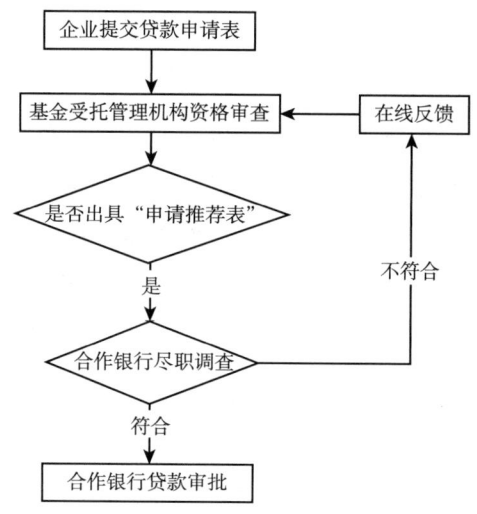

图1-1 知识价值信用贷款流程图

第一步，申请，需要贷款的企业填写并向合作银行提交贷款申请表，合作银行审核无误后开始准备进一步调查。第二步，开始调查，在接受需贷款企业的申请后，评估机构成立专门的项目组对提交贷款申请的企业进行资质核查。若企业满足相关条件，则为其出具相应的资质证明，并直接传送至银行进行下一步处理。第三步，银行将对这些企业进行贷款审批，合作银行对企业贷款进行调查，充分分析评估企业的情况，再进行分析整理。第四步，核对信息资料无误后提交报告，根据企业的资产评估对其进行综合评价，编写相关的评估报告。第五步，在调查报告编写完毕并无误的前提下，开始准备贷款审批。第六步，贷后的流程则是贷款发放及跟踪。若企业符合以上流程要求，则银行将参照企业获得的知识价值信用额度审批放款，不得向企业收取抵质押物及其他不合理费用，并对企业按照规定进行及时的贷后追踪，并作出检查报告。

综上所述，知识价值信用贷款是合作银行依据科技型企业知识价值评分结果作为关键考量，向科技型企业发放为期 1 年（含）以内的信用贷款（不包含不动产、准货币等资产抵押或第三方担保的贷款）。针对科技创新型企业来讲，知识价值信用贷款授信额度较小，贷款条件较为简单，是一种较为可靠的融资方式。

1.3　发展知识价值信用贷款典型措施借鉴

目前，河北省已经出台了相关政策，如《河北省人民政府关于印发河北省"十四五"知识产权保护和运用规划的通知》《河北省人民政府关于印发河北省专利奖奖励办法的通知》等文件，但近年来实际上的知识信用价值贷款相关产品尚未推出。因此，依据 2022 年 3 月 18 日发布的《湖南省科技型企业知识价值信用贷款风险补偿改革实施办法》，湖南省开始探索并建立符合科技型企业"轻资产"特点的知识价值信用评价体系。

湖南省知识价值信用贷款成效明显。湖南省的实施办法出台后，各实施区域充分发挥"主阵地"作用，积极稳妥推进各项改革举措落实落地。长沙高新区以信贷风险补偿机制为核心，打出了一套高效的间接融资策略组合，至今已成功完成 100 笔总计 3.5 亿元的知识价值信用贷款。与此同时，湘潭市也迅速行动，为 70 余家科技型企业提供了及时的资金支持。湖南凌天科技有限公司与湘潭大学、湖南科技大学共同开展的某芯片研发项目，正处于至关重要的攻关阶段，然而企业资金却出现了紧张状况。幸运的是，湘潭市科技局正大力推进科技型企业知识价值信用贷款风险补偿改革，这使得凌天科技在短短 3 个工作日内，无需任何抵押，便顺利从湘潭农商银行获得了 500 万元的贷款，而且其融资成本相比一般贷款降低了近一半。

湖南省已经逐步建立起种创新型企业知识价值信用评估体系，以此来有效地消除创新型企业与金融机构之间的信任障碍。知识价值信用贷款是一种新兴的金融服务，其发行时间较短，贷款额度较大，观之河北省的发展现状来说，因为其自主创新能力与经费投入程度相对不足等问题而言。河北省发展知识价值信用贷款仍面临着一定的制约。

湖南省科技型企业知识价值信用贷款风险补偿改革实施办法①

第一章 总 则

第一条 为全面落实"三高四新"战略定位和使命任务，推动建立轻资产债权融资模式，完善科技金融债权融资体系，探索建立符合科技型企业"轻资产"特点的知识价值信用评价体系，破解科技型企业融资难题，推动湖南省科技型企业转型升级和高质量发展，特制定本实施办法。

第二条 知识价值信用贷款风险补偿改革工作按照"政银合作、上下联动、风险分担、企业受益"的原则，积极稳妥推进。

本办法所指的科技型企业知识价值信用贷款（以下简称"知识价值信用贷款"），是以合作银行以科技型企业知识价值评价结果作为参考，向科技型企业发放为期一年（含）以内的信用贷款（不包含不动产、准货币等资产抵押或第三方担保的贷款）。

湖南省科技型企业知识价值信用贷款评价指标体系（以下简称"指标体系"），是指根据科技型企业科创属性所设计的，涵盖知识产权、研发投入、科技人才、经营能力等创新要素并给予不同权重赋值的评价体系。合作银行应根据指标体系设立专门的信用贷款产品。

科技型企业包含认定的国家高新技术企业、评价入库的国家科技型中小企业和后续评定入湖南省科技型企业库的其他企业。

第二章 组织与实施

第三条 省科技厅、省财政厅、省地方金融监管局、省市场监管局、中国人民银行长沙中心支行、湖南银保监局共同设立湖南省科技型企业知识价值信用贷款风险补偿工作办公室（以下简称"办公室"），办公室设在省科技厅，统筹在市州、国家级园区等实施区域开展知识价值信用贷款风险补偿改革工作，其主要职责为：

（一）指导实施区域开展相关工作，并根据各自职责研究制定督促落实的相应措施；

（二）审定科技型企业知识价值信用贷款风险补偿改革措施及评价指标体系；

---

① 资料来源：http://www.huarong.gov.cn/33159/37006/37008/37045/37327/content_2006378.html。

（三）审定年度工作报告及计划；

（四）审定省级年度管理运营经费安排；

（五）商议其他未尽相关事项。

第四条 办公室成员单位职责分工：

（一）省科技厅负责改革工作牵头组织和统筹协调等工作，会同省财政厅编制省级风险补偿资金安排总体计划，提出预算建议；

（二）省财政厅负责省级风险补偿资金预算管理，对资金安排进行程序性审核，会同省科技厅下达省级风险补偿资金并按规定拨付资金，负责组织实施财政监督检查、绩效评价等工作；

（三）省地方金融监管局、省市场监管局、中国人民银行长沙中心支行、湖南银保监局根据职能对知识价值信用贷款风险补偿工作进行业务指导。

第三章 运营管理机构

第五条 运营管理机构是指按照本办法规定，承担知识价值信用贷款相关管理及服务工作的机构，湖南省技术产权交易所有限责任公司为受托的省级运营管理机构，实施区域自行确定其运营管理机构，并参照省级运营管理机构职责制定本级职责。

第六条 省级运营管理机构相关职责：

（一）受托负责省级风险补偿资金的组建归集、运营管理和财务核算；

（二）受理、审核实施区域省级风险补偿资金申请（审核内容包括：①贷款企业及具体贷款业务相关的资料是否完整齐备，并且申报资料的内容必须合法、真实、有效，以确保信息的准确性和可靠性。②针对贷款业务的内部运作资料，我们需要确认其是否齐全，并且是否严格按照规定的程序进行操作。此外，我们还需审视调查的程序和方法是否符合规范，调查的内容是否全面且有效，以及调查的结论和意见是否合理；

（三）牵头搭建知识价值信用贷款风险补偿统一服务平台，为各实施区域、合作银行、科技型企业提供知识价值信用贷款风险补偿相关服务；

（四）开展知识价值信用贷款风险补偿工作的分析统计等工作；

（五）拨付省级风险补偿资金；

（六）风险补偿资金代偿后，督促合作银行依法开展追偿工作；

（七）完成办公室交办的其他工作。

第四章 实施区域

第七条 本办法所称的实施区域是指开展知识价值信用贷款风险补偿工作，能够履行三方协议规定风险补偿等义务的市州和国家级园区。

第八条 实施区域应具备以下基本条件：

（一）须明确风险补偿资金来源；

（二）须有意向合作的银行机构，且有一定数量的科技型企业。

第九条 实施区域相关职责：

（一）与省科技厅共同约定风险补偿资金规模，共同出资组建风险补偿资金；

（二）与省科技厅共同确定合作银行；支持和协调合作银行在实施区域内开展知识价值信用贷款工作；

（三）每月汇总知识价值信用贷款等相关数据并报送省级运营管理机构备案；

（四）对合作银行开展贷款及风险代偿尽职调查工作予以协助，完成贷款风险补偿（含省级风险补偿资金承担部分）。

第五章 合作银行

第十条 合作银行应具备以下基本条件：

（一）在湘注册或实施区域内设有分支机构的银行；

（二）自身实力较强，构建了针对科技型企业的专属信贷审批和信用评价机制，在实施区域有正常发放知识价值信用贷款的渠道；

（三）资产状况良好，管理机制完善，具有较强的风险控制能力和较好的经营业绩，无重大违规违法行为。

第十一条 合作银行相关职责：

（一）合作银行应对科技型企业有较高的不良贷款风险容忍度且建立相关容错纠错机制，细化和明确相关尽职免责条款；

（二）有条件的合作银行应建立科技支行、专营机构，根据科技型企业特点，构建一套专为知识价值信用贷款设计的授信机制，并优化相应的审贷流程，同时开通高效的绿色审批通道，出台相关激励措施，加大对科技型企业首贷、信用贷和无还本续贷支持力度，简化贷款审批流程，提高贷款效率；

（三）向符合条件的科技型企业发放贷款，利率参考放款日最近一期相应期限贷款市场报价利率（LPR）；贷款期限一般为1年（含1年）以内；对知识价值信用评级等级高的企业，银行应给予更大利率优惠；

（四）贷款发放后，合作银行在三方协议约定时间内向实施区域和运营管理机构报送贷款及发生风险需代偿的数据；

（五）合作银行在贷款到期经催收后依然无法全部收回时，按照三方合作协议约定，向实施区域提交贷款风险补偿申请；

（六）风险补偿资金先行代偿后，合作银行依法进行追偿，及时向省级运营管理机构报送其依法尽责追偿的工作进展情况。

第六章 贷款企业

第十二条 贷款企业为注册地在湖南省各实施区域内的科技型企业。

第十三条 知识价值信用贷款的单户最高授信额度设定为 500 万元，超出这一额度的部分将不被纳入风险补偿的考虑范畴。

第十四条 贷款企业获得的贷款只得用于本企业生产经营，贷款到期后，符合条件的企业可以向合作银行申请无还本续贷，同步纳入知识价值信用贷款风险补偿范畴，无还本续贷最长不超过两年。

第十五条 获得知识价值信用贷款的企业应当按合同还本付息，配合合作银行及实施区域开展贷后检查，及时向实施区域及贷款银行报备重大事项变更情况。贷款企业应严格遵守信用，并主动披露风险，其知识价值信用贷款合同履约情况纳入企业科研诚信记录及其主要高管人员个人征信记录。

第七章 风险补偿资金管理

第十六条 省级和实施区域按 1：1 比例共同设立科技型企业知识价值信用贷款风险补偿资金，对知识价值信用贷款风险进行补偿。风险补偿资金原则上承担不超过贷款本金损失的 80%，省级风险补偿资金与实施区域风险补偿资金按照同比例进行补偿。

首期省级风险补偿资金原则上从创新型省份建设专项经费中安排，后期由省政府采取一事一议方式解决；实施区域风险补偿资金来源由实施区域自行确定。

已实施"潇湘财银贷"风险补偿机制改革试点的县（市）区，要优先将科技型企业纳入"潇湘财银贷"白名单，鼓励合作银行按照知识价值评价结果给科技型企业授信和发放贷款，发生贷款损失时所需补偿资金从"潇湘财银贷"风险保证金资金池中列支。

第十七条 省级风险补偿资金存入省级运营管理机构指定的银行账户，实施区域自行确定本级风险补偿资金开户银行。风险补偿资金存款利息收入纳入风险补偿资金统一管理，按规定使用。

省级风险补偿资金管理运营经费综合考虑业务规模、放大倍率、追偿率等因素安排，从省级风险补偿资金存款利息中列支，不足部分由办公室审定进行追加，不向贷款企业收取任何融资服务费用。

第十八条 省级风险补偿资金按三方协议应承担部分，先期由实施区域进行代偿；省级运营管理机构按程序向实施区域拨付。

第十九条 在一个合作年度内，单家银行在单个实施区域累计不良率达到3%时，实施区域应立即向该银行提出风险警示；不良率达到5%时，实施区域应暂停受理该银行该区域知识价值信用贷款新增业务，并对前期运行效果予以全面评估，视评估结果决定是否重启受理该区域工作。对于已经受理的业务，风险补偿资金继续履行风险补偿责任。

第二十条 银行对同一企业的同笔贷款，只能享受一次政府给予的风险补偿。

第二十一条 经风险补偿资金补偿的企业，如采取债转股方式其股权收益或补偿的贷款本金收回或部分收回的，在扣除追偿费用及银行承担风险比例后，按照省级、实施区域所承担风险比例进行分配，作为风险补偿资金的补充。

第八章 相关程序

第二十二条 贷款程序如下：

（一）入库申请。贷款企业通过知识价值信用贷款统一服务平台，在线填写并提交入库申请表。

（二）信用评分。按照湖南省科技型企业知识价值信用评价指标体系评分标准，对入库的科技型企业进行知识价值信用评分。

（三）先期授信。省级运营管理机构将库内科技型企业的信用评分数据推送至合作银行，由合作银行对其先期授信。

（四）按需贷款。合作银行根据先期授信情况，向提出贷款申请的科技型企业发放贷款。

第二十三条 风险补偿程序：

（一）银行催收。贷款本金逾期后的5个工作日内，合作银行启动催收工作并书面通知实施区域、运营管理机构。

（二）区域代偿。合作银行在尽职催收后，对知识价值信用贷款本金逾期超过1个月仍未全额收回的，按以下程序申请区域代偿。

1. 代偿申请。合作银行向实施区域提出代偿申请。代偿申请资料包括：代偿申请书（含贷款合同、加盖公章的放贷凭证等贷款资料）、贷款逾期记录和催收通知书、人民法院受理通知（或公安机关立案决定、仲裁机构受理回执）等银行催收依据。

2. 代偿审批。实施区域对代偿资料的真实性、合规性进行核查，并提出建议意见报送省级运营管理机构确认。符合条件的，省级运营管理机构通知实施区域代偿，并按程序拨付省级风险补偿资金承担部分到实施区域；不符合条件的，省级运营管理机构反馈书面意见给实施区域和合作银行。

完成代偿后，实施区域应在 15 个工作日内向省级运营管理机构提交代偿资料存档。

（三）追偿。风险补偿资金代偿后，合作银行应依法积极开展追偿工作，追偿所得扣除追偿费用后，按原约定的政银分担比例分配，政府所得部分继续用于补充风险补偿资金。

第九章　监督管理

第二十四条　政府行政部门、实施区域、合作银行及运营管理机构工作人员按工作程序和工作纪律勤勉尽职，适度提高对科技型企业不良贷款容忍比例，落实尽职免责机制。

第二十五条　省科技厅每年对各实施区域与合作银行开展的知识价值信用贷款增长率、企业首贷率、服务能力及风险补偿资金使用等情况进行绩效评价。绩效评价结果作为实施区域确定合作银行，以及制定奖惩措施和退出机制的重要依据。

第二十六条　省科技厅和省财政厅对省级出资部分资金使用情况进行监督检查，确保财政资金安全高效使用。知识价值信用贷款工作要主动接受纪检监察、财政、审计等部门监督和社会监督。

第二十七条　在知识价值信用贷款风险补偿过程中，政府行政部门、实施区域、合作银行及运营管理机构工作人员弄虚作假、隐瞒事实真相或串通作弊造成风险补偿资金损失的，依照有关规定，对单位和责任人进行处理。构成犯罪的，依法移交司法机关处理。

第十章　附　则

第二十八条　在本办法公布之日前，按照《湖南省科技型企业知识价值信用贷款风险补偿试点实施办法》（湘科计〔2020〕57 号）发放的知识价值信用贷款，按原规定和约定执行。

第二十九条　本办法自 2022 年 4 月 12 日起施行，有效期为 5 年。受理知识价值信用贷款的截止时间为 2025 年 4 月 11 日。《湖南省科技型企业知识价值信用贷款风险补偿试点实施办法》（湘科计〔2020〕57 号）同时废止。

1.4 关于科技型企业知识价值信用评价指标体系

为探索适用于科技型企业"轻资产"特点的信用评价体系,推动科技型企业知识价值信用评价体系在轻资产债权融资领域的运用,提高科技型企业信用评价科学性,制定本科技型企业知识价值信用评价指标体系。

1.4.1 评价指标

评价指标体系考察科技型企业科技研发能力和经营管理能力两个方面。科技研发能力包括自主知识产权等8个指标;经营管理能力涵盖企业总资产周转率等4个指标。

1.4.2 知识价值信用评价

(1) 指标赋值

各评价指标及分值如评价指标体系表所示。

(2) 指标得分

在知识价值信用贷款统一服务平台中,应用本评价体系对入库的科技型企业进行知识价值信用评分,合作银行以科技型企业的信用评分数据为参考,对其先期授信。

(3) 评价等级

A:95分以上(含95分); B:90~95分(含90分);

C:80~90分(含80分); D:70~80分(含70分);

E:60~70分(含60分)。

表1-1 评价指标体系表

评价内容		评价指标	分值	备注
科技研发能力	60分	自主知识产权	20分	反映企业拥有核心技术和自主知识产权的掌握情况和创新绩效
		企业研发投入占主营业务收入/销售收入的比重	10分	反映企业研发投入强度和技术创新重视程度
		企业研发投入占成本的比重	5分	
		研发人员占企业当年职工总数比重	10分	反映企业研发人员投入相对力度
		经认定的技术合同	6分	反映企业市场化产学研合作创新的活跃程度

续表

评价内容		评价指标	分值	备注
科技研发能力	60分	有国家、省、市级科技创新人才	3分	反映企业研发创新团队实力水平
		企业拥有经认定的省部级以上创新平台	3分	反映企业在行业技术创新的地位
		企业近五年内获得省级以上科技奖励	3分	反映企业在技术创新上的领先程度
经营管理能力	40分	企业高新技术产品销售收入占主营业务收入的比重	10分	反映企业高新技术产品销售收入水平
		企业主营业务收入占所属领域及规模的主营业务收入平均值的比重	10分	反映企业销售收入相对水平
		企业人均销售收入占所属领域及规模的人均销售收入平均值的比重	10分	反映企业人均销售收入相对水平
		企业总资产周转率（主营业务收入/总资产）占所属领域及规模的资产收益率平均值的比重	10分	反映企业总资产周转率相对水平

1.5 河北省推动发展知识价值信用贷款的建议

（1）建立规范的知识价值信用评估体系

知识价值评估是银行获得贷款的关键步骤，如果能建立一套合适的知识价值信用评估体系，将会对银行的贷款调查与中小企业的知识信用融资有极大的帮助。有条件的合作银行应建立科技支行、专营机构，根据科技型企业特点，构建一套专门服务于知识价值信用贷款的授信机制，并量身打造与之匹配的审贷流程，同时开通高效的绿色审批通道，出台相关激励措施，加大对科技型企业首贷、信用贷和无还本续贷支持力度，简化贷款审批流程，提高贷款效率；例如由于目前尚无权威的知识产权评估体系，这些知识产权的权属和使用也存在着许多问题。通过引入多头负责、分散管理的方法，可以有效降低参与者的风险，并且可以降低其所需的费用。因此，必须加强构建由政府及企业联合投入的全过程的担保机制，才能更好地支持河北省的高新技术企业发展。

（2）加强对科技型企业知识价值信用贷款全流程管理与评估

政府行政部门以及合作银行应适度提高对科技型企业不良贷款容忍比例，落实尽职免责机制。同时，为了做好相关党的知识价值信用评价指标的监测与评估，河北省可以借鉴湖南省的评价体系，相关部门应每年对各实施区域与合作银行开展的知识价值信用贷款增长率、企业首贷率、服务能力及风险补偿资金使用等情况进行绩效评价。绩效评价结果作为实施区域确定合作银行，以及制定奖惩措施和退出机制的重要依据。在这期间，政府对省级出资部分资金使用情况进行监督检查，这样才能确保财政资金安全高效使用。

（3）规范运行知识价值信用贷款的风险补偿基金

关于申请范围，河北省可构建专属的科技企业数据库，将全省内所有已获认证的高新技术企业和科技型中小企业纳入其中，并计划逐步扩充入库企业的数量。

在风险补偿方面，省级与实施区域两级的财政部门可以共同出资，按比例设立知识价值信用贷款风险补偿资金池。若发生知识价值信用贷款逾期的情况，风险补偿基金将按照规定的额度，先行代偿逾期未收回的本金部分。此外，河北省政府亦可以启动知识价值信用贷款风险补偿统一服务平台系统的建设，逐步推行企业线上贷款申请流程，实现政府相关部门、贷款银行以及运营管理机构对贷款信息的实时共享，提升业务处理效率。

（4）建立知识价值信用贷款的警示和熔断机制

河北省可以设立风险补偿基金，旨在向科技型企业提供知识价值信用贷款的逾期本金代偿服务，具体代偿比例将与合作银行进行协商确定。同时，为确保贷款风险的有效控制，将对合作银行在单个试点区域发放的知识价值信用贷款建立预警与熔断机制。此外，对于科技型企业在申请知识价值信用贷款过程中可能遇到的资金周转问题，提供应急转贷服务，以确保企业能够顺利渡过难关。河北省相关合作银行应对科技型企业有较高的不良贷款风险容忍度且建立相关容错纠错机制，细化和明确相关尽职免责条款；同时为了激励银行加强自身的风险管理和控制能力，河北省可以引入"熔断机制"。具体而言，当单家银行在单个试点区域的累计代偿率达到5%时，应要求该银行暂时停止在该区域内新增知识价值信用贷款业务，以防范潜在风险并保障金融市场的稳定。

（5）加强知识价值信用贷款补偿资金使用情况监督

河北省科技厅和财政厅可以重点对省级出资部分资金使用情况进行监督检查，确保财政资金安全高效使用。在评价指标上，建立知识价值信用评价体系，根据科技型企业轻资产特点，以湖南省知识价值信用评价系统为参考，对库内企业进行知识价值信用评分，形成信用等级，为合作银行给企业授信贷款提供重要参考依据。在知识价值信用贷款风险补偿过程中，要注意政府行政部门、实施区域、合作银行及运营管理机构工作人员弄虚作假、隐瞒事实真相或串通作弊造成的风险补偿资金损失。

本章参考文献：

[1] 吴盛光，吴彬．打造知识价值信用融资服务平台［J］．中国金融，2022（14）：100．

[2] 王铭俊，刘飞．让科技型企业融资不再"难"［N］．湖南日报，2022-07-10（003）．

[3]．湖南省科学技术厅等6部门关于印发《湖南省科技型企业知识价值信用贷款风险补偿试点实施办法》的通知［J］．湖南省人民政府公报，2021（3）：45-51．

[4] 陈静利．基于知识产权信用贷款的AM科技公司融资优化研究［D］．重庆理工大学，2020．

[5] 朱俊杰．重庆市知识价值信用贷款发展对策建议［J］．经济研究导刊，2019（29）：146-148．

第2章

科技创新再贷款

2.1　科技创新再贷款概念与特点

"科技创新再贷款"是中国人民银行推出的一种特殊贷款形式，其核心目标在于鼓励和推动金融机构增加对科技创新领域的投资力度，进而利用社会资金推动科技创新的持续发展。此举不仅有助于引导社会资金积极投入科技创新，更能有效缓解科技创新型企业在融资过程中遇到的资金筹措困难和成本高昂等问题。

"科技创新再贷款"的支持对象广泛涵盖了各类科技企业，包括高新技术企业、"专精特新"中小企业、国家技术创新示范企业以及制造业单项冠军企业等。其中，特别优先考虑那些参与国家科技计划项目、国家制造业创新中心、国家级专精特新"小巨人"企业、国家关键产业链龙头企业及其上下游关键配套企业、参与创新基地平台建设的企业，以及位于国家级科技园区内的企业。具体的支持对象将按照科技部、工业和信息化部的现行标准来认定，并由这些部门通过国家科技创新创业数据平台和国家产融合作平台等渠道，向金融机构提供这些企业的信息。

2.2　科技创新再贷款的主要流程

科技创新再贷款采用了一种独特的"先贷后借"机制，确保资金能够直接有效地支持科技创新企业。该贷款按季度进行发放，其支持范围内的科技企业，只要其贷款期限达到 6 个月及以上，就可以按照贷款本金的 60% 获得科技创新再贷款资金支持。自 2022 年 4 月 1 日起，金融机构在遵循市场化原则的基础上，向满足条件的科技企业发放贷款后，可以在下一个季度的第一个月向中国人民银行提出科技创新再贷款资金的申请。对于符合要求的贷款，中国人民银行将提供相应的科技创新再贷款资金支持，确保科技创新企业得到及时、有效的资金支持。

科技创新再贷款的主要流程如下：

第一，准备材料：申报科技创新再贷款需要准备的材料包括企业的营业执照、科技创新能力、经营状况和财务状况等。

第二，申报条件：申报科技创新再贷款的企业必须满足以下条件：（1）企业的经营范围应与科技创新活动有关；（2）企业的经营状况良好；（3）企业有较强的科技创新能力；（4）企业有可持续发展的计划和目标；（5）企业有可行的财务状况。

第三，贷款申请流程：申报科技创新再贷款的流程包括：（1）准备申请材料；（2）提交申请；（3）审核材料；（4）签订贷款合同；（5）办理贷款手续；（6）取得贷款。

第四，贷款期限：科技创新再贷款的期限一般为1—5年，具体期限可以根据企业的财务状况和经营目标确定。

第五，安全措施：申报科技创新再贷款时，企业应采取相应的安全措施，以确保贷款的安全性。例如，可以采取抵押、保证、信用和其他安全措施，以防止贷款出现违约情况。

2.3　发展科技创新再贷款典型措施借鉴

为进一步促进科技与金融结合，缓解科技型中小企业融资难、融资贵问题，根据《贯彻落实〈中共中央 国务院关于构建更加完善的要素市场化配置体制机制的意见〉的实施意见》（鲁发电〔2020〕42号）、《山东省人民政府办公厅印发关于深化科技改革攻坚的若干措施的通知》（鲁政办发〔2020〕26号）等文件精神，省科技厅、省财政厅研究制定了《山东省科技成果转化贷款贴息实施细则（暂行）》（以下简称《细则》）。

山东省科技成果转化贷款贴息实施细则（暂行）[①]

第一章　总　则

第一条　为进一步促进科技与金融结合，缓解科技型中小企业融资难、融资贵问题，根据《贯彻落实〈中共中央 国务院关于构建更加完善的要素市场化配置体制机制的意见〉的实施意见》（鲁发电〔2020〕42号）、《山东省人民政府办公厅印发关于深化科技改革攻坚的若干措施的通知》（鲁政办发〔2020〕26号）（以下简称《若干措施》）精神，制定本细则。

第二条　本细则所称的科技成果转化贷款贴息（以下简称贷款贴息）是指对科技型中小企业从商业银行获得的科技成果转化贷款给予一定比例的一次性利息补贴。

第三条　本细则所称的科技成果转化贷款是指符合《山东省科技成果转化贷款风险补偿操作指南》（鲁科字〔2021〕19号）相关要求，完成山东省科技成果转化贷款风险补偿备案登记并公告的贷款。

第四条　省级设立科技成果转化贷款贴息资金，列入省级科技创新发展资金预算，

[①]　资料来源：http：//kjt.shandong.gov.cn/art/2021/9/6/art_103585_10290734.html。

由省科技厅、省财政厅共同审核管理。

第二章 支持对象和方式

第五条 科技成果转化贷款贴息资金支持对象为自《若干措施》印发之日起首次纳入科技成果转化贷款风险补偿备案并按时还本付息的企业。备案认定周期自上年10月1日至当年9月30日,其中2021年为2020年12月16日至2021年9月30日,具体时间以省科技厅科技成果转化贷款风险补偿备案公告为准。企业可选择备案认定周期内的一笔科技成果转化贷款享受利息补贴。

第六条 在企业完成贷款本息的偿还后,将会按照实际支付的贷款利息的40%给予补贴,每家企业的最高补贴金额上限为50万元。实际支付的贷款利息将依据企业提供的付息凭证进行核算,且每家企业仅可享有一次利息补贴的优惠。

第七条 省科技厅每年开展一次贴息申报工作,由各设区市科技局组织属地企业申报。

第三章 申报渠道和流程

第八条 贷款贴息通过线上方式申请,企业登录山东省科技云平台按要求填报并上传相关资料。

第九条 贷款贴息申报工作由省科技厅和各设区市科技局共同组织实施。申报流程如下:

1. 发布通知。省科技厅发布贷款贴息申报通知。

2. 企业申报。各设区市科技局根据申报通知组织属地内符合条件企业进行线上申报,企业按照要求填报信息并完成提交。

3. 申报审核。各设区市科技局对属地企业填报的贷款贴息申报信息进行审核并提交省科技厅审核。

4. 复核。省科技厅对全省贷款贴息申报信息向贷款银行复核。

第四章 拨付和管理

第十条 省科技厅根据省级科技资金拨付流程统一拨付贴息资金。资金拨付采取当年审核,第二年拨付的方式。

第十一条 市科技局应对申报主体、申报材料严格审查。对弄虚作假,骗取补贴的企业,一经查实,除追回全部贴息资金外,还要记入科技诚信档案并向社会公告。情节严重的,将追究相应法律责任。

第十二条 省科技厅、省财政厅负责组织贷款贴息资金使用情况监督检查和绩效评价，有关企业应按要求积极配合。

第五章 附 则

第十三条 本细则自2021年9月1日起施行，有效期至2023年8月31日。

第十四条 本细则由省科技厅、省财政厅负责解释。

为争取中央科技创新再贷款优惠资金落地佛山，支持佛山科技创新发展，降低符企业融资成本，加大金融支持企业纾困和经济稳增长力度，根据《佛山市人民政府关于印发佛山市促进经济平稳增长若干政策措施的通知》（佛府〔2022〕5号）的文件要求，市财政将对在市内纳入获得科技创新再贷款并在核报台账中记录的贷款企业，如果其单户贷款金额不超过1 000万元，那么该企业将获得不超过年化0.5%的贴息补助，补助总金额不超过250万元。在此背景下，为明确申报条件、范围和贴息标准，规范申报流程，制定了《佛山市纳入科技创新再贷款扶持范围的企业贷款贴息实施细则》。

佛山市纳入科技创新再贷款扶持范围的企业贷款贴息实施细则[①]

为降低符合中国人民银行科技创新再贷款支持范围的科技企业融资成本，争取更多科技创新再贷款优惠资金落地佛山，根据《佛山市人民政府关于印发佛山市促进经济平稳增长若干政策措施的通知》（佛府〔2022〕5号）的文件要求，2022年7月1日至12月31日期间，我市范围内获得中国人民银行科技创新再贷款支持的贷款企业，若其单户贷款金额未超过1 000万元，将享受到不超过年化0.5%的贴息补助，补助总金额不超过250万元。现结合实际，制定本细则。

一、申报条件

（一）扶持对象为佛山市内纳入中国人民银行科技创新再贷款支持范围的高新技术企业、"专精特新"中小企业、国家技术创新示范企业、制造业单项冠军企业等科技企业。政府融资平台以及纳入严重失信主体名单的企业，不纳入本细则扶持范围。

（二）纳入科技创新再贷款扶持范围具体是指企业于2022年4月1日至2022年12月31日期间按照市场化原则获得属于中国人民银行科技创新再贷款发放对象范围的银

[①] 资料来源：http://www.foshan.gov.cn/zwgk/zfgb/szfgfxwj/content/post_5482028.html。

行机构发放的贷款,且发放贷款的银行机构依据该笔贷款成功申请到中国人民银行科技创新再贷款资金。

(三)贷款用途须为经营性贷款。贷款资金不得用于消费、房地产、购买有价证券、期货投资、股本权益性投资、国家产业政策禁止和限制的项目等相关法律、法规、规章、金融信贷政策禁止信贷资金进入的领域及从事任何非法活动。

(四)申报主体承诺经营规范,且保证全部申报材料真实、完整、有效,且贷款不存在逾期支付本息的情形。

二、申报材料

符合条件的企业可提交科技创新再贷款贴息申请,并须提供以下申报材料:

(一)贴息补助申请表。

(二)营业执照复印件。

(三)中国人民银行征信报告、企业在"信用广东"网自助打印的信用报告(无违法违规证明版)。

(四)银行借款合同、银行借款凭证、企业按时还本付息的凭证。

(五)贷款发放银行依据企业申请贴息的该笔贷款获得科技创新再贷款资金的相关材料(须加盖银行公章)。

三、贴息补助标准

对企业在本细则规定期间内获得的贷款,且银行须依据该贷款成功获得中国人民银行科技创新再贷款资金,对单户企业贷款不超过1 000万元的部分,给予不高于年化0.5%的贴息补助。全市科技创新再贷款贴息补助总金额不超过250万元,分两种情况进行补贴:

(一)第一种情况。对在2022年7月1日至9月30日期间纳入科技创新再贷款核报台账的贷款并全额结清的,按年化0.5%给予贴息补助(不超过实际发生利息)。具体计算方式为:

贴息金额=纳入科技创新再贷款核报台账的贷款金额×贴息期内实际计息天数/365×年化0.5%。

(二)第二种情况。对在2022年7月1日至9月30日(第一种情况以外)以及10月1日至12月31日期间纳入科技创新再贷款核报台账的贷款,给予不高于年化0.5%的贴息补助(具体贴息补助比例根据实际申报数量、预算以及第一种情况贴息总额而定,且不超过实际产生的利息)。具体计算方式为:

贴息金额=纳入科技创新再贷款核报台账的贷款×贴息期内实际计息天数/365×不高于年化0.5%。

第二种情况的贴息计算时间截至申报通知发布当日，即企业纳入科技创新再贷款核报台账的贷款起息日至申报通知发布当日止。

四、申报流程

（一）市金融工作局发布贴息补助申报通知，符合申报条件的企业登录佛山市政府扶持资金综合服务平台（以下简称"佛山扶持通"）进行申报。

（二）各区金融工作局（办）通过"佛山扶持通"对辖区企业的申报材料进行初审，并于申报结束后15个工作日内将符合条件的申报材料及汇总表（电子版一份和纸质版一式一份）报市金融工作局。

（三）市金融工作局汇总各区报送的申报资料后对申报材料进行审核（必要时委托第三方机构协助审核），与相关银行机构或中国人民银行佛山市中心支行进行确认，形成拟补贴名单。

（四）市金融工作局将拟补贴名单在"佛山扶持通"、市金融工作局网站等进行公示（时间不少于10个工作日）。公示期间，相关主体如有异议，可提交相应材料进行复审。

（五）市金融工作局根据最终公示结果拟定补贴资金分配方案，并按相关规定办理补贴资金拨付。

五、其他

（一）根据相关规定，由市金融工作局按照不超过本项目预算金额的1%计提专项工作经费。

（二）本实施细则自印发之日起施行，有效期1年。

2.4 河北省推动发展科技创新再贷款的建议

为增强科技创新的核心驱动力，我们需要着重提升企业作为创新主体的地位，确保科技、产业与金融三者之间形成稳定且高效的互动循环。针对科技型企业，特别是那些致力于科技创新的企业，长期以来所面临的融资困境，金融的支持显得尤为关键。城市商业银行（以下简称"城商行"），作为地方性的金融机构，其核心使命是服务地方经济和小微企业。鉴于其与科创企业的高度契合性，城商行无疑是推动科创金融发展的中坚力量。因此，城商行应不断完善其科创金融服务体系，持续加大对科创企业的信贷支持力度，并致力于提升科创金融服务的整体质量。

首先，建议将城商行纳入科技创新再贷款的名单中。为了进一步推动科技创新，建议扩大科技创新再贷款的资金支持规模，将原有的2022年的2 000亿元支持额度提升至3 000亿元。同时，为了让更多的金融机构享受到科技创新再贷款政策的红利，提议将具有科创金融特色的城商行纳入科技创新再贷款的发放范围。此外，为了保障城商行能够持续地为科创企业提供金融服务，建议建立城商行科创金融资本补充机制，允许其发行科创金融专项债、可转债、二级资本债等多种金融工具，从多个渠道补充资本金，确保科创金融服务的稳健发展。

其次，为了进一步优化科创金融的外部环境，建议完善风险分担机制。具体而言，地方政府可以通过财政补贴、风险补偿基金等方式，设立专门的科创金融风险补偿资金池。这一资金池的建立，旨在构建一个多层次的风险分担和补偿支持体系，确保科创金融服务在风险可控的前提下得到有效推广。同时，还应该注重保障体系的程序规范、高效便捷，实现风险共担，从而为科创金融的稳健发展提供有力保障。

再次，为了促进科创金融的健康发展，建议金融监管部门针对科创金融制定并实施差异化的监管政策。具体而言，应鼓励城商行建立起勇于放贷、愿意放贷的机制，以支持科创企业的融资需求。同时，监管部门应适当提高对科创企业不良贷款的容忍度，对于那些科创企业贷款不良率略高于整体贷款不良率，但控制在3个百分点以内的情形，可以不将其作为监管评级和城商行内部考核评价的扣分因素。这样的差异化监管机制将有助于激发城商行服务科创企业的积极性，为科创金融的发展创造更加宽松的环境。

最后，为了构建一个有利于科创金融发展的外部环境，地方政府应打破政府部门间的数据壁垒，实现政务大数据、专利大数据及工商信息大数据的共享，为城商行合理利用这些大数据来准确识别科创企业的风险提供便利条件。另外，建议制定一系列针对科创金融的税收优惠政策。这些政策应根据科创企业的行业类别和发展阶段，为城商行提供具有针对性的税收减免措施，如增值税减免、所得税减计等，从而进一步激励城商行加大对科创企业的信贷支持力度。

本章参考文献：

[1] 苏向杲. 建议扩大科创再贷款政策惠及面[N]. 证券日报，2023-03-10（A02）.

[2] 张伟. 科技创新再贷款如何产生"1+1＞2"的政策效果[N]. 中国高新技术产业导报，2022-05-30（003）.

[3] 解读：科技创新再贷款[J]. 黑龙江金融，2022（5）：82.

[4] 彭扬. 央行设立2 000亿元额度科技创新再贷款[N]. 中国证券报，2022-04-29（A01）.

[5] 段金龙. 科技创新的公共金融支持研究[D]. 哈尔滨工程大学，2016.

第3章 创新积分贷

目前，各地科技金融服务工作进入生态化竞争阶段，服务渠道逐步拓展和下沉，因地制宜、系统规划、全面做好科技型中小企业资本服务工作已较为紧迫。为深入贯彻党中央关于支持企业创新的重大决策，加快推动适应高质量发展新要求的政策创新，科技部于2020年在广州高新区等13家国家高新区启动了企业创新积分制试点。试点工作实施以来，以量化评价企业创新能力为手段，不走传统"给项目""批牌子"的老路，建立了一种精准助力企业创新发展的新政策工具，通过积分精准识别和有效发现研发能力强、发展潜力大的初创企业，主动为其增信授信，切实引导技术、资本、人才、公共服务等各类创新资源向企业集聚，充分激发微观主体创新活力，助力科技企业快速成长。2021年12月，科技部在天津滨海高新区、武汉东湖高新区等46家高新区启动了第二批企业创新积分制试点，试点高新区扩增至59家，国家高新区试点覆盖率为35%，工作重点由模式探索逐步转向经验推广。

3.1 创新积分贷概念与特点

创新积分贷以创新积分制指标体系为基础，融合商业银行信用分析方法与投资银行价值分析视角，将人工智能与专家经验相结合，构建智能化模型，对企业信用水平及成长潜力进行评估，精准匹配相应信贷服务，有效提升银行金融服务科技企业能力。

企业创新积分制是在借鉴张家港市创建国家创新型县市科技政策实践基础上提出的精准施策企业创新发展的新型政策工具，主要以提升企业技术创新能力为核心目标，重点依据企业创新积分量化评价结果，主动发现识别出研发能力强、发展潜力大、掌握关键核心技术的科技企业，尤其是初创早期科技企业，为其主动增信授信，有效撬动各类资源精准支持潜力企业，引导各创新要素向企业集聚，加速企业发展成长。工作模式框架如图3-1所示。

3.2 创新积分贷的主要流程

（1）区科技局向合作银行推荐获得创新积分的企业；
（2）企业向银行提出贷款申请，合作银行开展现场尽调；
（3）合作银行与科技部门进行会商，确定拟贷款企业；
（4）企业与银行签订借款合同，银行放贷。

合作银行重点做好贷前审查、贷后管理，承担不良贷款追偿等责任，并于每月10日前向区科技局通报贷款情况。

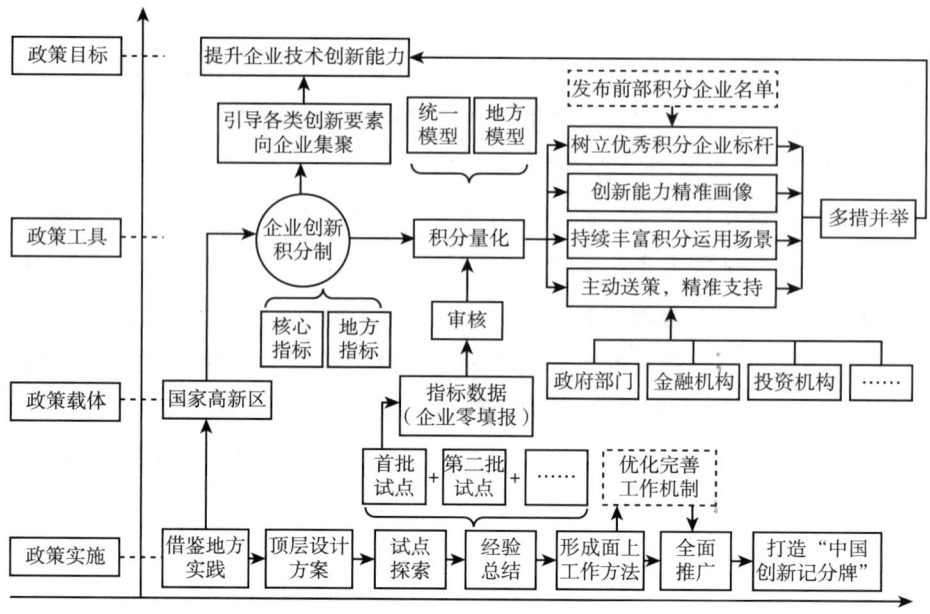

图 3-1 企业创新积分制工作模式框架图

3.3 创新积分贷政府典型措施借鉴

常州国家高新区"科创积分贷"信用贷款实施办法（试行）[①]

为加快科技型中小企业发展，推动科技金融深度融合，进一步拓宽企业融资渠道，落实常州国家高新区"企业创新积分试点"工作，由常州国家高新区（新北区）科技局（以下简称"区科技局"）牵头，联合银行业金融机构（以下简称"合作银行"）推出"科创积分贷"信用贷款产品。为确保该项工作高效、规范运作，特制定本实施方案。

第一条 组织实施

本办法由区科技局组织实施，由合作银行及区科技局下属常州高新技术创新创业服务中心负责开展具体业务。

第二条 支持范围

支持的企业应同时满足下列条件：

1. 工商注册、税务登记、户管均在常州高新区，且参与科技创新积分管理试点工作的高新技术企业、省民营科技企业、人才企业及科技型中小微企业；

---

① 资料来源：http://www.cznd.gov.cn/html/cznd/2022/HIBAKAMN_0419/20071.html。

2. 企业有固定的经营场所，经营主业不属于国家明令的禁止范畴；

3. 原则上持续经营一年及以上，能够提供完整财务报表；

4. 申请前两年内企业的实际控制人、法定代表人的即期征信报告中无未结清不良信用记录，在申请前两年内未被列入人民法院失信被执行人名单；

5. 企业在常州企业征信服务有限公司即期征信报告中未列入经营异常名录，在申请前两年内未被列入人民法院严重违法失信企业名单。

第三条 实施方案

（一）政府设立"科创积分贷"信用贷款风险补偿资金，首期额度 2 000 万元。根据实际放贷规模和企业需求，后续可扩大风险补偿资金规模。

（二）合作银行提供最高 20 倍于"科创积分贷"信用贷款风险补偿资金规模的贷款总额度。

1. 贷款额度

合作银行根据创新积分档级可为企业提供不同额度的信用贷款，具体信用额度为：

（1）积分 30 分（含）~50 分，最高信用额度 100 万元；

（2）积分 50 分（含）~100 分，最高信用额度 300 万元；

（3）积分 100 分（含）~200 分，最高信用额度 500 万元；

（4）积分 200 分（含）以上企业，最高信用额度 800 万元。

企业获得创新标兵单位、先进单位、新锐单位等荣誉，信用额度可分别增加 300 万元、200 万元、100 万元。

上述创新积分分档标准根据《常州国家高新技术产业开发区企业科技创新积分管理实施办法（试行）》进行动态调整。

2. 贷款利率

贷款利率原则上以全国银行间市场公布的同期 LPR 为基准，上浮不超过 50 个基点。

3. 贷款期限不超过一年，主要用于企业生产经营的流动性资金。

4. 企业实际控制人（法定代表人或主要股东）需承担连带担保责任。

鼓励有条件的合作银行创新科技金融服务，采取多种服务方式和支持手段，以抵押、质押、保证等多种担保方式，加大对参与创新积分管理的科技企业的金融支持。

第四条 合作银行选择

（一）基本条件

1. 具有服务科技型企业的专业服务能力和较好的经营业绩，并保证内部资源优先配置；

2. 具有较高的风险容忍度，在风险可控的前提下，贷款不良率容忍度较一般银行贷款不良率提高 2 个百分点以上。

（二）选择程序

1. 符合要求的银行向区科技局提交合作申请；

2. 区科技局对申请银行资质作初步审查，确定合作银行并签署年度合作协议，明确服务内容；

3. 合作银行一般不超过 10 家。

第五条　操作流程

1. 区科技局向合作银行推荐获得创新积分的企业；

2. 企业向银行提出贷款申请，合作银行开展现场尽调；

3. 合作银行与科技部门进行会商，确定拟贷款企业；

4. 企业与银行签订借款合同，银行放贷。

合作银行重点做好贷前审查、贷后管理，承担不良贷款追偿等责任，并于每月 10 日前向区科技局通报贷款情况。

第六条　风险控制

1. 对于"科创积分贷"信用贷款，风险补偿资金承担 20% 的贷款本金损失风险，合作银行承担 80% 的贷款本金损失风险和全部利息损失风险。

2. 授信合作期内，如发生企业不按期支付贷款利息、企业贷款出现逾期及企业其他不能正常还款的情况，合作银行应告知区科技局并启动贷款追偿，核定贷款净损失。

3. 合作期内贷款逾期率（逾期贷款金额/发放贷款金额）超过 3%（含）时，应暂停受理新增贷款申请。满足贷款逾期率低于 3% 后，经各方同意方可恢复新增贷款申请受理。新增贷款暂停受理期间，未结清贷款风险分担责任仍按本办法规定执行。

第七条　风险补偿流程

1. "科创积分贷"信用贷款风险补偿，按照合作银行申请，区科技局会同区财政局审核，按照风险分担比例拨付风险补偿资金等流程进行。

2. 合作银行应合理利用风险补偿资金，做好逾期贷款的追偿工作。

3. 对于合作银行通过追偿、批量转让等方式收回的资金，按照约定的风险补偿比例及时开展清算，返还风险补偿资金账户。

第八条　绩效管理

区科技局、区财政局对合作银行"科创积分贷"贷款总量、代偿情况、获贷企业数量、不良率占比、贷款效率、工作成效等进行绩效评价和考核，并在下一年度对合作银行进行动态调整。

第九条 附则

1. 区科技局会同区财政局另行制定"科创积分贷"信用贷款风险补偿资金管理办法。

2. 本办法自发布之日起实施，由区科技局负责解释。

3.4 科技型企业创新积分贷评价指标体系

3.4.1 概述

梯度划分发展阶段，突出同级比较。不同发展阶段的企业创新特质、发展水平、发展诉求不同，划分企业发展阶段有利于更好地评价企业创新水平和发展潜力，也有利于满足不同成长阶段企业的发展诉求。现有文献中常使用单变量分析法、财务综合指标法和现金流模式法等划分企业生命周期，实践中常使用"营业收入"或"成立时间"进行划分，如杭州、苏州等高新区以"营业收入"为标准划分了 4~5 个企业发展阶段（见图 3-2），成都高新区以"成立时间"为标准划分了 4 个企业发展阶段。

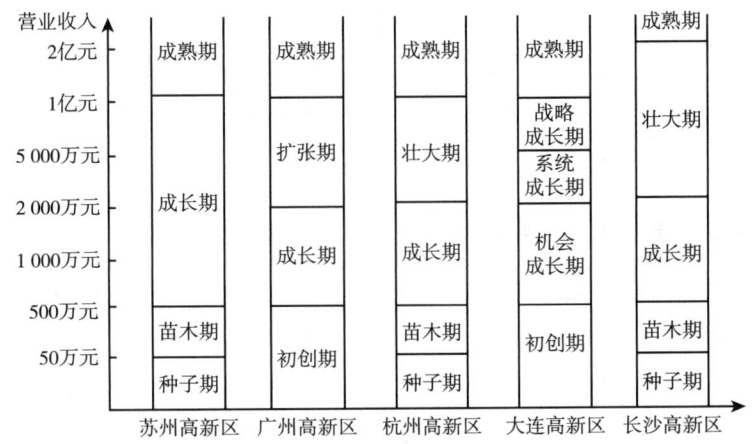

图 3-2 企业发展阶段划分

《企业创新积分制试点工作指引》制定了全面客观反映企业创新能力和发展潜力的 20 项核心积分指标（见图 3-3），共分为三类：第一类技术创新指标，包括研发投入强度等 6 项；第二类成长经营指标，包括营收增长率等 6 项；第三类辅助指示，包括获得科技奖励等 8 项。各试点结合地方实际，在核心指标基础上，可自主扩展形成地方指标。指标赋权采用层次分析法，通过向行业专家进行问卷调查，完成积分指标赋权并结合实际进行进一步优化调整。

一级指标	二级指标
技术创新指标	1.1 研发费用占营业收入的比例（%）/最近三年研发费用累计金额（万元） 1.2 研发费用增速（%） 1.3 研发人员占职工总数的比重（%） 1.4 与主营业务相关的发明专利申请量（件） 1.5 PCT 专利申请量（件） 1.6 企业与高校、院所之间的技术合同成交额（万元）
成长经营指标	2.1 高新技术产品收入（万元） 2.2 营业收入（万元） 2.3 营业收入增长率（%） 2.4 本科以上人员占比（%） 2.5 研发费用加计扣除所得税减免额（万元） 2.6 净资产利润率（%）
辅助指标	3.1 当年吸纳高校应届毕业生人数（人） 3.2 承担建设省级以上研发或创新平台数量（个） 3.3 获得国家科技奖励数量（个） 3.4 承担国家科技计划项目数量（项） 3.5 是否高新技术企业/科技型中小企业（是或否） 3.6 在国家级创新创业赛事获奖名次（一等、二等） 3.7 企业征信情况 3.8 企业环境信用等级

图 3-3　企业创新积分制核心评价指标体系

3.4.2　企业创新能力评价指标体系（征求意见稿）

2006 年我国发布的《国家中长期科学和技术发展规划纲要（2006—2020 年）提出要"建设以企业为主体、产学研结合的技术创新体系，并将其作为全面推进国家创新体系建设的突破口"。在 2012 年发布的《中共中央 国务院关于深化科技体制改革加快国家创新体系建设的意见》（中发〔2012〕6 号）中进一步明确提出，"十二五"时期的目标之一是"确立企业在技术创新中的主体地位，企业研发投入明显提高，创新能力普遍增强"。为了准确衡量和展现企业在创新方面的能力，以及它在推动经济发展方式变革和实施创新驱动战略中所起的至关重要的作用，我们对企业的创新活动和创新能力进行持续的监测与评估，旨在为科技管理和决策提供有力的依据。中国科学技术发展战略研究院在评价企业创新能力的研究领域，已经积累了多年的深厚经验和丰富成果。2013 年，为积极响应党的十八届三中全会关于构建国家创新调查制度的总体安排和指示，我们在充分借鉴国内外相关研究成果的基础上，成功构建了一套专门用于评估我国企业创新能力的指标体系。

一、总体说明

企业创新能力评价的核心在于深入剖析企业自身的创新实力及其在技术创新中所扮演的关键角色。这一评价过程主要围绕三个维度展开，以全方位揭示我国企业在创新方面的现状与动态变化。首先，总体创新能力评价，旨在系统剖析我国企业创新能力的当前状况和历史演变，同时，通过与国际标准的对比，明确我国企业在国际舞台上的位置与竞争力。其次，针对重点行业或热点领域，如装备制造业、战略性新兴产业等，进行企业创新能力的专项评价，以揭示这些领域内的创新动态与特点。最后，通过对内资与外资企业、大中型企业与小微企业、国有企业与私营企业等不同类型企业的创新能力进行细致比较和评估，从而更全面地认识和理解各类企业在创新方面的差异与优势。

国家创新指数指标体系由四个一级指标构成，它们分别是创新投入能力、协同创新能力、知识产权能力和创新驱动能力。这些一级指标进一步细化为 12 个二级指标，并再次分解为 24 个三级指标。在三级指标的设计上，我们全面采用了相对指标的方式，以更精准地展现企业创新活动的效率。而三级指标所引用的所有数据，均来源于政府部门或权威机构公开发布的资料，确保了数据的真实性和权威性。

二、指标体系框架及指标说明

具体指标如图 3-4 所示。

三、数据来源

指标数据主要来源于《中国统计年鉴》《中国科技统计年鉴》、OECD 主要科技指标、世界知识产权组织、国家统计局、企业创新调查等。

3.4.3 科技型企业创新积分贷典型案例

（1）主要做法

①科学设计企业创新积分指标。研究印发《企业创新积分制试点工作指引》，制定全面客观反映企业创新能力和发展潜力的 20 项核心积分指标，共分为 3 类：第一类技术创新指标，包括研发投入强度、技术合同成交额等 6 项；第二类成长经营指标，包括高新技术产品收入占比、营收增长率等 6 项；第三类辅助指标，包括企业承担科技计划项目、获得科技奖励等 8 项。试点高新区结合地方实际，在 20 项核心指标的基础上，可自主完善并扩充形成地方积分指标。

②打通企业数据渠道实现"零填报"。严格落实放管服要求，组织试点高新区建立企业创新积分制信息平台，主动协调并从地方科技、税务、市场监管等部门政务系

一级指标	二级指标	三级指标	指标解释
创新投入能力	1.创新经费	(1) 创新经费投入占主营业务收入比重	反映经费投入强度
		(2) R&D经费支出占主营业务收入比重	反映研发经费投入强度
	2.创新人力	(1) R&D人员占就业人员比重	反映研发人员投入强度
		(2) 就业人员中博士毕业生所占比重	反映企业的高学历人员结构
	3.研发机构	(1) 研发机构R&D经费投入占企业R&D经费的比重	反映企业研发机构的经费投入状况
		(2) 研发机构R&D人员投入占企业R&D人员的比重	反映企业研发机构的人力投入状况
协同创新能力	4.产学研合作	(1) 开展产学研合作的企业占全部企业的比重	反映产学研合作对企业的影响范围
		(2) 企业R&D经费外部支出中高校和研究机构所占比重	反映企业与高校和研究机构的研发合作
	5.创新资源整合	(1) 技术引进费用与R&D经费的比值	反映技术引进相对于自主研发的状况
		(2) 消化吸收经费与技术引进经费的比值	反映企业对引进技术进行消化吸收再创新的状况
	6.合作创新	(1) 开展合作创新的企业占全部企业的比重	反映企业与外部机构合作开展创新的状况
		(2) 合作申请专利量占专利申请总量的比重	反映企业合作开展技术发明的规模
知识产权能力	7.知识产权创造	(1) 企业发明专利申请量占专利申请量的比重	反映企业专利申请的技术水平
		(2) 10万元R&D经费投入的发明专利申请量	反映发明专利的产出效率
	8.知识产权保护	(1) 拥有专利的企业数占全部企业的比重	反映企业的专利保护意识
		(2) 万名企业就业人员发明专利拥有量	反映企业的专利储备实力
	9.知识产权运用	(1) 已实施发明专利占全部发明专利的比重	反映发明专利的转化和运用状况
		(2) 专利许可与转让收入与新产品销售收入的比值	反映专利资产的收入与新产品销售收入的比例
创新驱动能力	10.创新价值实现	(1) 新产品营销费用占全部营销费用的比重	反映企业在新产品市场推广上的投入强度
		(2) 新产品销售收入占主营业务收入比重	反映企业的创新活动对整个生产活动的影响
	11.市场影响力	(1) PCT申请占发明专利申请的比重	反映企业的技术发明在国际市场的潜力
		(2) 有自主品牌的企业占全部企业比重	反映企业通过创新形成核心竞争力的状况
	12.经济社会发展	(1) 劳动生产率	反映创新对企业劳动生产率的影响
		(2) 综合能耗产出率	反映企业能耗方面的社会效益

图 3-4 国家创新指数指标体系及指标说明

统中直接抓取企业积分指标数据,切实做到企业"零填报",在保证数据真实度、认可度、权威性的同时,也大大减轻了企业参与试点的工作负担。

③推动试点园区依据积分精准施策。组织试点高新区根据企业成长阶段和行业领域,分类计算企业创新积分,深入拓展积分应用场景,将原本分散在科技、财政、发

改、工信、人才等部门的涉企政策与创新积分紧密挂钩，以创新积分为依据，精准量化地支持园区科技企业，实现了"积分兑现一网通""创新政策一网清"，大大增强了企业政策获得感。

④调动金融资源支持积分企业。为充分发挥创新积分"以小博大"的政策牵引作用，撬动社会资本与积分精准衔接，科技部主动联合中国工商银行、中国建设银行、中国银行、中国农业银行、赛伯乐投资等金融机构围绕创新积分进行顶层谋划，建立创新积分的数据共享机制，合作开发了专项金融产品，主动为积分企业增信，促进解决科技企业"融资难"问题。

（2）工作进展及成效

①高新区内企业积极参与积分试点。截至2021年底，13家首批试点高新区内共有2.23万家企业主动参与企业创新积分制，其中初创期企业5 647家（成立5年以内）、成长期企业7 323家（成立5—10年）、成熟期企业9 294家（成立10年以上），初创期企业占比达到25.3%，较好地实现了对早期科技企业的覆盖，起到了对初创企业的价值发现作用。从行业领域看，积分企业主要集中在软件和信息技术服务、科学研究和技术服务、制造业等三个领域，占比达84.9%。

②创新积分政策成效加快显现。2021年，13家试点高新区依据企业创新积分，累计为2.23万家积分企业提供财政资金支持达56.3亿元，并将当地的科技项目、用地指标、人才住房等政策与企业创新积分有效衔接，依据企业成长潜力和创新能力提供相应支持。如广州高新区2021年依据创新积分精准支持企业9.2亿元，真正做到针对企业创新发展的精准施策。

③"企业创新积分贷"实现积分与资本精准对接。在科技部的积极推动下，试点高新区与中国工商银行等20余家金融机构合作设立了"企业创新积分贷"等专项金融产品30余项，2021年为积分企业累计提供贷款授信和创业投资达289.8亿元。积分企业可通过创新积分平台"金融服务"功能一键获知贷款授信额度，积分越高，授信越高，在线办理科技贷款，切实起到了"小积分、大应用"的政策带动效应，促进技、产业、金融良性循环。

④试点园区为积分企业精准"画像"和主动送策。试点高新区通过对企业创新能力量化评价，实现了对园区企业的精准"画像"，准确掌握每家企业可以享受哪些优惠政策和需补上的短板，对企业进行分类指导和全生命周期"主动送策"，极大地提升了园区的数字化治理体系和现代化服务能力。如长沙高新区以前每年都要"撒网式"摸查和动员区内企业申报高新技术企业等，现在通过创新积分平台即可清楚掌握符合条件企业，并通过平台直接推送相关政策给企业，大大提升了园区服务效率和服

务水平。

⑤优中选优打造"中国创新记分牌"。借鉴"欧盟产业研发投入记分牌",科技部依据20个核心指标数据,从2.23万家积分企业中分阶段、分领域择优遴选并公布了积分前500名企业的名单,其中包括高新技术企业430家、科技型中小企业382家,并定向推送给相关部门及中国银行、上海证券交易所等重点金融机构,打造优秀积分企业标杆,得到了同行企业的高度关注。

⑥社会影响力逐步增强。企业创新积分制试点启动以来,得到地方政府、新闻媒体和社会机构的关注和认可。2021年,《人民日报》刊发《金融"活水"流向创新高地》,对企业创新积分制进行了专题报道;新华社《要情动态》刊发《"小积分"激活科技创新"大能量"》,时任江苏省省长批示在全省学习推广;中央电视台新闻频道对佛山高新区企业创新积分工作进行了特别报道;《中国改革2021年度地方全面深化改革典型案例》将"企业创新积分制"列入改革典型案例;河北省人民政府办公厅印发《关于大力推进科技创新工作若干措施》,明确提出在全省加快推广企业创新积分制;中国工商银行、中国建设银行、中国银行总行等就深化企业创新积分应用场景,与科技部在天津滨海高新区等46家国家高新区启动了第2批企业创新积分制试点,试点高新区扩增至59家,工作重点由模式探索逐步转向经验推广。下一步,科技部将认真学习领会中央经济工作会议关于"科技政策要扎实落地"的重要指示,扎实推动试点工作进一步落实、落地、见效、管用,打造新时期支持企业创新的标杆性新型政策工具,为促进科技、产业、金融良性循环和实现高水平科技自立自强提供有力支撑。一是进一步完善积分指标,更精准、更早期地识别和发现初创企业,扩大政策覆盖面;二是进一步整合优化试点高新区内各类涉企政策,提高园区的精准施策能力;三是进一步调动金融机构、投资机构等社会力量参与,不断做大创新资本,提升金融服务水平;四是进一步汇通共享企业数据信息,高标准建设全国统一的企业创新积分信息平台;五是进一步压实地方主体责任,建立健全金融风险和廉政风险防控机制,确保企业创新积分合理合规应用,推动试点工作持续健康发展;六是进一步加强与相关部门沟通,推动企业创新积分制与国家科技政策、产业政策、人才政策等相协同。

3.5 河北省推动发展创新积分贷的建议

3.5.1 同心聚力,加强顶层设计,协同联动

一是构建完善企业创新积分制内部管理机制,提供良好的组织保障,加强各部门

交流沟通，强化创新积分制与科技政策、产业政策、人才政策等协同联动；二是加强与银行、担保机构等单位的合作交流，在企业创新积分金融应用场景中探索"政府引导、市场运作、风险共担"机制；三是充分利用已有数据平台整合分散企业数据，保证积分数据的准确性、合规性和时效性。

3.5.2 科学谋划，构建科学有效的评价指标体系

在充分参考借鉴国家和相关省市经验的基础上，指标体系构建要考虑本地科技型企业发展实际状况，根据政策引导需要合理划分企业成长阶段，并整合本地相关企业资质、产品认证、荣誉奖励、人才体系、特色产业等，选取特色评价指标，优化调整参数比重，构建科学有效的指标体系。与此同时，持续动态调整和更新优化评价指标体系，更好地展示企业发展潜力，引导企业提升技术创新能力。

3.5.3 积极主动，持续扩展创新积分应用场景

企业创新积分不仅可应用于挖掘优质企业、集成创新资源、提供金融助力等场景，还可进一步扩大后续场景和政策支持。如在企业创新积分评价系统的基础上构建国高企、国科小等科技型企业预备评价库，精准研判预评企业面临的问题和潜在的需求，变被动服务为主动服务，变后顾服务为前瞻服务；定期发布当期企业创新积分指数，通过创新积分量化展示本地企业年度发展变化情况。

3.5.4 推广应用，创建积分贷示范项目

进一步汇通共享企业数据信息，在其他领域复制推广企业创新积分。探索数字治理在企业服务应用的新模式、新路径，建立诸如"制造业企业积分评价系统""科技人才积分评价系统""孵化器积分评价系统"等评价体系，提高数字化管理的能力和水平。

本章参考文献：

[1] 林楠. 光谷上线企业创新积分平台 [J]. 支点，2023（2）：45.

[2] 马静璠. 成都高新区发布年度科技企业创新积分榜 [N]. 四川科技报，2022-12-09（002）.

[3] 张伟. "企业创新积分制"蹚出科技金融新路 [N]. 中国高新技术产业导报，2022-05-16（001）.

[4] 贾敬敦，温全，于磊，黎晓奇，陈力，潘晓. 科技金融政策工具创新模式研究——以"企业创新积分制"为例 [J]. 全球科技经济瞭望，2022，37（4）：14-20.

[5] 温全，于磊，陈晴，贾敬敦. 科技金融政策新工具："企业创新积分制"的典型工作做法及政策成效 [J]. 中国科技产业，2022（4）：48-49.

[6] 房冰，李久佳. 企业创新积分制指标体系构建及应用研究 [J]. 天津科技，2022，49（8）：1-3+9.

第4章

科创e贷

4.1　科创 e 贷的概念与现状

随着数字化时代到来，商业银行业务经营管理正在发生深刻的变化，金融创新层出不穷，线上贷款已经成为商业银行信贷业务发展新的增长点和发力点。与传统线下贷款业务相比，科创 e 贷采用客户线上申请的模式，具有审批效率高和客户体验好的特点，相应地要求风险决策又快又准。当前，银行线上贷款普遍处于发展初期，业务风险管控制度和流程主要由相关业务部门设计，难以满足线上贷款风险决策要求。为推动线上贷款高质量发展，应充分吸收先进的同业经验，借助系统、数据和模型，加快建立多产品、全流程、统一的智能化风险管控体系。

"科创 e 贷"聚焦专精特新企业资金需求，着力解决"专精特新"等科技创新型企业融资难题，特色化产品和优质配套服务得到企业高度认可。武汉某高新技术企业负责人通过中信银行网银和手机银行自主操作，办理"科创 e 贷"申请手续仅用 1 小时，300 万元贷款就自动审批到账。

为支持科创企业发展，拓展科创金融产品运用，各银行推出"科创 e 贷"，在各地中小企业主管部门提供的"专精特新"企业名单基础上，结合征信、工商、司法等数据，依托智能化信贷工厂，构建科创智能风控体系，为"专精特新"等科技创新型企业提供全线上、纯信用、随借随还的专属金融服务。下一步，当地各银行将继续聚焦聚力高新技术企业、专精特新企业，结合各类大数据和风控体系支持，提供更多差异化金融产品，践行科技创新，助推科技企业高质量发展。

4.2　科创 e 贷的申请条件及流程

4.2.1　申请条件（以中信银行为例）

（1）借款企业符合四部委标准小型、微型企业划型；（2）企业持有合法有效的营业执照，有固定经营场所，若企业经营特许行业，须取得有效的许可证书；（3）借款企业成立年限长于 2 年；（4）借款企业上年度净资产不能为负；（5）借款企业属于国家级或省、市级中小企业主管部门认定的"专精特新"企业；（6）借款企业及其实际控制人并无涉及严重影响其偿债能力的诉讼或被执行记录，也未被列入"法院失信被执行人"名单及实控人及其配偶在我行无经营类贷款；（7）借款企业实际控制人年龄在 18 周岁（含）至 65 周岁（含）之间，实际控制人持有合法有效的身份证明、户籍证明，且为中国大陆居民；（8）借款企业征信记录良好，且当前无逾期、无异常担保。

4.2.2 申请路径

借款企业登录企业网银,点击【小微线上化贷款】—【贷款申请】—【经办】,进入贷款申请页面;选择贷款产品:科创贷;在阅读并同意签署《企业征信授权书》后,客户进入贷款申请界面,客户确认申请界面信息填写完毕后,点击提交申请;经办确认提交后,借款企业实控人去个人网银端签署《个人征信授权书》。

4.2.3 具体流程

(1) 在线开通"科创 e 贷"产品;
(2) 线上发起贷款申请,自动审批额度;
(3) 在线签署电子合同;
(4) 按需线上自助提款,支持随借随还。

4.2.4 业务优势

(1) 全信用:无需抵质押物,最高 1 000 万元;
(2) 全覆盖:专精特新等科创企业均可申请;
(3) 全自动:在线审批、极速放款;
(4) 全自助:线上操作,按日计息,随借随还;
(5) 全服务:"金融联合舰队"提供全生命周期金融服务。

4.3 科创 e 贷典型措施借鉴

"科创 e 贷"是商业银行依托智能化信贷工厂,针对科创融资供给的"不平衡、不充分"问题,为"专精特新"等科技创新型企业提供的全线上、纯信用、随借随还专属金融服务。无还本续贷帮助企业以线上方式顺利获批额度,高效快捷,有效缓解了企业资金压力,降低融资成本,获得客户的高度认可。以下是几个典型措施借鉴:

2023 年初,中信银行大同分行成功为某国家级专精特新"小巨人"企业办理 600 万元"科创 e 贷"无还本续贷业务,这也是中信银行在山西省内落地的首笔该类型业务。为坚决贯彻落实国家六部门联合印发的《关于进一步加大对小微企业贷款延期还本付息支持力度的通知》要求,中信银行大同分行主动作为,提高站位,积极对接企业,分支联动帮助企业解决经营发展中面临的困难和金融诉求。针对企业面临贷款到期临时的资金压力,分行利用普惠金融产品无还本续贷助企纾困,为企业开通线上无还本续贷功能,实现本金到期无须归还无缝对接办理续贷。

江苏诚创智能装备有限公司是国家高新技术企业,由于年前囤货,急需流动资金周转。中信银行扬州分行客户经理得知企业需求后,向公司财务总监推荐了该行针对专精特新企业创设的"科创 e 贷"产品,仅仅用了 3 天时间,便为企业提供了 600 万元贷款。这是 2023 年以来,中信银行扬州分行借助优势产品、做深综合经营,助力扬州专精特新企业破解融资难题的一个缩影。专精特新企业是地方产业转型升级的重要"引擎"。2023 年以来,中信银行扬州分行充分发挥中信集团"金融+实业"的独特优势,持续优化专精特新企业金融服务体系。一方面,强化顶层设计,将专精特新企业纳入该行授信政策中积极支持的业务推动方向,梳理专精特新企业名单,根据不同专精特新级别给予基础额度,并开通绿色审批通道。另一方面,强化产品创设,积极推广如"科创 e 贷"等针对专精特新企业的创新金融产品。"科创 e 贷"依托智能化信贷工厂,整合创新能力、技术优势、经营情况等数据,构建科创智能风控体系,为专精特新等科技创新型企业提供专属金融服务方案。自"科创 e 贷"产品推出以来,中信银行扬州分行已为扬州及周边地区的 11 户专精特新小微企业提供了近 1 亿元的授信。

4.4 科创 e 贷的典型案例

无锡英罗唯森科技有限公司,是一家在 2014 年创立的科技企业,以研发、生产、销售和服务防腐蚀设备系统为核心业务,并荣获省级"专精特新"企业称号。在 2021 年底,中信银行南京分行的客户经理在与无锡英罗唯森科技有限公司的接触中,得知了该公司对贷款的特殊需求:使用周期短、频率高,并期望通过手续简便的"短频快"产品来解决其融资问题。针对这一需求,客户经理迅速向该公司推荐了中信银行的"科创 e 贷"产品。"科创 e 贷"这款产品仿佛是为无锡英罗唯森科技有限公司量身打造的一般。无锡英罗唯森科技有限公司的负责人王女士在全面了解"科创 e 贷"后,对其赞不绝口,并欣然成为中信银行南京分行"科创 e 贷"的首位体验者。令人惊讶的是,无锡英罗唯森科技有限公司的财务人员仅用了 10 分钟的时间,就通过中信银行最新推出的线上产品"科创 e 贷",成功申请了 500 万元的普惠贷款,并顺利完成了提款。这一高效的贷款申请和提款过程,再次证明了"科创 e 贷"产品对于满足企业"短频快"融资需求的优势。

在广东,国家级"专精特新"中小企业——广东科隆智谷新材料股份有限公司的流水线上,正在生产着萘系高效减水剂和聚羧酸系高性能减水剂,这两种复合型化学建材在多个领域有着广泛的应用,是推动混凝土行业向绿色低碳发展的关键材料。中信银行惠州分行深知该公司的重要性,因此与其建立了精准的对接机制,通过高效的服务流程，迅速审批了 1 000 万元的流动资金贷款额度，为公司的日常流动资金周转提供了强有力的支持。这一举措不仅有助于公司的稳健运营，也为混凝土行业的可持续发展注入了新的活力。

在安徽，国家高新技术企业、安徽省"专精特新"企业——国祯环境修复股份有限公司正开展合肥市关于环境修复方面关键技术重大研发项目，业务范围涵盖土壤及地下水场地调查、风险评估、方案设计、修复工程施工、跟踪监测及后期评估等，资金需求量扩大。中信银行合肥徽州大道支行与该公司精准对接，为其批复 1 000 万元流动资金贷款额度，增强企业现金流，同时通过交易银行产品体系为企业提供高效优质的结算服务，助力企业资金迅速有效周转，推动企业土壤环境修复项目进展。

2022 年 7 月，邮储银行达州市分行成功向国家高新技术企业四川某光电有限公司成功发放"科创 e 贷"信用贷款 500 万元，这也是邮储银行在四川投放的首笔"科创 e 贷"。2023 年以来，邮储银行达州市分行深入贯彻落实有关统筹抓好疫情防控和经济社会发展的决策部署，主动服务辖内各类中小微企业，多措并举为企业特别是信用优质的科技企业精准"输血供氧"。2022 年初，邮储银行达州市分行在"金融服务上门"活动中，了解到四川某光电有限公司等一些企业信用状况良好，但因缺乏抵押担保物等原因，无法从银行获得信贷支持，影响了企业扩大生产。为有效破解中小微企业融资难题，落实征信工作成效，助力信用向信贷转换，邮储银行达州市分行迅速将这一情况向上级行进行反映，全力配合上级行实地调研，并以金融信用信息基础数据库出具的企业"经济身份证"——征信报告为基础，针对科创型企业量身开发了"科技 e 贷"新产品。"科创 e 贷"上线后，邮储银行达州市分行工作人员第一时间联系有融资需求的科创企业，协助企业申请贷款，从贷款申请到成功放款最快不超过 2 个工作日，极大提高了企业融资的可获得性和便捷性，为企业发展注入了金融"活水"。在今后工作中，邮储银行达州市分行将进一步以深挖"经济身份证"信用价值，持续创新信贷产品，不断推动信用向信贷转换，有效解决企业融资难题，助力企业扩大生产，全面营造"用征信、助融资、促发展"的良好信用环境，推动社会信用体系建设和地方经济发展。

邮储银行靖州苗族侗族自治县支行积极落实上级部门要求，开展"送政策、解难题、优服务"企业走访活动。在走访中，了解到黄先生的健康科技有限责任公司正在为资金问题而发愁。鉴于此企业是国家高新技术企业，邮储银行的员工立即推荐了专门针对科技型企业的纯信用线上贷款产品——"科创 e 贷"。同时，根据当地政府贴息政策，协助企业递交了贴息申请资料，得到了当地部门的大力支持。在贴息资料审核完后，仅 1 个工作日，邮储银行就完成了合同签署并成功发放 500 万元，解决了黄先生的燃眉之急。靖州苗族侗族自治县作为中国茯苓之乡，茯苓栽培、生产历史悠久，特别是靖州茯苓科技产业园建成以来，吸引了一批科技型企业入园，茯苓产业得到进一步发展。像黄先生这样的以茯苓加工为主的高新技术企业不占少数，这些科技型企业受传统融资担保方式等影响，普遍存在融资难的问题。邮储银行的"科创e贷"是专门针对科技型企业的纯信用线上贷款产品，所需资料少、审批速度快、贷款利率低，从额度审批到放款最快可在2个工作日内完成，能在短时间内为客户解决资金需求。下一步，邮储银行靖州苗族侗族自治县支行将继续深入走访，了解当地"专精特新"企业的金融需求，以优良的金融服务、专属的金融产品精准助力科技型企业蓬勃发展。

梅州市某线路板有限公司是一家集科研、生产和销售于一体的科技型企业，拥有自主研发专利。近期，因企业的产品转型升级，订单量逐渐增多，急需资金采购原材料扩大生产。为落实国家"疫情要防住、经济要稳住、发展要安全"的工作部署，该行组织专业队伍，深入企业走访，为企业解读金融纾困政策措施、宣传邮储银行普惠产品，受到了企业的欢迎。经过一系列的介绍后，企业主对该行的信贷产品有了更深的了解。该行客户经理在全面了解企业的融资需求后，向企业推荐了针对科技型企业的专属产品——"科创e贷"，受到了企业主的高度认可。在客户经理的指导下，企业主通过手机端申请贷款，不到5分钟，测出额度500万元。随后，该行客户经理迅速完成了后续的审批、合同签署等工作，并上门耐心指导企业进行线上操作，最终企业成功授信500万元。据了解，"科创e贷"是该行推出的面向科技型小微企业的信贷产品，具有纯信用、线上审批、利率优惠、快速放款等特点，让企业真正享受足不出户，即需即贷的高效、便捷的信贷服务。下一步，邮储银行梅州市分行将继续贯彻落实市委、市政府、关于稳经济一揽子政策措施，围绕邮储银行总行全力支持疫情防控和经济社会发展36条举措，多渠道加大政策宣传力度，主动靠前助力企业纾困。全方位、全覆盖加快推进各项政策直达各类经济主体，进一步稳固金融对实体经济的支持力度。

4.5 加快推动河北省科创 e 贷发展的对策建议

4.5.1 政府加强参与和引导，加快建立"科创 e 贷"政银担风险分担机制

一是充分发挥财政存款的引导作用。由河北省科技厅、大数据局联合成立"科创贷"领导小组，每半年对金融机构"科创贷"投放力度进行评比排名，财政资金存款银行的选择，按"科创贷"发放贷款的比例进行分配，优先将自治区本级财政资金存

放于"科创贷"投放力度大的金融机构。二是设立"科创贷"风险补偿专项资金。发挥财政资金的杠杆作用，设立风险补偿资金池，在确认"科创贷"无法偿还或者无法全部回收时，用财政资金弥补银行的部分损失，提高金融机构面向轻资产、无抵押、无担保科技型企业投放贷款的信心。三是建立政银担风险分担机制。由财政出资设立河北科技型中小企业信用担保代偿补偿资金，按照"风险可控、稳步推进、逐步扩大"的策略，选择政策性担保机构、国有控股的融资性担保机构和其他经营规范的融资担保机构，建立符合商业原则的政银担风险分担机制，推动金融机构按照10倍的贷款额度给予科技型中小企业发放贷款。

4.5.2 加强贷前监督管理，建立科学合理的科技型企业贷款评估机制

一是健全科技型企业信贷评估机制。由河北科技厅、大数据局委托第三方机构建立科学合理的科技型企业贷款评估机制，对拟推荐进入"科创e贷"企业名单的企业的技术、无形资产、财务状况等进行综合评估，提出企业无抵押授信额度，并将评估过程、结果与金融机构共享，有效防范"科创e贷"风险的发生。二是加快完善知识产权价值评估制度。建立由商标、专利、著作权、植物新品种权等知识产权领域的专家学者，各行业和细分领域的大同行、小同行知名专家、资产评估师、律师、会计师组成的知识产权价值评估专家库，由专家会同相关管理机构共同组成评估组，开展知识产权价值评估。严格落实知识产权价值评估责任制，对因评估人员过错产生的责任应由其承担损害赔偿责任，情节严重构成犯罪的应依法追究其刑事责任。

4.5.3 加快推动金融机构优化授信评审政策，完善"科创e贷"风险管控体系

加强与区内金融机构的交流磋商，推动金融机构针对科技型企业特点的优化授信评审政策，建立全面、独立、详细的风险评价体系与风险管理机制，健全"科创e贷"业务的风险识别机制、风险隔离机制，加强对"科创e贷"企业的准入条件、信用评估、资金发放与抵押偿债能力的全面风险评估，最大限度地投放"科创e贷"。一是推动探索"产权科创e贷"模式。对拥有自主知识产权的科技型企业，通过引入政府引导的新型政策性融资担保机构，将知识产权作为融资反担保品，推动金融机构进行贷款融资。二是推动探索"订单科创e贷"模式。对已经形成生产经营规模且具有持续承接下游订单能力的科技型企业，根据下游客户综合实力，结合订单合同细节，包括但不限于业务模式、预付款比例、账户专管、仓储物流等维度，依托下游订单付款的稳定性和时效性，金融机构通过信贷资金向科技型企业发放贷款。

4.5.4 加快推动金融机构组建科技支行，扩大科技型企业融资渠道

加强自治区、市、县、园区科技部门对金融机构设立科技支行的场地、政策等支持，加快推动金融机构在广西科技型企业集聚区组建以科技金融为核心业务的专业科技支行。科技支行从专业的人员队伍、独立的绩效考核体系、绿色审批通道等方面，为科技型企业特别是科技型中小企业提供金融服务，促进科技型企业培育成长，促进科技成果产业化。

4.5.5 加快建立信息共享机制，提高"科创 e 贷"投放效率

由河北省科技厅、大数据局组织建设"科创 e 贷"申贷平台，有贷款需求的科技企业可登录平台开展"科创 e 贷"申请、审批结果查询。金融机构可实时登录平台查看申请企业、拟推荐企业、企业评审情况信息，为金融机构提供决策依据，提高"科创 e 贷"投放效率。

本章参考文献：

［1］董婷梅，陆桂军．广西科技型中小企业融资问题分析及对策——以广西"科创贷"为例［J］．科技智囊，2022（6）：16－21．

［2］罗玉韬．中信银行昆明分行推出普惠"科创 e 贷"业务［J］．时代金融，2022（4）：21．

［3］贺永辉．线上贷款智能化风控能力建设探究——基于延安农行农银 e 贷系列产品风险管控的思考与实践［J］．延安职业技术学院学报，2021，35（3）：17－21．

第5章

预期收益权质押贷款

5.1　预期收益权质押贷款概念与特点

企业或个人以收益权（如租金收费权、应收账款等）作为质押，依据借款人提供的经银行认可的某种担保方式，向银行贷款的方式。收益权质押贷款是以"农作物品种审定证书"产生的收益作质押，在中国人民银行征信中心动产担保登记公示系统登记设立质权，在全国同业创新推出"乡村振兴种业贷"。

贷款类型为质押，适用对象为企业或个人，还款方式为等额本息按月还款。

办理周期为7—15天，贷款利息按照中国人民银行同期同档贷款利率或适当上浮，还款期限最长为3年，贷款额度根据收益权评估价值而定。

贷款条件：

（1）合法拥有的不动产的收益权：房屋租赁收益权、公路桥梁收费权、土地出让收益权等；

（2）年满18周岁具有完全民事行为能力的自然人或企业法人；

（3）征信记录良好，且具有按期还本付息的能力。

申请条件：

自然人申请：

（1）申请人及配偶的身份证、户口簿、婚姻证明；

（2）收益权权属证明及相关材料；

（3）申请人及配偶的工作及收入证明；

（4）经公证的质押贷款合同；

（5）银行需要提供的其他材料。

法人申请：

（1）经年检合格的营业执照、组织机构代码证、税务登记证、开户许可证；

（2）法人代表身份证；

（3）企业需提交其最近的财务报表，以及经财政部门或会计（审计）师事务所审核的前三年度及上个月的财务报表和审计报表；

（4）公司章程；

（5）贷款卡；

（6）收益权权属证明及相关材料；

（7）股东会决议及主要负责人、财务负责人名单和签字样本等；

（8）经公证的质押贷款合同；

(9) 银行要求提供的其他材料。

5.2 预期收益权质押贷款典型措施借鉴

贵州黔南州积极践行新国发 2 号文件精神,深入推进林长制和集体林权制度改革,有效利用林长制在推动生态文明建设中的协调作用。为此,特别选取荔波县和三都自治县作为试点区域,开展公益林补偿收益权质押贷款的探索工作。此举旨在实现森林资源在保护中发展、在发展中保护的双赢目标,进而更有效地将生态优势转化为经济优势,让"绿水青山"真正转化为"金山银山"。荔波农商行制定了《"林益贷"公益林补偿收益权质押贷款管理办法(试行)》,创新"林益贷"贷款产品,使"林权抵押 + 公益林补偿收益权抵押"双重贷款模式得到推广落实。

在稳定经济大局、扶持企业渡过难关及培育壮大市场主体的总体框架下,贵州成功发放了首笔公益林补偿收益权质押贷款。这一举措不仅显著缓解了林农融资难的问题,还激活了长期未得到充分开发的森林资源,实现了生态与经济效益的双重提升,形成了多方共赢的局面。此举对于推动贵州生态文明建设先行区的建设、乡村振兴以及金融行业的健康发展均起到了积极有效的支持作用。

关于加快推进贵州省公益林补偿收益权质押贷款的指导意见[①]

为深入贯彻"生态优先,绿色发展"理念,更好地将"绿水青山"变成"金山银山",推进我省乡村振兴战略实施,拓展公益林经营保护主体的融资渠道,创新金融产品,推进农村金融改革、绿色金融发展。根据《中华人民共和国民法典》《中华人民共和国森林法》《国务院办公厅关于完善集体林权制度的意见》《中国银监会 国家林业局 国土资源部关于推进林权抵押贷款有关工作的通知》等法律法规和相关政策,结合我省实际,制定如下指导意见。

一、总体要求

以习近平新时代中国特色社会主义思想为指导,全面贯彻党的十九大和十九届四中、五中全会精神,牢固树立生态优先绿色发展和绿水青山就是金山银山的发展理念,进一步创新林权融资机制,有效盘活农村林业资源资产,放大公益林补偿资金融资作用,保护公益林权利人的合法利益,推进我省林业经济高质量发展。

---

① 资料来源:http://lyj.guizhou.gov.cn/xwzx/tzgg/202112/t20211222_72094467.html。

二、工作内容

公益林补偿收益，指的是国有、集体以及个人所有的公益林在按照国家或地方规定纳入保护范畴后，通过中央林业改革发展资金和省级林业改革发展资金所获得的长期财政支持。而公益林补偿收益权质押贷款，则是指林权所有者提出申请，以自身合法且具备持续性的公益林补偿收益权作为直接质押，或以集体合法且具备持续性的公益林补偿收益权作为担保（国有公益林补偿收益权不在此列），从贷款银行获得资金支持的一种融资方式。在贷款期内，公益林的管护职责不变，公益林补偿资金仍由权利人领取，权利人通过个人收入进行还款，对于借款人无法偿还到期质押贷款的，由县级林业主管部门与财政部门共同协助金融机构，完成公益林补偿金的划转工作，金融机构也可以通过司法程序实现权力，直至还清贷款本息为止。

三、工作原则

（一）公平自愿，公正公开。贷款由公益林权属清晰的权利人主动申请，在保证各项工作程序合法合规、手续齐备的前提下，为权利人提供贷款服务，保证公益林经济效益最大化。

（二）健全机制，风险可控。我们坚持将市场化运作与政策性支持紧密结合，以市场为指引，依托政策扶持为后盾，进一步完善质押贷款机制。在大力推动公益林补偿收益权质押贷款的创新实践中，我们也将积极实施风险分散的协同措施，以科学的方法有效防范金融风险。

（三）密切配合，协调推进。加强林业、财政、金融机构等相关部门协作配合，用足用好财政、信贷、金融相关政策，正确引导公众参与，盘活农村林业资源资产。

（四）创新引领，示范先行。营造开放包容的创新环境，充分发挥试点示范作用，形成制度创新良好氛围。

四、工作举措

（一）建立公益林补偿收益权核查信息制度

基于公益林分户档案的全面完善，县级林业主管部门将针对公益林补偿收益权的归属和补偿政策标准，为相关权利人提供补偿收益权的核查信息服务。为确保信息的一致性和准确性，省林业局将制定统一格式的公益林补偿收益权核查信息书，详细记录权利人的信息、公益林面积、年度补偿金额以及转让、质押登记等关键信息。当权利人向金融机构申请公益林补偿收益权质押贷款时，县级林业局主管部门会根据金融机构或权利人的实际需求，提供相应的公益林补偿收益权核查信息书，以支持贷款申请的顺利进行。

(二) 制定公益林补偿收益权质押登记制度

权利人向金融机构申请公益林补偿收益权质押贷款时，金融机构应通过中国人民银行征信中心动产融资统一登记公示系统办理公益林补偿收益权质押（转让）登记，并及时书面告知县级林业主管部门。登记内容应包括权利人信息和金融机构信息、签订的质押贷款合同以及在贷款无法按期偿还时同意由金融机构处置公益林补偿收益权的承诺书等材料。为增大贷款额度，公益林补偿收益权所有人可通过集中质押方式，委托一名承贷人办理质押登记，登记内容应包括承贷人信息和金融机构信息、承贷人与金融机构签订的贷款合同等。

(三) 创新公益林补偿收益权质押贷款方式

积极探索公益林补偿收益权质押融资贷款的创新方式，并可采用多样化的融资方式，如直接质押贷款以及农村集体组织所有的公益林补偿收益权质押担保贷款等，以进一步拓宽融资渠道，提升融资效率。

1. 公益林补偿收益权直接质押贷款是指，借款人以其个人所有的或获得他人授权许可的公益林补偿收益权作为质押物，向金融机构申请贷款。该贷款的额度原则上不超过借款人上年度公益林补偿金收入的 15 倍，但具体的贷款额度还需由贷款金融机构与借款人双方共同协商确定。这种方式旨在通过公益林补偿收益权的质押，为借款人提供一种灵活的融资途径，满足其在公益林经营和管理中的资金需求。

2. 农村集体组织所有的公益林补偿收益权质押担保贷款，是一种利用本集体经济组织公益林补偿金收入作为担保基金，为本集体经济组织内部成员提供贷款担保的方式。在此过程中，借款人需以其持有的合法农村产权（包括公益林补偿收益权）作为反担保措施。贷款额度通常设定为借款人上年度反担保的公益林补偿金收入的 15 倍以内，偿收益权质押担保的，应当按照《中华人民共和国村民委员会组织法》等相关规定表决同意，形成书面决议。补偿收益权已按股份到户，但仍由村集体经济组织统一管理公益林。

(四) 健全公益林补偿收益权质押贷款处置机制

积极创新公益林补偿收益权的流转机制。在借款人无法按期偿还质押贷款的情况下，由县级林业主管部门与财政部门紧密合作，协助金融机构进行公益林补偿金的划转工作。金融机构也可以通过司法程序实现权力，直至还清贷款本息为止，贷款偿还责任不得转嫁给政府承担。各级林业部门应确保公益林补偿收益权的长期稳定性，对于确需征占用质押担保的公益林或调整为非公益林的，林业主管部门和借款人应及时告知金融机构，并及时协商办理补充还款来源和追加担保资产或及时清偿协议。

五、工作要求

（一）加强组织领导。要积极对接财政部门、金融机构，形成合力，选取基础条件较为成熟、积极性较高的县（市、区、特区）开展试点，深入探索这一贷款模式的可行性，优化操作流程，完善风险防控机制，为后续的全面推广奠定坚实基础。

（二）完善政策法规。各部门要根据公益林补偿收益权的特点和质押贷款相关规定，结合本机构实际，制定公益林补偿收益权质押贷款业务办法、操作流程，简化贷款手续，优惠贷款利率，对于符合林业贴息贷款政策的，可按规定申请财政贴息。

（三）强化宣传引导。充分利用宣传标语、宣传册、广播、村民小组会、移动媒体等方式，加强公益林补偿收益权质押贷款工作政策宣传，引导公众参与贷款工作，为推动改革工作形成良好氛围。

5.3 河北省预期收益权质押贷款发展建议

预期收益权指的是未来某项收益的权利，例如未来的股息、利息、租金等。预期收益权质押贷款即指将这些未来的收益权作为抵押物向金融机构借款的行为。预期收益权质押贷款是一种基于未来收益权的融资方式，具有较低的风险和较高的灵活性，但投资者需要注意合同条款和风险管理。

推进预期收益权质押贷款融资模式为河北省拓展多元融资模式带来积极影响。这种融资模式可以为河北企业提供更多融资渠道，帮助它们获得资金支持并推动经济增长。同时，这也可以促进金融创新，为投资者和金融机构提供更多投资选择。然而，需要注意的是，推进这种融资模式也需要谨慎考虑监管和风险管理等方面的问题。建议在推进过程中加强监管和规范，确保投资者和金融机构的合法权益，并防范潜在的风险。另外，还需要建立健全的信息披露和风险提示机制，提高投资者的风险意识，以及加强对预期收益权价值评估的标准化和透明度。总的来说，推进预期收益权质押贷款融资模式需要综合考虑当地经济发展现状、金融市场情况和监管能力等因素，确保其在促进经济发展的同时，也能够有效管理风险。预期收益权质押贷款融资模式具有一定的积极意义和潜在风险。

拓展多样化融资渠道，促进经济增长。预期收益权质押贷款可以为企业提供一种新的融资方式，多样化融资渠道有助于降低企业融资成本、提高融资效率。通过为企业提供更多融资机会，预期收益权质押贷款可以促进企业发展、推动当地经济增长。

其潜在风险主要集中在两个方面：第一，对于预期收益权的评估和管理存在一定挑战，可能导致风险管理不到位，增加金融机构的信用风险。第二，法律法规不完善与投资者保护缺失。相关法律法规和监管政策可能尚未完善，可能存在监管漏洞和法律风险。如果投资者对于预期收益权的价值和风险认识不足，可能面临投资损失，需要加强投资者保护。

河北省推进预期收益权质押贷款融资模式的全面实施，需要从以下几个方面进行努力。

首先，制定相关政策。政府部门可以制定支持和规范预期收益权质押贷款融资模式的政策，包括明确相关融资模式的监管规定、鼓励金融机构参与以及为企业提供相关的税收优惠政策等。

其次，完善法律法规。建立健全的法律法规框架，明确预期收益权质押贷款融资模式的合规要求，规范相关交易行为，保护投资者权益，降低金融风险。

再次，加强信息披露和透明度。建立健全的项目信息披露制度，要求相关企业和金融机构对预期收益权质押贷款融资项目进行全面、准确的信息披露，提高市场透明度，帮助投资者充分了解项目情况。

最后，强化促进金融创新与风险管理协同推进。加强监管部门对预期收益权质押贷款融资模式的监管力度，建立风险评估和防范机制，确保融资活动的合规性和稳健性。鼓励金融机构积极参与预期收益权质押贷款融资模式，推动金融产品和服务创新，满足企业和投资者多样化的融资需求。开展相关投资者教育，提升投资者对于预期收益权质押贷款融资模式的理解和风险意识，降低投资风险。

本章参考文献：

[1] 秦涛，杜亚婷，陈奕多等. 林业碳汇质押贷款融资模式比较、现实困境与突破方向 [J]. 农业经济问题，2023，517（1）：120-130.

[2] 齐联，叶家义，韦幸力等. 生态扶贫视角下公益林预期收益权质押贷款机制的探索与实践——以广西河池为例 [J]. 林业资源管理，2020（3）：1-5，10.

第6章

专利权质押融资

专利权质押融资作为一种无形资产抵押融资方式，是现代金融和高科技结合的创新，成功打破了传统融资方式的局限。该融资方式为我国经济支柱的重要贡献者——科技型中小企业融资打开了一扇新的大门。河北省政府近年出台了多项关于专利权质押贷款的管理办法及奖励政策，这为该业务在河北省的发展无疑提供了巨大的动力。

6.1 专利权质押融资概念与特点

专利权质押融资也是一种质押融资方式，只是把传统的质押融资方式中的质权标的物货币型财产换成专利权。其业务流程是出质人（主要是科技型中小企业）将其所拥有的发明专利、实用新型专利、外观设计专利经质权人（银行、其他的金融机构或投资公司，主要是银行）认可的专业资产评估机构评估其价值后，利用该专利权向质权人质押并支付一定利息获取贷款；当质权人无法按约定收回本息时，其有权依法对质押物专利权进行折价或拍卖，并以变卖的价款优先受偿放款金额。

专利权质押权是权利质权的一种，它与权利质权有着共同属性。即担保性、物权性和价值性。

（1）担保性。专利权质押权是以可转让的专利权质押以保证质权人的债权实现的一种担保物权。这种担保性表现在两方面。一是从属性，专利权质押合同是从合同，债权合同为主合同，即专利权质押权的成立、处分和消灭依附于债权。二是不可分性，当债权人无法按约定收回本息时，其可主张以质押标的物专利权就全部债权优先受偿。

（2）物权性。我国《物权法》第二百二十七条明确规定知识产权中的专利权可以出质。即专利质押权属于物权，而物权优先于债券，若在某专利权质押融资业务中，对同一债务标的既有权利质权，又有保证时，清偿顺序是先权利质权后保证。

（3）价值性。专利权质押融资的价值性体现在两方面。一是在设定专利质押权后，质押人仍可继续使用该专利来获取收益；二是当债务人到期不履行债务，质权人有权依照法定程序对该出质的专利权予以处置，将其变价后实现债权。若债权到期后，该出质的专利权价值贬值甚至丧失时，质权人的权利也因其价值的打折而受损。也正是专利权质押融资的这项特性使该融资方式对金融机构的风险控制能力和风险承受能力要求较高。

6.2 专利权质押贷款的主要流程

图 6-1 展示了专利权质押贷款的主要流程。

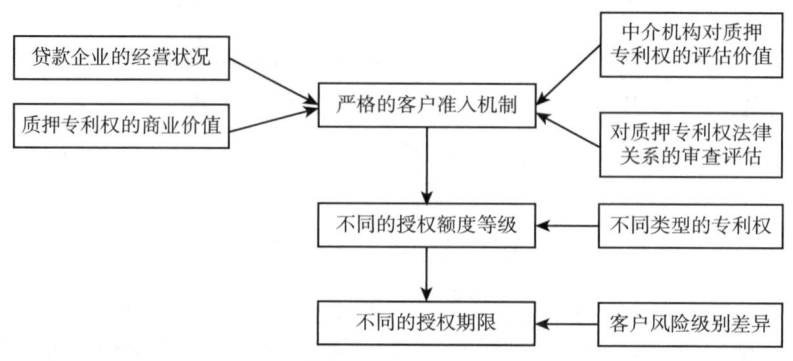

图 6-1 专利权质押贷款的流程

6.3 发展专利权质押融资典型措施借鉴

天津市是国内较早开展专利权质押贷款的城市之一。2003年，天津市知识产权局就与中国农业银行天津市分行签订了《专利权质押担保银政合作框架协议》，并于当年出台了《天津市知识产权局专利权质押贷款操作暂行办法》，合作银行也制定了《中国农业银行天津市分行发明专利权质押担保操作流程》。2010年，天津市被国家知识产权局列为知识产权质押融资试点单位，自试点工作开展以来，近七年天津市的专利权质押融资项目数量持续增长。针对专利权质押贷款该项业务的支持主要是在评估费用的补贴方面。2016年天津知识产权局出台了《天津市专利权质押贷款专利评估费补贴办法》，根据该办法市知识产权局以年度资金预算总额为依据，结合运用专利权质押贷款的企业花费的实际专利评估费用，给予每笔不超过3万元的评估费补贴，且同一企业当年累计最高只可获得10万元的补贴额。

6.4 河北省发展专利权质押融资的建议

河北省应积极借鉴北京、天津优秀的专利权质押融资发展模式，从协同动作和内部优化两个角度出发，积极推进河北省该融资模式的健康长远发展，形成独具特色的"河北模式"。

（1）强调制度落实，建立协同发展秩序

为厘清制度障碍，河北省政府应联同北京市政府、天津市政府进一步细化《京津冀知识产权协同发展战略合作计划》中关于专利权合作发展的细节；组织专利局、财政局与各地银行签署《专利权质押融资与银行合作框架》强化京津两地银行的参与；组织专利局、财政局与京津冀专利权中介服务机构签署《专利权质押融资价值评估管理办法》规范资产评估的标准；进一步落实《河北省专利权质押贷款风险补偿资金管理办法》，为其中参与的金融机构进行风险补偿提供法律依据与保障。

（2）加大专利权运用保护力度，夯实质押融资落地工作

首先，正确处理专利权融资政策与知识产权法律之间的关系。目前河北省关于专利权质押融资相关的暂行办法、管理规定、指导意见等大都在2016—2017年进行了修订，对近几年适应经济发展需要并取得一定成效的政策，通过立法加以巩固。其次，加强了立法，执法层面也需要严抓。随着专利权质押融资的进一步发展，市场上滥竽充数的专利中介机构，泄露买卖专利技术行为等势必越来越多，为了维护正常的市场秩序，河北省市场监督管理局必须加大对知识产权市场的监督与执法力度，严惩扰乱市场秩序的行为，提高侵权违法成本，为河北省专利权质押融资的发展提供健康的市场环境。

（3）加强服务体系建设，提高专利权质押融资效率

参考京津的先进经验，河北省应积极培育保险、投资基金、贷款发放机构、评估企业等市场主体加入河北省专利质押贷款业务中，丰富专利权质押贷款模式的参与主体方；健康引入京津优秀信贷机构与专利权服务机构，完善风险共担体系和联合业务创新机制。

京津冀银行结合河北省企业发展状况，完善业务流程，建立适合专利权质押贷款特点的风险评估、审批授权、尽职调查和激励约束机制，推出满足不同信用资产层级的科技型中小企业的贷款产品；另外，加强与政府的沟通，银政合作地推进专利权质押贷款业务的开展。

河北省市场上缺少专业的评估机构，京津两地成熟的评估机构通过在河北地区设立办事处，或是直接通过邮寄材料的方式进行专利权价值评估，拓展了业务量对河北省本土的评估机构发展造成一定的冲击。所以政府在鼓励河北省专业的专利权评估机构建立的同时，积极与京津专业的评估机构开展合作，通过出台专利权质押贷款评估费用补贴标准、建立风险补偿资金池等方式，加强专利权质押贷款评估专业化、标准化，完善知识产权价值评价体系。使京津的优秀专业评估机构进入河北省市场合作竞争性地带动河北省专利权评估机构的技术进步。保险机构需创新专利权保险产品，围绕科技型中小企业和战略性新兴产业发展需求，创新保险服务的新方式。

（4）强化企业市场主体地位，推进专利权的创新与合理运用

河北省的专利权申请量与授权量均不及天津市，较北京市更是差距悬殊，从专利

权质押融资金额来看，其总数与受益企业数依然远低于京、津的规模。充分揭露了河北省企业科技创新能力不足，专利运用效益偏低的缺点，而科技对经济的发展有非常重要的促进作用。河北省科技型中小企业应注重提升自身的技术研发实力，立足于行业发展趋势、未来市场热点和竞争环境变化等进行专利布局，合理确定专利申请数量，优化专利组合，提升专利申请质量，使专利成为企业核心竞争力。同时重视知识产权的管理和运用，增强运用专利或专利组合来质押融资的意识和能力。只有专利权数量与质量都达到了一定的标准，运用专利权进行质押融资才会得到更多质权人的认可，而专利权质押贷款业务的增多自然会滋生出大量本土中介服务机构的创立及外地优秀机构的加入，从而进入一个良性循环，这也是解决发展专利权质押贷款的源头问题。

（5）完善交易市场基础设施，活跃专利权流转交易

目前河北省的专利权流转交易主要依托全国知识产权运营公共服务平台及天津滨海国际知识产权交易所。河北省需尽快依托国家知识产权局河北省专利信息服务中心，建立具有专利检索、展示交易、法律咨询、宣传培训、人才培养等功能的知识产权公共服务平台，提高省内知识产权运用能力。同时，与天津滨海国际知识产权交易所的合作应进一步加强，例如增加河北省机构的入驻数量，在河北省多个城市建立分中心，加快知识产权的估值与流转效率，引导培育河北省的知识产权交易市场，活跃省内的专利权流转交易频率。

本章参考文献：

黄婷婷. 基于协同发展的河北省专利权质押融资模式创新及对策研究 [D]. 河北地质大学，2019.

第7章

知识产权质押融资

7.1 知识产权质押融资概念与特点

知识产权的质押融资是新型的融资模式，即指依法取得知识产权等智力成果的企业，尤其是科技创新型的企业，以知识成果等作为标的物向商业银行等融资机构进行质押，从中申请一定额度的贷款，银行会委托专业的第三方评估机构对该企业的整体规模、财务情况，特别是该知识产权的价值、专有性以及未来收益性等作出合理的评估报告，并且依此更好地判断融资企业的信用情况，向其发放贷款。若融资企业得到了发展所需的资金支持，就应依照有关合约约定，定期按时向银行偿还利息。若融资企业到期缺乏偿还贷款及利息的能力，那么银行就可以依法或有关规定来行使对知识成果等质押物的权利，或将其进行变卖，或交由担保等中介组织对其实施收购，从而减轻金融机构自身的损失。知识产权属于技术创新下的知识成果和智力成果，归属于无形资产，具有区别于实物资产的一些独有特征：

第一，该产权必须具有合法合规性，属于融资方企业主体或个人的依法所有，这也是能够开展该新型质押业务的前提和基础。从法律上看，产权的所有人一般是出质人，因为只有所有人才享有知识产权的完全处分权，才能合法行使处分权利，保证融资过程合情、合理、合规、合法。

第二，所质押的知识产权必须经过专业人员的评估。由于目前国内关于知识产权交易的法律法规并不完善，交易信息不对称，知识产权良莠不齐，对于普通融资机构来说很难辨别。因此，必须引入专门的机构对其进行评估，大多情况下会选择注册评估师，依据相关政策法规、《资产评估准则》和实施办法，评估和衡量质押物的收益及其未来价值，根据相关的评价结果和测量报告，来推进并决定该质押融资的活动和业务。

第三，一旦发生债务当事人不能按期还贷，或出现由经营不善导致的濒临破产现象，债权人可以依法享有财产的优先受偿权。在融资过程中，风险是不可避免的，当债务人出现资金问题无法按时还款时，为了保证债权人的利益、降低债权人损失，债权人有权与债务人进行协商，通过折价、变卖或拍卖该质押的产权，所得款项将优先用于偿还债务。

第四，具体业务中，将产权进行质押的结果需要按照由审批机关发出的等级文件为准。《担保法》第79条的有关规定，即"以依法可以转让的商标专用权，专利权、著作权中的财产权出质的，出质人与质权人应当订立书面合同，并向其管理部门办理出质登记。质押合同自登记之日起生效。"

由此可见，当前知识产权的质押融资发展在我国仍然位于初步阶段，但是无论是国家还是企业自身，都在积极采取各种措施推动和促进中小企业的发展，知识产权的质押融资作为新型的融资方式和方法，将以崭新的姿态在知识创新中、在经济发展中、在协助企业融资上发挥至关重要的作用。

7.2 知识产权质押融资的主要流程

企业以其所持有的合法知识产权作为担保物，向金融机构申请贷款。若企业未能按期偿还债务，金融机构则有权依据法律条款，选择对知识产权进行价值评估或采取拍卖、出售等处置方式，并从处置所得的资金中优先获得债权偿付。

目前，银行对于接受作为质押物的知识产权有着严格的标准，主要聚焦于专利权和商标权。对于这些质押物，银行会严格审查其法律状态、产业化进展、剩余的法定保护年限以及预期的收益潜力等因素，以确保质押物的价值和可靠性。质押操作流程如下：

（1）企业须以书面形式向银行提出专利权质押贷款的申请。

当申请人有意申请专利权质押贷款时，应备齐有效的专利证书及银行要求的各项资料，正式向银行递交贷款申请。金融机构在接收到申请后，会根据每位客户的具体情况，进行初步的资产准入条件与范畴的评估。这一评估工作主要包括两个核心方面：一是对贷款申请主体的资质进行细致审查，以确定其是否符合贷款资格要求；二是对所提供的专利权质押物进行严格把关，确保其符合作为质押物的所有条件和标准。

（2）评估机构对企业专利权价值进行专业性评估。

专业的鉴定机构会对企业的专利价值进行鉴别，并且建立一套完整的知识产权质押物价值的动态评估机制。这一种机制能够给予借贷双方有力的知识产权价值参考，从而有效实施风险防控措施，确保双方权益得到充分保障。

（3）银行针对企业提交的资料进行审核。

质押物的价值可由专业的资产评估机构进行公正的即时价值评估，为质押类业务提供有力的价值依据。在专利权质押方面，特指的是出质人（即专利权所有者）所持有的、在质押期间内无产权争议的专利权。

审核通过，双方将正式签署《借款合同》以及《专利权质押合同》。

因专利权质押贷款合同必须向国家知识产权局办理质押登记手续，故双方签署的质押登记合同应全面涵盖以下内容：首先，需清晰记录出质人和质权人的全名（或法人名称）及其居住（或注册）地址；其次，应准确界定所担保的债权类型及其具体金额；再次，应规定债务人偿还债务的明确期限；又次，亦需附上详尽的质押物名录；明确界定担保责任的范畴；最后，应罗列双方协商确定的其他关键条款。

（4）办理知识产权质押登记手续。

根据国家商标局与知识产权局的相关条例，一旦知识产权质押贷款合同正式达成，双方应备齐必要文件，共同至知识产权管理部门进行质押权登记手续。办理专利权质押登记时，整个登记流程通常需要七个工作日的时间来完成。

（5）执行借款合同。

当知识产权质押登记证书顺利获取后，金融机构便可依据双方签署的贷款协议，为借款人提供资金发放服务。这一步骤不仅标志着质押贷款流程的顺利完成，更确保了金融机构与借贷方之间的权益得到法律保障。这也为借贷方提供了更为灵活和高效的融资方式，有助于其更好地实现经营发展和资金运作。

7.3 知识产权质押融资典型措施借鉴

为了更加高效地提升基金运营效能，并加大科技型中小企业通过知识产权质押获取的融资额度，珠海市特地设立了知识产权质押融资风险补偿基金，并正式颁布了《珠海市知识产权质押融资风险补偿基金管理办法（试行）》，以进一步促进和规范该基金的管理与运作流程。

珠海市知识产权质押融资风险补偿基金管理办法（试行）[①]

第一章 总 则

第一条 为贯彻落实中央、国务院关于加快实施创新驱动发展的战略部署，进一步发挥知识产权推动产业转型升级和经济提质增效的作用，提升政府财政资金杠杆和风险保障作用，实现知识产权市场价值，解决轻资产的科技型中小企业融资难问题，做好珠海市知识产权质押融资风险补偿基金（以下简称"基金"）的管理工作，制定本办法。

第二条 基金用途主要为建立风险补偿资金池，代为补偿银行、保险、融资性担保机构等开展企业知识产权质押融资时产生的部分风险损失，主要指知识产权质押融

---

① 资料来源：https://www.gd.gov.cn/zwgk/wjk/zcfgk/content/post_2724893.html。

资贷款期间的本金及利息，不包括逾期后的罚息复利。

第三条 本办法所称中小企业是指在珠海市行政区域内注册，具有独立法人资格并从事生产经营，符合国家《中小企业划型标准规定》有关中小企业划型标准，持续进行研究开发、生产和服务的企业。

第四条 本办法所称的知识产权质押融资，是指采用包括专利、商标和著作权（版权）等知识产权进行质押以获得银行授信资金的融资模式。

第五条 合作机构是指与基金管理人签署合作协议，开展知识产权质押贷款业务的银行业金融机构、保险公司及融资性担保机构等（时机成熟时可引入其他机构）。

第六条 基金由市财政统筹中央及省、市资金安排，首期规模人民币4 000万元，其中中央财政1 000万元、市财政3 000万元，市财政3 000万元为市财政安排给珠海科技创业投资有限公司的注册资本金。基金存续期五年（自2016年12月起），五年内运作良好，可以报请市政府以及省级主管部门申请延长运营期限。

第二章 基金架构

第七条 基金由四方共同参与，市知识产权局代表市政府作为基金的出资人，引导资金的使用方向，珠海科技创业投资有限公司作为基金管理人，负责基金的日常运作，保障资金的有效使用；横琴国际知识产权交易中心有限公司作为知识产权交易平台，负责为基金提供知识产权评估、质押、处置等服务；商业银行、保险公司及融资性担保机构作为基金的合作机构，负责为中小企业的知识产权提供贷款、保险、担保等服务。

第八条 基金设基金决策委员会，由市知识产权局、市财政局、市金融局、中国人民银行珠海市中心支行、珠海银监分局组成，是基金最高决策机构。主要职责包括：

（一）制定基金管理办法；

（二）确定基金扶持产业方向或支持企业类型；

（三）确定合作机构和风险补偿基金合作方案；

（四）审核基金重大项目支出并开展绩效评价工作；

（五）基金管理事项的调整和决策。

决策委员会办公室设在市知识产权局，承担基金决策委员会日常工作。

第九条 基金管理人负责基金的运营管理，业务上接受决策委员会的监督管理以及决策委员会办公室的工作指导，负责基金日常专项运营工作。主要职责包括：

（一）负责基金的日常运作，保证基金的安全性和使用效率；

（二）考核、筛选和评价拟合作机构，并拟定合作方案；

（三）在贷款发放前对贷款项目确认出现风险后是否属于基金的补偿范围及具体补偿的项目及金额；

（四）负责贷款发放后的跟踪管理及信息反馈，并在贷款出现风险后根据决策委员会的审定结果进行补偿资金的拨付；

（五）按要求向决策委员会提交基金年度运营情况和绩效报告，并做好相关财政项目的绩效自评等工作；

（六）起草重大事项决策议案提交决策委员会审议；

（七）决策委员会交办的其他相关任务。

第十条 知识产权交易平台负责风险补偿项目项下质押知识产权的评估（评价）、质押、处置等，交易平台应勤勉尽责，合理评估（评价）质押知识产权的价值，为合作金融机构的信贷决策提供有效支撑，提高质押知识产权的流动性，在出现不良贷款的情况下，协助合作机构处置质押知识产权，尽可能回收风险资产本息。

第十一条 合作银行应同时具备以下条件：

（一）依法合规经营，信贷审批流程先进，服务效率高，风险防控能力强，拥有专业的服务团队和健全的知识产权质押贷款管理制度；

（二）合作银行应充分发挥主观能动性，扩大知识产权质押贷款的规模。各合作银行发放贷款的总额度至少应达到基金规模的10倍；

（三）纳入风险补偿范围的合作银行中小企业知识产权质押贷款业务，贷款利率不得超过合作银行同期、同档次、同担保方式贷款加权平均利率。

第十二条 合作融资性担保机构应同时满足以下要求：

（一）依法合规经营，风险防控能力强，获得其合作银行准入并授予授信额度；

（二）担保机构费率不超过担保金额的2%。

第十三条 合作保险公司应同时满足以下要求：

（一）依法合规经营，风险防控能力强，获得其合作银行准入；

（二）保险费率不超过保险金额的2%。

第三章 扶持方向

第十四条 基金主要投向珠海市专利、商标、著作权（版权）等知识产权质押融资项目。申请风险补偿的贷款项目应满足以下条件之一：

（一）有效期内的国家高新技术企业、入库企业；获得广东省"创新型试点企业"或"创新型企业"称号的企业；获得国家、省、市知识产权示范或优势企业称号的企业。

（二）国家、省或市创新创业、工业设计等大赛的获奖企业。

（三）近5年内获得国家、省、市、区科技立项的企业。

（四）符合我市产业布局和发展方向的、具有中长期发展前景的企业。

第十五条 知识产权质押贷款必须用于本企业或主要关联方技术研发，项目产业化建设、运营、管理、技术改造，流动资金周转等生产经营活动，不得用于其他用途。

第十六条 单个企业每年最多可申请1个风险补偿项目，贷款金额原则上不超过500万元，贷款期限原则上不超过1年。

第四章　运作方式

第十七条 基金管理人为基金初选出银行、保险公司和融资性担保机构等合作机构，报基金决策委员会确定最终合作机构，由基金管理人与合作机构签署合作协议。

第十八条 基金管理人按合作银行每笔新增投放知识产权质押贷款总规模的10%，将风险准备金专户存于该银行，并实行动态调整。每笔风险准备金于贷款到期后若没有发生代偿风险，则由银行退回基金管理人基金专户。风险准备金存放于各银行的总额不超过基金规模。

第十九条 在贷款发放前，基金管理人应在5个工作日内对每笔知识产权质押贷款进行会审、评估，对市场风险进行防控，确认是否属于本基金补偿范围以及具体补偿的项目及金额。

在贷款本金出现逾期后，合作金融机构应在3个工作日内向基金管理人提出书面补偿申请，由管理人初审并在3个工作日内上报决策委员会办公室，决策委员会须在收到管理人书面材料3个工作日内召开会议，根据基金管理人在贷款发放前的认定结果，从贷款真实性及产业导向两个方面进行审定。

在贷款发放前经确认属于基金应补偿的贷款项目的，在贷款本金逾期后，经决策委员会审定，由基金管理人将补偿资金从基金专户中支出。基金管理人在2个工作日内会同合作机构办理具体划转手续。

第二十条 如出现贷款损失时，风险分担模式根据不同情况分别实施。

（一）对于信用等级较高、贷款风险较低的企业贷款，采取基金与银行直接合作的方式，基金与银行原则上按4∶6分担风险损失。

（二）对于信用等级较低、贷款风险较高的企业贷款，可引入保险公司、融资性担保机构等其他机构，银行与其他机构共同作为合作机构。基金与合作机构原则上按照4∶6分担风险损失，银行与其他机构风险分担比例自行约定。

第二十一条 风险补偿工作完成后，合作机构应积极采取措施对贷款损失部分进行追偿。在追偿收回资金的 10 个工作日内,应将收回资金按照追偿产生的必要合理费用、本金、利息顺序补偿给基金及各合作机构。其中本金、利息按照基金及各合作机构的风险承担比例等比例补偿,如事先有约定的从其约定。

第五章 项目管理

第二十二条 基金管理人应勤勉尽责做好基金的管理,加强与合作机构的沟通,切实运作好基金。基金按年向管理人支付管理费,管理费按基金规模的 2% 计提。

第二十三条 合作银行应严格依规做好贷后管理工作,保证贷款风险分类准确、信息完整,定期对贷款质量进行分析,并于每季度终了后 2 个月内,向基金管理人报送上季度知识产权质押贷款情况,包括贷款企业的季度财务报表,年度审计报告,贷款资金使用状况等。基金管理人将相关数据汇总后上报基金决策委员会。如合作银行逾期未提交或未按要求提交报告的,基金管理人有权提出对该银行所放款项目不给予后续的风险补偿,并将合作银行贷后报告提交的效率和质量,作为新一年度筛选合作机构的重要参考。对违反国家法律法规、财经相关规定,以及不符合本办法相关贷款条件发放的贷款,形成的损失不属于基金补偿范围。

第二十四条 基金管理人与合作机构应加强定期信息交流。若发生下列情况,合作机构应于 3 个工作日内书面通知基金管理人,由管理人开展调查并在 3 个工作日内将调查情况上报决策委员会办公室:

(一)融资企业不按期支付利息;
(二)融资项目出现逾期;
(三)合作机构认为融资企业存在不能正常还款风险;
(四)合作机构认为需要通知的其他重要事项。

第二十五条 当风险补偿金额达到基金总规模的 50%,应立即暂停本基金业务。各合作机构应加强自查,加快完善风险管理制度,当逾期率回复正常后,经决策委员会同意后再行恢复。

第二十六条 基金产生的溢价、孳息等收益全部补充基金。

第六章 监督管理

第二十七条 基金必须专款专用,禁止任何部门和单位截留、挪用。决策委员会可以委托会计师事务所对基金拨付使用情况进行审核,也可委托审计部门进行审计。如发现基金管理人有擅自挪用基金的情况,有权取消基金管理人资格并追究相关人员责任,并且要求基金管理人赔偿相关的经济损失。构成犯罪的,依法移交司法机关处理。

第二十八条 合作机构弄虚作假或与企业合谋骗贷、套取基金的，一经查实，依法追回基金，取消其合作机构资格。对骗取、挪用银行贷款的企业，不再纳入贷款风险补偿范围，依法追究法律责任。

第二十九条 对于发生代偿的贷款单位3年内不能申报各级、各类科技计划项目，恶意到期不还款的单位，取消申报各级、各类财政支持项目的资格。

第七章 附 则

第三十条 本试行办法自印发之日起实施，有效期3年，《珠海市知识产权质押融资风险补偿基金管理办法（试行）》（珠知〔2016〕78号）同时废止。

第三十一条 风险补偿项目实施的期限原则上不能超出本办法有效期，否则基金不承担任何风险补偿责任。

第三十二条 基金在本办法到期并履行相关风险补偿责任后，余额按出资比例退还各级财政。

第三十三条 在基金管理人认真履行了管理职责后，若仍出现贷款逾期，经基金决策委认定可由基金予以补偿的，造成的资金损失不纳入珠海科技创业投资有限公司国有资本考核范畴。

第三十四条 本办法由基金决策委员会负责解释。

7.4 关于科技型企业知识产权质押融资评价指标体系

7.4.1 基本条件

科技型中小企业须同时满足以下条件：

在中国内地（不包括港、澳、台地区）注册或依据外国（地区）法律设立但主要管理职能位于中国境内的企业，若其会计核算体系健全，采用查账征收方式，能够精确核算研发费用，并依法履行企业所得税纳税义务，即为符合条件的居民企业。

企业的职员人数不会超过500名，每年的营业收益也不会超越2亿元，同时企业的资产总额也未超过2亿元。

企业所属行业未被国家发展改革委员会在《产业结构调整指导目录》中归为限制类或淘汰类，同时亦未被财政部、国家税务总局、科技部在《关于完善研发费用税前加计扣除政策的通知》（财税〔2015〕119号）中列为不享受税前加计扣除政策的行业范畴。

在最近一个会计年度及当前年度内，企业未遭遇重大安全或质量事故，也未涉及严重环境违法、严重造假或科研严重失信等不当行为。同时，在这些时间段，企业未被列入经营异常名录或严重违法失信企业名单。

以科技型中小企业的评估指标作为标准进行评估，企业的总分至少为60分，同时企业的科技人员指标项得分不可为零。

7.4.2 直通车条件

满足上述评估标准的企业，若同时满足以下任一条件，将不受综合评价分数高低的限制，可直接认定为符合科技型中小企业的标准：

1. 企业持有高新技术企业资格证书；
2. 企业在五年之内获得过国家级科技奖励；
3. 企业拥有经省级以上认定的研发机构；
4. 企业在五年内作为主导制定过国际标准、国家标准或行业标准。

7.4.3 评价指标

科技型中小企业的评价指标涵盖科技人员、研发投入以及科技成果三大方面，总分为100分。这一评分体系旨在全面、客观地衡量企业在科技创新方面的综合实力与表现。

（1）科技人员评估（满分20分）。按科技人员数占企业职工总数的比例分档评价。

A. 30%（含）以上（20分）

B. 25%（含）—30%（16分）

C. 20%（含）—25%（12分）

D. 15%（含）—20%（8分）

E. 10%（含）—15%（4分）

F. 10%以下（0分）

（2）研发投入指标（满分50分）。企业从（1）、（2）两项指标中选择一个指标进行评分。

①依据企业研发费用总额占销售收入的比例进行分档。

A. 6%（含）以上（50分）

B. 5%（含）—6%（40分）

C. 4%（含）—5%（30分）

D. 3%（含）—4%（20分）

E. 2%（含）—3%（10分）

F. 2%以下（0分）

②依据企业研发费用总额占成本费用支出总额的比例进行分档。

A. 30%（含）以上（50分）

B. 25%（含）—30%（40分）

C. 20%（含）—25%（30分）

D. 15%（含）—20%（20分）

E. 10%（含）—15%（10分）

F. 10%以下（0分）

（3）科技成果指标（满分30分）。按企业拥有的在有效期内的与主要产品（或服务）相关的知识产权类别和数量（知识产权应没有争议或纠纷）进行分档。

A. 1项及以上Ⅰ类知识产权（30分）

B. 4项及以上Ⅱ类知识产权（24分）

C. 3项Ⅱ类知识产权（18分）

D. 2项Ⅱ类知识产权（12分）

E. 1项Ⅱ类知识产权（6分）

F. 没有知识产权（0分）

7.4.4 指标说明

（1）职工总数

企业职工总数的统计范围包括上一会计年度内的全职、兼职及临时工作人员。全职员工的确认，可以通过以下任一途径判定：劳动合同签署情况、社会保险费的缴纳情况，或者工资薪金个人所得税的缴纳情况。兼职及临时工作人员则要求他们在全年内须在企业工作满6个月及以上，方纳入职工总数计算。

（2）科技人员数

企业科技人员指的是那些直接参与研发、技术创新活动，以及负责相关活动管理和提供直接支持的人员，涵盖了企业的在职员工、兼职人员以及临时聘用人员。对于兼职和临时聘用人员，他们必须在全年内累计为企业工作6个月以上，方可被认定为企业的科技人员。

（3）研发费用总额

研发费用涵盖了企业在开展研发与创意设计两大类活动中所支出的各项费用。其中，研发活动主要聚焦于企业对新科学与技术知识的探索与运用，以及对现有技术、产品或工艺的实质性改进，这一过程具备明确的目标且呈现系统性特征。创意设计活动致力于创造出富有创新性、创意性及突破性的产品，其范围广泛，包括多媒体软件的开发、动漫游戏的创作，以及房屋建筑工程和工业设计等多个领域的设计活动。这些活动共同构成了企业创新发展的重要支撑，研发费用则是对这些创新投入的经济量化体现。

以下列举的活动所产生的费用，并不纳入研发费用的计算范畴：

企业产品或服务的日常性更新与升级，这些常规性的改进并不涉及创新性的研发活动。

直接采纳或购买现有科研成果的行为，如新工艺、新材料、新装置、新产品、新服务或新知识等，这些行为更多是成果的直接应用而非研发过程。

商品化后，企业为客户提供的各类技术支持和咨询服务，这些属于售后服务范畴，与研发活动无直接关联。

对既有产品、服务、技术、材料或工艺流程的重复利用或简单调整，这些活动缺乏创新性，因此不计入研发费用。

市场调研、效率评估或管理研究等活动，这些更多属于企业运营和市场分析的范畴，不属于研发活动。

常规的工业（服务）流程控制、质量控制、测试分析以及维修维护工作，这些属于日常运营维护的一部分，与研发活动无直接联系。

社会科学、艺术或人文学科方面的研究与探索，这些虽然具有学术价值，但不符合研发费用计算的范畴。

研发费用的处理应依据财政部、国家税务总局、科技部所发布的系列政策文件，包括但不限于《关于完善研发费用税前加计扣除政策的通知》（财税〔2015〕119号）及《关于提升科技型中小企业研发费用税前加计扣除比例的通知》（财税〔2017〕34号）等。同时，还须参考《关于企业研发费用税前加计扣除政策相关事宜的公告》（国家税务总局公告2015年第97号）、《关于研发费用税前加计扣除归集范围相关事宜的公告》（国家税务总局公告2017年第40号）等公告的指导，以及针对企业委托境外研发费用的相关通知和公告，来精确界定研发费用的归集方式和范围。企业应按照这些文件规定的明确方法和范围，对各个研发项目进行费用的归集工作，这可以通过设立专门的研发项目账目或辅助账目来实现。归集的研发费用应妥善保管，以备税务部门或其他相关机构的查验。企业应严格按照政策规定，科学、规范地进行研发费用的归集和管理，以确保其合规性。研发费用归集范围包括：

1）人员人工费用：直接参与研发活动的人员的工资薪金及其相关社会福利保障支出。具体来说，这包括研发人员的基本工资、奖金、津贴等薪金部分，以及他们所享有的社会保险费用,包括基本养老保险、基本医疗保险、失业保险、工伤保险和生育保险等。此外,住房公积金也作为员工福利待遇的一部分被纳入其中。对于外聘的研发人员,其劳务费用同样被视为人员人工费用的一部分,这主要涵盖了他们因参与研发活动而获得的劳务报酬。

2)直接投入费用:研发活动直接涉及的材料、燃料和动力等必要资源的消耗费用是研发费用的重要组成部分。研发活动所使用的仪器、设备的日常运行、维护、调整、检验和维修等费用也是必不可少的开支。若企业选择通过经营租赁方式获取研发所需的仪器和设备,那么相应的租赁费用也会计入研发费用之中。这些费用共同构成了研发活动在物质资源方面的直接投入。

3)折旧费用:研发活动中所使用的仪器和设备的折旧费,这些费用反映了仪器和设备在使用过程中因磨损、老化或技术进步导致的价值减少,是研发活动所需长期资本投入的一部分。通过计提折旧,企业能够更准确地核算研发成本,并为仪器设备的更新和升级提供经济依据。

4)无形资产摊销:无形资产摊销是指将使用寿命有限的无形资产的应摊销金额,在其使用寿命内进行系统合理地分配。这主要包括专利权、商标权、著作权、土地使用权、非专利技术等无形资产的摊销。作为一种长期资产,无形资产为企业带来未来经济利益的能力逐渐降低,其价值也会在其使用期限内逐渐减少,直至全部丧失。因此,无形资产的价值也应分期摊销。

5)新产品设计费等:新产品设计费指的是企业为新产品和新工艺的构思、开发和制造,进行工序、技术规范、操作特性等方面的设计时所发生的一切费用。这些费用涵盖了新产品设计的人工费、材料费以及宣传推广费用等。

6)其他相关费用:与研发活动紧密相关的其他各项支出,如购买技术图书资料、翻译相关资料的费用,聘请专家进行咨询的费用,以及为高新科技研发所支付的保险费用等,都是研发成本的重要组成部分。此外,研发成果的检索、分析、评议、论证、鉴定、评审、评估、验收等各环节所产生的费用,以及知识产权的申请、注册、代理等相关支出,包括研发活动中涉及的差旅费和会议费等,也都属于研发费用范畴。然而,这些费用的总和应控制在研发费用总额的10%以内,以确保研发资金得到高效利用,避免不必要的浪费。

7)财政部和国家税务总局规定的其他费用。

研发费用以上一会计年度最后一个季度的财务数据为基础进行核算。企业根据项目的研发形式,按以下方法确定研发费用总额:

1)若研发项目由企业内部独立执行,则应将实际产生的全部费用完整计入研发费

用总额中;

2）针对企业与其他单位共同进行的研发项目，仅应将企业自身实际支出的费用部分纳入研发费用总额之中；

3）若企业参与企业集团的集中研发项目，那么仅按照企业实际分摊的费用金额计入研发费用总额；

4）对于企业委托境内外机构或个人进行的研发项目，应将实际发生费用的80%纳入研发费用总额；

5）对于企业委托境外机构或个人进行的研发项目，虽然也是按照实际发生费用的80%来计算研发费用总额，但是这一费用不得超过境内符合标准的研发费用的2/3。

（4）销售收入

销售收入的计算依赖于上一会计年度的财务数据，主要包括主营业务收入及其他业务收入两大部分，且这一计算口径需与企业所得税年度纳税申报表保持一致。

（5）成本费用支出总额

成本费用支出总额是由营业成本、税金及附加以及各项期间费用共同构成的，其计算依据须遵循企业会计制度所规定的上一会计年度的财务数据，并参照企业所得税年度纳税申报表的计算标准。在计算过程中，成本费用支出总额等于营业成本、税金及附加以及销售费用、管理费用、研发费用和财务费用等各项费用之和。

（6）资产总额

资产总额应以企业上一会计年度资产负债表中所列示的期末数值作为确定依据。

（7）纳税总额

纳税总额是指企业或个人在特定时期内，根据税法规定所应缴纳的各项税金的总和。对于企业来说，纳税总额通常包括增值税、消费税、营业税、企业所得税、房产税、土地使用税、车船使用税等各项税金。而对于个人来说，纳税总额则主要包括个人所得税以及根据税法规定应缴纳的其他各项税费。

（8）知识产权

知识产权是基于创造成果和工商标记依法产生的权利统称。它主要包括专利权、商标权和著作权等。这些权利为权利人提供了对其创造成果或工商标记的独占性使用权，防止他人未经授权使用或侵犯。在中国，知识产权的授权或审批审定必须在境内完成，并且其保护期需在中国法律的有效期内。知识产权的权属人应当是提出评价申请的企业。知识产权的评价采用分类评价的方式。发明专利、植物新品种、国家级农作物品种、国家新药、国家一级中药保护品种以及集成电路布图设计专有权等按照Ⅰ类标准评价；而实用新型专利、外观设计专利以及软件著作权等则按照Ⅱ类标准评价。

在专利的有效性方面，主要依据企业在评价前取得的授权证书或授权通知书，同时，企业需提交相关的缴费收据作为有效证明。

对于各类专利及知识产权的查询与验证，有多种途径可供选择。例如，可以登录国家知识产权局官方网站进行专利查询；对于植物新品种，可以访问农业农村部科技发展中心网站及国家林业和草原局植物新品种保护办公室网站进行查询；对于软件著作权，可以登录国家版权局中国版权保护中心网站进行查验。在保护知识产权方面，需要遵守相关的国际公约和法律法规，尊重他人的知识产权，同时也需要积极保护自己的知识产权。对于侵犯知识产权的行为，应积极采取法律手段进行维权。此外，知识产权的价值也可以通过评估来确定。评估方法主要包括市场评估法、收益评估法和成本评估法。当涉及知识产权的出资、质押、拍卖、转让或置换时，往往需要进行知识产权评估。

（9）高新技术企业

高新技术企业是指在《国家重点支持的高新技术领域》内，持续进行研究开发与技术成果转化，形成企业核心自主知识产权，并以此为基础开展经营活动的居民企业。这些企业是知识密集、技术密集的经济实体，其高新技术产品（服务）收入占企业当年总收入的60%以上，且企业研究开发组织管理水平、科技成果转化能力、自主知识产权数量、销售与总资产成长性等指标符合相关要求。高新技术企业享有多项优惠政策，如企业所得税税率的降低、科研经费支持和财政拨款、融资便利以及办公场地租金补贴等。这些政策旨在鼓励和支持企业进行技术创新和研发活动，推动高新技术产业的发展。此外，高新技术企业的认定和优惠政策可能会因地区和具体政策而有所不同，因此，企业在申请认定和享受优惠政策时，需要仔细了解并遵守相关规定。

高新技术企业是推动科技进步和经济发展的重要力量，它们在提高国家竞争力、促进产业升级和创造就业机会等方面发挥着重要作用。

（10）科技奖励

科技奖励是对科学家取得的成果所作出的一种积极肯定的社会评价。这种奖励不仅是对科学家个人努力的认可，也旨在促进科学技术的发展，鼓励更多的科研人员投身于科技创新活动。科技奖励通常分为多种类型，包括国家级的奖励和各类机构或组织颁发的奖励。其中，国家级的科技奖励如国家最高科学技术奖、国家自然科学奖和国家技术发明奖等，在科技界具有极高的权威性和影响力。这些奖励不仅给予获奖者荣誉和物质奖励，更重要的是为他们树立了榜样，激励更多的人投身于科技创新事业。科技奖励的评审过程通常非常严格，需要遵循公开、公平、公正的原则，确保奖励的权威性和公信力。评审过程中会考虑多项指标，如成果的创新性、实用性、社会经济效益等,以全面评估成果的价值。

科技奖励在促进科技发展、激发科研人员创新热情、推动社会进步等方面发挥着重要作用。通过不断完善奖励机制,可以进一步激发科技创新的活力,推动科技事业持续健康发展。

(11) 研发机构

企业所持有的省部级及以上研发机构,是由国家部委与省直单位审核认证,并由企业自主建立的一系列创新平台和基地。这些机构包括但不限于实验室、研究中心、技术中心、设计中心、创新中心及研究院等,均享有国家级或省(部)级的创新平台地位。为了验证这些研发机构的真实性与合法性,需要提供相应的批准认定文件作为支撑材料。这些文件的提交,是对企业研发实力与科技创新成果的有力证明,也是企业申请相关优惠政策和资金支持的必要条件。

(12) 制定标准

在过去的五年中,若企业在国际标准、国家标准或行业标准的制定过程中扮演了主导角色,需备齐相关标准文本或证明文件作为佐证。关于国家标准的验证,应参照国家标准化委员会官方网站上发布的信息;行业标准则需参考国家标准化委员会网站备案的相应标准。对于国际标准,须确保其源自国家标准化委员会网站所公布的、由国际标准化机构制定的标准。这些标准信息可通过全国标准信息公共服务平台(http://std.samr.gov.cn)进行查询与验证。此外,企业在标准起草单位中的排名应位居前列,即前五名以内。而此处的"近五年"范畴,应涵盖企业申报的当年。这些标准的制定与参与,不仅体现了企业在行业内的技术领导力,也是其创新能力与贡献的重要体现。

(13) 企业信用

在《科技型中小企业评价办法》中,针对"发生重大安全、重大质量事故及严重环境违法行为、科研严重失信行为"以及"被列入经营异常名录和严重违法失信企业名单"等情形,将参考相关权威部门依法依规出具的意见进行判断。同时,亦可借助国家公共信用信息中心运营的"信用中国"网站(https://www.creditchina.gov.cn)以及国家市场监督管理总局的"国家企业信用信息公示系统"(http://www.gsxt.gov.cn)等权威平台所公示的信息,确保评价的客观性和公正性。简而言之,这些评价依据主要来源于法律法规的判定以及相关信用信息公示平台的权威数据,旨在全面、准确地反映企业的信用状况,为科技型中小企业的评价提供有力支撑。

(14) 其他事项

在确定职工总数、科技人员数以及资产总额等指标时,我们将采用企业全年各季度数据的平均值作为参考依据,以确保数据的准确性和代表性。通过这种方式,我们能够更全面地反映企业的实际状况，为相关决策提供有力支持。以下是具体的计算方式：

季度平均值 =（季初值 + 季末值）÷2

全年季度平均值 = 全年各季度平均值之和 ÷4

若企业在年度中间开始运营或结束经营活动，那么其实际经营的时间段将被视为一个完整的纳税年度，用以确定上述相关的指标数据。

7.5　河北省推动发展知识产权质押融资的建议

7.5.1　完善知识产权市场交易，促进知识产权规范交易

为了降低知识产权交易中的"变现"和"评估"难度，完善知识产权交易市场的建设对于推动知识产权质押融资至关重要。从国际视角来看，尽管欧美国家也在努力应对知识产权交易市场的不足，通过创建在线平台、知识产权市场等措施加以改进，但市场的建设过程并非一帆风顺，如芝加哥国际知识产权交易所的关闭便凸显了市场发展的挑战。与之相比，若我国能够采取恰当措施，知识产权市场有望成为全球具有影响力的交易平台。

首先，更新和完善知识产权交易相关规章制度。目前，我国虽有指导知识产权交易市场的文件，但随着市场环境的变迁，该文件在某些方面已显得滞后。例如，对商业银行开展知识产权质押的态度和知识产权登记托管的方式都发生了显著变化。此外，该文件的监管重点也显得不够全面。因此，相关部门应基于当前形势，共同制定新的监管法规，前瞻性地规范知识产权市场的建设与监管。

其次，应构建全国范围内统一、规范的知识产权交易平台。这符合中央关于建设全国统一大市场的精神。通过升级现有平台，制定明确的监管标准，并对全国各类平台进行考核和整合，我们可以形成一个高效、透明的知识产权交易市场。这一市场不仅能够打破信息"孤岛"，使交易者能够方便地了解全国范围内的知识产权信息，还能够与国家知识产权局、版权局的数据库联通，为知识产权评估提供官方信息渠道。

最后，必须加大对知识产权服务机构的建设和监管力度。近年来，尽管国家已经开展了一系列专项整治行动，但服务机构在知识产权交易中的不规范行为仍然存在。因此，我们需要持续强化监管措施，促使服务机构提升专业水平，提高市场集中度，从而增强服务机构的客户储备和撮合交易能力。

通过上述措施，我们不仅可以推动知识产权质押融资的发展，还可以促进知识产权市场的繁荣，为我国的创新驱动发展战略提供有力支撑。

7.5.2 加强知识产权评估机构建设和人才培养

为了有效降低金融风险并提升服务科创企业的水平，深入调研并精准控制风险成为金融行业的关键任务。特别是针对知识产权质押融资的开展，我们需要培育一批具备专业评估与定价能力的机构和个人。

完善知识产权评估指引至关重要。目前，除资产评估行业外，会计师事务所、律师事务所和金融机构等也在逐步拓展知识产权评估。因此，建议相关部门发布全面覆盖各类知识产权的评估指引，并根据业务的发展需求进行不断更新。比如，国家知识产权局可以在现有的"专利价值分析指标体系"基础上进行扩展和完善，并进一步研究商标、著作权等其他知识产权的价值分析体系。同时，积极借鉴欧美国家的先进经验，构建既符合中国特色又与国际标准接轨的知识产权评估体系和方法。

加强资产评估行业的监管力度，以增强其社会公信力。对于违反职业道德、违规开展评估业务的机构和个人，除了进行严格的惩戒外，还应将其纳入"信用中国"等平台进行社会公示，限制其未来的业务开展。同时，我们应引导资产评估行业提高集中度，培育更多实力雄厚、信誉卓著、规模宏大的全国性评估机构。

人才培养也是提升知识产权评估水平的关键。我们可以设立"知识产权注册评估师"制度，采用全国统一的培训教材，并组织统一的资格考试。资产评估行业应积极开展业务交流、案例分享等培训活动，同时鼓励有条件的高校开设知识产权交易、评估等相关课程，以提升评估人员的专业素养。

为了应对当前知识产权评估能力不足的问题，并缓解知识产权质押融资需求上升所带来的评估费用压力，财政部门可以考虑引入财政补贴机制，分担部分评估费用。这既有助于降低企业的融资成本，也有助于促进知识产权评估机构的健康发展。

7.5.3 加大政策支持力度，完善风险分担机制

当前，知识产权质押融资尚处萌芽阶段，业务利润微薄，亟需政府引导，逐步推进其商业可持续发展。鉴于现行资本管理下，知识产权质押业务资本消耗显著，我们建议监管部门与商业银行携手探讨解决方案，在充分考虑风险因素基础上，为银行在计算资本充足率时适度放宽限制。值得注意的是，知识产权质押业务主要集中在北京、上海、广州、浙江等经济繁荣地区，这些地区财政状况良好，可借助地方财政及政策性担保公司的资金支持与风险分担机制。

建议设立政策性知识产权服务机构，以保本微利为原则，与商业银行协同开展知识产权质押业务。由财政部门注入资本，央行提供再贷款扶持。此类机构的主要业务包括：为银行提供知识产权质押融资评估服务，降低科创企业的评估成本；以及在企

业违约、银行取得知识产权所有权后，以合理价格接收并开展知识产权的作价入股、维权诉讼、许可使用和交易出售等业务，最大化知识产权的价值。这种合作模式具有显著的协同效应：银行能借助政策性机构的专业能力进行知识产权评估，更好地服务高新科技企业；政策性机构则能利用银行的客户资源获取优质知识产权，避免重复评估，降低交易成本。若市场形势向好，政策性机构可逐步退出，并探索商业银行投资设立知识产权服务子公司的可能性（目前商业银行投资非金融子公司受限），与母行共同开展商业化的知识产权质押业务。

应探索将知识产权纳入央行货币政策合格质押品的范畴。可通过试点方式，允许符合条件的银行将其持有的知识产权向央行申请货币政策支持，以满足其资金需求。在风险可控的前提下，这将有效激励那些缺乏合格货币政策抵押品，但主要服务于中小型科创企业的中小金融机构。此外，可考虑在现有的科技创新再贷款之外，创设新的知识产权质押融资再贷款，为银行开展相关业务提供资金支持。

应充分发挥担保与保险的风险分担作用。鼓励担保公司与保险公司深化知识产权质押融资担保与保证业务。地方政府应加大对政策性担保公司的支持力度，推动其积极参与知识产权质押融资业务。保险公司可发挥银保联动优势，尤其是银行系保险公司，在协同母行拓展知识产权质押融资业务方面具有广阔前景。

7.5.4 商业银行应加强与知识产权服务机构合作开展知识产权质押业务

知识产权质押融资业务充满创新活力，但伴随的风险亦不容忽视。为了推动业务的稳健发展，商业银行应从多个维度出发，采取切实有效的措施。

首先，需强化业务人员的专业能力，并优化业务机制。我们应构建一支具备金融、法律和技术知识的复合型人才队伍，同时完善人才培养体系，引入市场化的薪酬制度，确保员工的收入与其实际能力和业绩紧密挂钩。否则，即便培养出优秀的业务人才，也可能面临人才流失的风险。此外，我们还应积极探索与知识产权质押相匹配的授信流程和风控体系，确保业务风险得到有效控制。

其次，加强与专业知识产权服务机构的合作至关重要。由于商业银行在知识产权评估和处置方面缺乏必要的专业能力和经验，因此，我们应积极寻求与知识产权服务机构的合作，由其负责知识产权的评估工作，并协助银行进行知识产权的处置。通过这种方式，我们可以弥补自身的不足，提高业务的专业性和效率。

最后，应探索设立子公司来开展知识产权质押业务。鉴于知识产权质押业务的风险较大，且可能对资本造成较大消耗，我们可以考虑设立子公司（可与其他金融机构或知识产权服务机构合资），由子公司专门负责知识产权质押融资业务，从而实现与母公司的风险隔离。在此过程中，我们还应与监管部门保持密切沟通，明确子公司在计算资本充足率时与母公司的并表计算方式，确保业务的合规性和稳健性。

7.5.5 推动我国知识产权迈向高质量发展

为推进知识产权市场价值的不断提升，我们应逐步取消那些催生专利、商标产生的政策性激励因素。在迈向知识产权高质量发展的征程中，我国应扮演引领者的角色。需将专利数量的考量从职称评定、基金申请等功利性目中解绑，让专利的创造与交易回归其本质，即推动科技进步与商业繁荣。同时，应取消针对注册商标所设置的各类政策补贴，坚决打击恶意抢注、商标囤积等不良市场行为，从而规范商标市场的健康发展。

本章参考文献：

[1] 李新安，李慧．自贸试验区科创型中小企业知识产权质押融资研究——以河南自贸试验区为例 [J]．河南科技，2023，42（8）：121-125．

[2] 宋琪．杭州市临平区知识产权质押融资问题与对策研究 [J]．商业观察，2023，9（2）：90-94，98．

[3] 赵廷辰．我国知识产权质押融资研究（下篇）[J]．宏观观察，2022（32）．

[4] 张羽．知识产权质押融资的运行机理与合作机制研究 [D]．北京科技大学，2019．

[5] 尹夏楠．知识产权质押融资模式及风险管理研究 [D]．中国矿业大学（北京），2018．

第8章

知识产权融资租赁

2023年两会期间，众多专家学者围绕构建知识产权强国的战略核心，就知识产权的创造、应用、保护、管理及服务水平等核心议题展开了深入的探讨，并各抒己见。其中，全国人大代表、中国科学院大学公共政策与管理学院的特聘教授、同时也是知识产权学院院长的马一德教授，特别强调了立法保障在增强知识产权整体效能中的关键作用。马一德院长指出，尽管我国的知识产权数量庞大，但在经济发展中的实际作用仍有待进一步发挥。因此，未来需要更加精细地优化知识产权的应用政策与投融资体系，确保科技创新能够高效地转化为推动经济发展的强大动力，从而真正消除从科技创新到经济发展之间的障碍。

2023年，国家知识产权局将坚持以高水平创造、高标准保护、高效益运用、高质量服务为工作导向，全面加强知识产权领域的国际合作与竞争。为此，已确定实施包括深入落实国家战略部署、加强知识产权保护、积极参与全球知识产权治理等在内的七大任务，以更好地服务于市场主体和创新主体。知识产权融资作为知识产权运用转化的重要途径之一，除了实施许可、转让、作价入股外，正日益受到关注。通过融资方式，知识产权得以从"知本"转化为"资本"，有效解决了企业融资难、融资慢等长期痛点，从而进一步提升了企业无形资产的盘活率和利用率，推动了科技创新成果的产业化，增强了企业的自我造血能力。

8.1 知识产权融资租赁概念与特点

融资租赁，作为一种独特的"借物融资"模式，允许承租人以较低的成本获得租赁物的使用权，其关键在于租赁物这一融资媒介的巧妙运用。依据原《合同法》第237条的定义，融资租赁合同涉及出租人根据承租人的指定购买特定租赁物，并提供给承租人使用，承租人则按期支付租金。这一规定在《中华人民共和国民法典》第十五章"融资租赁合同"第735条中得到了继承与发扬。

在知识产权领域，融资租赁模式的引入为知识产权的利用开辟了新的途径。知识产权融资租赁不仅使最终使用主体获得知识产权的许可使用权，同时也实现了融资效益，将传统有形物的融资介质转变为知识产权这一无形资产。因此，从概念上讲，知识产权融资租赁涉及出租方根据承租方的选择，与知识产权权利人进行交易后，再将该知识产权授权给承租方使用，承租方则支付相应的使用费。

在知识产权融资租赁中，"租赁"的实质是一种"许可"的法律关系。出租人通过许可方式将知识产权提供给承租人使用，而租金则体现为知识产权的许可使用费。与单纯的知识产权许可相比，知识产权融资租赁更凸显了融资与融物的双重特性。在这种交易中，出租方实质上扮演了资金提供者的角色，确保了承租方对知识产权的有效使用，这与知识产权许可使用中的资金流动性质有着显著的区别。

8.2 知识产权融资租赁的主要流程

知识产权融资租赁继承了传统融资租赁的主要业务品种，在交易模式上，交易主体间既可以体现为涉及三方交易主体结构的直接融租交易形式，也可以体现为仅涉及两方主体的售后回租交易形式，在实际操作过程中呈现为知识产权直接融租与知识产权售后回租两种模式。

8.2.1 知识产权直接融租

知识产权的直接融租模式，其核心在于出租方依据承租方的明确指示购买特定的知识产权。随后，承租方与出租方签订融资租赁协议，以租赁形式使用该知识产权，并按约定支付租金。在租赁期间，出租方保留对知识产权的所有权；租赁期满之际，承租方则有权选择通过支付留购价款来获得知识产权的所有权。这一交易模式为知识产权的利用提供了灵活且高效的途径。

知识产权直接融租的基础交易结构如图 8-1 所示。

图 8-1 知识产权直接融租的基础交易结构

8.2.2 知识产权售后回租

知识产权售后回租，其运作模式为出租人首先购买承租人持有的知识产权，随后承租人再与出租人达成融资租赁协议，将之前售出的知识产权以租赁形式租回使用，并按约定支付租金。在租赁期间，出租人依旧保持对知识产权的所有权。租赁期满后，承租人则拥有选择权，可决定是否买回该知识产权。这种业务模式为知识产权的灵活运用提供了新途径。知识产权售后回租的基础交易结构如图 8-2 所示。

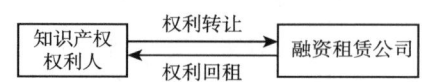

图 8-2 知识产权售后回租的基础交易结构

8.3 发展知识产权融资租赁的典型措施借鉴

朝阳组团,即中国(北京)自由贸易试验区国际商务服务片区的重要组成部分,近期创新推出了"知识产权售后回租"与"知识产权二次许可"两大融资租赁模式。围绕这些业务,构建起了从"选"到"评",再到"转""控"直至"退"的完整知识产权风控流程,为知识产权融资租赁的常规运作及广泛推广奠定了扎实的基础。此举不仅凸显了知识产权的资产特性与价值,还有效助力了科技型中小企业的资金获取,为科技创新营造了更加积极的氛围。自 2021 年 10 月至 2022 年 7 月,共有 103 家企业借此获得了高达 7.6 亿元的知识产权融资,涉及健康医疗、人工智能、智能制造和新消费等多个领域,其中专精特新企业更是达到了 58 家。此外,基于知识产权融资租赁业务的深入开展,知识产权证券化也取得了新的突破。2022 年 4 月 29 日,11 家来自朝阳区的优质企业,通过专利权二次许可的方式,成功融资 1.07 亿元。这些企业以自身的许可知识产权作为核心资产,打包发行了证券化产品,并获得了深圳证券交易所的认可。

2020 年,天津市出台了一部具有里程碑意义的法规——《天津市知识产权保护条例》。作为我国首部省级层面的综合性地方性法规,它从法律层面为知识产权金融服务提供了明确的指导,有力地支持了实体经济的发展。同年,北京中金浩资产评估有限责任公司,作为业内权威的无形资产评估机构,选择将区域总部设立在天津,进一步推动了该地区的知识产权评估与金融服务的发展。邦盛医疗装备(天津)股份有限公司,一家国家级的高新技术企业,凭借其医学影像和移动医疗车的创新研发,成功中标北京冬奥会的医疗装备供应。然而,面对紧迫的生产任务,企业一度面临资金短缺的困境。幸运的是,在滨海新区政府、评估公司及金融机构的共同努力下,一种新型的"知识产权二次许可"融资租赁模式应运而生。通过这种模式,邦盛医疗仅转让了知识产权的使用权,并以租赁形式从融资机构重新获取,仅用一周时间就获得了近千万元的贷款。这不仅解决了企业的燃眉之急,还确保了冬奥会所需医疗车辆的顺利生产与交付。

天津市知识产权保护条例[①]

第一章 总 则

第一条 为了加强知识产权保护,激发创新活力,营造尊重知识价值、公平竞争

---

① 资料来源:https://www.tjrd.gov.cn/flfg/system/2019/07/19/030013394.shtml。

的营商环境,根据有关法律、行政法规的规定,结合本市实际情况,制定本条例。

第二条 本条例适用于本市行政区域内知识产权保护、管理及相关活动。

本条例所称知识产权,是指权利人依法就下列客体享有的专有的权利:

(一)作品;

(二)发明、实用新型、外观设计;

(三)商标;

(四)地理标志;

(五)商业秘密;

(六)集成电路布图设计;

(七)植物新品种;

(八)法律规定的其他客体。

第三条 本市知识产权保护应当遵循全面保护、严格保护、平等保护、依法保护的原则,坚持司法保护、行政保护与社会参与相结合,依法制止不正当竞争行为,维护知识产权权利人和相关权利人的合法权益。

第四条 市和区人民政府应当将知识产权保护工作纳入国民经济和社会发展规划及年度计划,将知识产权保护经费纳入本级财政预算,建立知识产权保护协调机制,统筹推进知识产权保护工作,协调解决知识产权保护工作中的重大问题。

第五条 市和区知识产权部门是本行政区域内知识产权工作的主管部门,负责组织推动知识产权保护、管理等工作,并按照法律、法规的规定履行职权范围内的知识产权保护职责。

市场监督管理、规划和自然资源、农业农村、文化和旅游、版权等部门(以下统称知识产权管理部门),按照法律、法规的规定履行各自职权范围内的知识产权保护职责。

第六条 市人民政府应当每年发布知识产权保护白皮书,向社会公示本市知识产权保护状况。

市和区人民政府及有关部门应当加强知识产权保护的宣传普及,增强全社会知识产权保护意识和保护能力,营造尊重知识价值、崇尚创新、诚信守法的知识产权保护环境。

鼓励新闻媒体通过多种形式开展知识产权保护的公益宣传。

第七条 自然人、法人和非法人组织应当自觉增强知识产权保护意识和自律意识,提高自我保护能力,抵制知识产权违法行为。

第八条 支持中国(天津)自由贸易试验区和天津经济技术开发区、天津港保税区、天津滨海高新技术产业开发区等国家级开发区依照国家授权，在知识产权保护的体制机制、政策措施、公共服务、信用评价等方面进行探索创新。

第九条 加强京津冀知识产权协同保护，完善案件受理移送、联合调查等工作机制，协调配合跨区域联动查处假冒、侵权案件。

支持京津冀企业、科研机构、高等学校等开展知识产权保护互助与协作，推进知识产权服务资源共享，促进知识产权保护与产业发展深度融合。

第二章　行政保护

第十条 知识产权主管部门依法受理专利、商标、地理标志产品保护的申请，依申请调解、裁决相关纠纷。

市场监督管理部门依法查处假冒专利、商标、地理标志产品的行为，依法查处侵犯专利、商标、地理标志产品等知识产权的行为，依法查处侵犯商业秘密的不正当竞争行为。

规划和自然资源、农业农村部门依法查处假冒授权植物新品种的行为，依法查处侵犯植物新品种权的行为，依申请调解相关纠纷。

版权部门依申请调解著作权纠纷。

文化和旅游部门依法查处侵犯著作权同时损害公共利益的行为。

第十一条 市知识产权主管部门应当制定知识产权分析评议工作指南，加强对知识产权分析评议工作的指导。

发展改革、科技、工业和信息化等部门在重大经济、科技活动中，对可能存在知识产权风险的重大产业规划、重大政府投资项目、重大科技创新项目，按照国家和本市的有关规定，会同知识产权主管部门进行知识产权分析评议，防范知识产权风险。

第十二条 市知识产权主管部门应当按照国家有关规定，为人工智能、生物医药、航空航天、高端装备制造、新能源、新材料等方面的专利申请提供优先审查通道，推动战略性新兴产业发展。

第十三条 知识产权主管部门和知识产权管理部门应当采取措施，支持文化传承、文化产业、新型文化业态等方面知识产权的创造和保护，引导自然人、法人和非法人组织通过著作权登记、商标注册、商业秘密保护、专利申请等方式维护自身合法权益，推动文化产业创新发展。

第十四条 知识产权主管部门和知识产权管理部门应当鼓励、引导自然人、法人和非法人组织通过著作权登记等方式，保护计算机软件著作权，促进软件产业和信息化发展。

第十五条 市场监督管理部门应当加强商业秘密保护的普法宣传,引导经营者以及其他自然人、法人和非法人组织增强商业秘密管理意识,合理选择保护方式,防止商业秘密泄露。

第十六条 知识产权主管部门和知识产权管理部门应当鼓励、引导自然人、法人和非法人组织将其老字号进行商标注册、域名注册或者专利申请。

第十七条 知识产权主管部门和知识产权管理部门应当鼓励、引导自然人、法人和非法人组织通过申请注册集体商标、证明商标以及申请地理标志产品等方式,加强对地理标志的保护,培育知名度高的地理标志产品集群。

第十八条 规划和自然资源、农业农村部门应当鼓励、引导企业、科研机构、高等学校等申请植物新品种权,促进现代高效农业发展。

规划和自然资源、农业农村、科技部门应当按照国家统筹需要建设植物新品种测试体系,鼓励和支持企业建立种业基地,加强产学研创新协作,促进植物新品种转化与推广。

第十九条 知识产权主管部门和知识产权管理部门应当组织开展知识产权保护的宣传普及,适时发布知识产权保护重要情况通报,支持举办有关知识产权的展览、竞赛、培训、咨询等活动,营造良好知识产权文化氛围。

第二十条 知识产权主管部门应当建立知识产权维权援助机制,受理维权援助申请,提供维权咨询、纠纷解决方案等服务。

第二十一条 知识产权主管部门和知识产权管理部门可以选聘专家作为技术调查员,参与知识产权案件调查,为知识产权行政保护工作提供专业技术支持。

技术调查员根据指派从事下列技术调查工作:

(一)参与调查取证;

(二)对技术事实的调查范围、顺序、方法提出意见;

(三)提出技术审查意见;

(四)知识产权主管部门和知识产权管理部门指派的其他技术调查工作。

市知识产权主管部门和市知识产权管理部门建立知识产权保护专家库,技术调查员应当从专家库中选聘。

第二十二条 知识产权主管部门和知识产权管理部门应当建立统一的投诉、举报平台,公开投诉、举报方式等信息,及时处理并答复收到的投诉、举报。

第三章 社会保护

第二十三条 自然人、法人和非法人组织应当采取措施加强对自身知识产权的保护。

自然人、法人和非法人组织应当尊重他人的知识产权。

自然人、法人和非法人组织可以向有关部门投诉、举报知识产权违法行为，提供相关线索。

第二十四条 企业、科研机构、高等学校建立健全知识产权管理和保护制度，实施知识产权管理国家标准，提升知识产权创造、运用、保护能力，依法维护自身合法权益。

企业、科研机构、高等学校以及其他从事科研活动的单位依法完善分配机制，保障完成职务发明创造、职务育种、职务作品等相关人员的合法权益。

第二十五条 商业秘密权利人建立健全商业秘密管理制度，可以通过给予福利待遇、签订竞业禁止协议、保密协议等多种方式，对掌握核心商业秘密的相关人员进行激励和约束，提高维护自身权益的能力。

第二十六条 行业组织应当加强对行业内知识产权保护工作的引导，加强对国际国内知识产权状况、发展趋势和竞争态势的监测和研究，加强对成员处理国际、国内知识产权纠纷的信息咨询、维权支持、专业援助等服务。

行业组织应当加强对行业内知识产权保护工作的监督，制定行业知识产权保护自律公约，规范成员创造、运用、保护知识产权的行为。

第二十七条 电子商务经营者应当建立便捷、有效的投诉、举报渠道，公开投诉、举报方式。

电子商务平台经营者应当建立知识产权内部监管机制，收到投诉、举报后，应当依法采取必要措施防止侵权损害扩大；知道或者应当知道平台内经营者侵犯知识产权的，应当采取删除、屏蔽、断开链接、终止交易和服务等必要措施。

第二十八条 在本市举办展会，主办方应当在展会举办期间依法保护参展方的知识产权。

参展产品、作品、技术或者宣传材料上标注知识产权信息的，参展方应当提供合法有效的知识产权证明文件，未能如实提供的，主办方可以取消其参展资格。

第二十九条 国际性、全国性的体育、文化等重要活动的主办方，应当在知识产权主管部门和知识产权管理部门的指导下，依法规范活动中的知识产权使用行为。未经权利人许可，自然人、法人和非法人组织不得以商业目的使用权利人的知识产权。

第三十条 鼓励高等学校设置知识产权相关专业或者开设知识产权课程，与企业、科研机构、知识产权服务机构合作培养、培训知识产权事业发展所需人才。

企业、科研机构、高等学校以及其他从事科研活动的单位应当注重利用知识产权信息发现人才，加强高层次人才引进、使用中的知识产权评价工作。

第三十一条 鼓励知识产权服务业发展，规范知识产权服务，维护公平竞争的市场秩序，提升知识产权服务水平。

知识产权服务机构依法开展知识产权代理、法律、信息、商用化、咨询、培训等执业活动，不得有下列行为：

（一）泄露委托人商业秘密；

（二）以诋毁其他服务机构等不正当手段招揽业务；

（三）就同一事项接受利害关系人双方委托；

（四）其他损害委托人合法权益的行为。

第三十二条 当事人可以采取公证的方式保管知识产权相关证明材料，为证明知识产权在先使用、公开在先等提供证据支持。

鼓励公证机构创新公证证明方式，优化服务知识产权保护的公证流程，依托电子签名、数据加密等技术为申请人提供远程公证服务。

第三十三条 鼓励、支持知识产权志愿者开展知识产权保护宣传、咨询活动，参与知识产权的网络舆情调查、分析等志愿服务。

第四章 纠纷解决机制

第三十四条 本市建立和完善知识产权纠纷多元解决机制，促进知识产权行政裁决、调解、仲裁、诉讼等纠纷解决途径的有效衔接，保护当事人合法权益，维护公平竞争的市场秩序。

第三十五条 知识产权主管部门依当事人请求，依法对知识产权纠纷作出行政裁决，当事人对行政裁决不服的，可以依法提起诉讼。

知识产权主管部门对知识产权纠纷作出行政裁决前，应当先行调解，调解不成的，应当及时作出行政裁决。

第三十六条 知识产权主管部门和知识产权管理部门依当事人请求，依法对知识产权纠纷进行调解，调解不成的，当事人可以依法提起民事诉讼。

第三十七条 鼓励人民调解组织、行业协会以及其他社会组织建立知识产权纠纷调解机制。

知识产权主管部门和知识产权管理部门、司法行政部门应当根据工作职责，指导人民调解组织、行业协会以及其他社会组织开展知识产权纠纷调解，公平、高效处理知识产权纠纷。

第五章 执法与处罚

第三十八条 知识产权主管部门和知识产权管理部门调查知识产权案件，依法行使下列职权：

（一）采用测量、拍照、摄像等方式对涉嫌违法行为的场所实施现场检查和勘查；

（二）查阅、复制当事人与涉嫌违法行为有关的经营记录、票据、财务账册、合同等资料；

（三）询问当事人，要求其说明有关情况或者提供与被调查行为有关的其他资料；

（四）对证据可能灭失或者以后难以取得的，依法先行登记保存；

（五）依法查封、扣押有证据证明是假冒、侵权的产品、物品；

（六）涉嫌侵犯制造方法专利权等知识产权的，要求当事人进行现场演示，但是应当采取保护措施，防止泄密，并固定相关证据；

（七）法律、法规规定的其他职权。

第三十九条 知识产权主管部门和知识产权管理部门处理知识产权违法案件，涉及违法经营额的，按照下列方法计算：

（一）已销售的违法商品，按照实际销售价格计算；无法查清其实际销售价格的，按照市场在销售的与侵权商品相同或者相似的同类商品的市场中间价格确定。

（二）未销售的违法商品，按照标示价格计算；没有标示价格的，按照市场在销售的与违法商品相同或者相似的同类商品的市场中间价格确定。

（三）法律、法规规定的其他能够合理计算违法商品价格的方法。

查处知识产权案件，发现侵权人多次实施知识产权违法行为且未经行政处理的，其违法经营额应当累计计算。

第四十条 知识产权主管部门和知识产权管理部门依法处理知识产权侵权纠纷，对在本行政区域内侵犯同一知识产权的案件可以依法合并处理；对跨区侵犯同一知识产权的案件可以依法请求市知识产权主管部门和市知识产权管理部门处理。

第四十一条 市场监督管理部门应当依法查处制售假冒伪劣产品和知识产权虚假宣传等行为。发现重大违法线索的，应当对生产、销售等各个环节进行全面调查处理。

第四十二条 网信、版权、公安、文化和旅游等部门应当加强对网络环境的监督，依法查处网络文学、音乐、影视、动漫、游戏、计算机软件等领域的著作权侵权行为。

第四十三条 知识产权主管部门和知识产权管理部门在行政执法过程中或者受理投诉、举报时，发现知识产权违法线索的，应当及时处理；涉嫌犯罪的，应当依法移送公安机关，同时抄送同级检察机关。

第四十四条 市场监督管理部门依专利权人或者利害关系人请求，对经认定的专利侵权行为，责令侵权人立即停止侵权行为。

假冒专利的，由市场监督管理部门责令改正并予以公告，没收违法所得，并处违法所得二倍以上四倍以下的罚款；没有违法所得的，处五万元以上二十万元以下的罚款。

第四十五条 市场监督管理部门依商标权利人或者利害关系人请求，对经认定的商标侵权行为，责令侵权人立即停止侵权行为，没收、销毁侵权商品和主要用于制造侵权商品、伪造注册商标标识的工具，违法经营额五万元以上的，处违法经营额三倍以上五倍以下的罚款；没有违法经营额或者违法经营额不足五万元的，处十万元以上二十五万元以下的罚款。

将未注册商标冒充注册商标使用的，由市场监督管理部门予以制止，限期改正，并予以通报，违法经营额五万元以上的，处违法经营额百分之二十以下的罚款；没有违法经营额或者违法经营额不足五万元的，处一万元以下的罚款。

第四十六条 侵犯著作权同时损害社会公共利益的，由文化和旅游部门责令停止侵权行为，没收违法所得，没收、销毁侵权复制品，违法经营额五万元以上的，处违法经营额三倍以上五倍以下的罚款；没有违法经营额或者违法经营额不足五万元的，处五万元以上二十五万元以下的罚款；情节严重的，没收主要用于制作侵权复制品的材料、工具、设备等。

第四十七条 侵犯计算机软件著作权同时损害社会公共利益的，由文化和旅游部门依照有关法律、行政法规进行查处。

第四十八条 规划和自然资源、农业农村部门依植物新品种权利人或者利害关系人请求，对经认定的植物新品种侵权行为，涉及社会公共利益的，责令侵权人停止侵权行为，没收违法所得和种子，货值金额五万元以上的，并处货值金额五倍以上十倍以下的罚款；货值金额不足五万元的，并处五万元以上二十五万元以下的罚款。

假冒授权品种的，由规划和自然资源、农业农村部门责令停止违法行为，没收违法所得和种子，货值金额五万元以上的，并处货值金额五倍以上十倍以下的罚款；货值金额不足五万元的，并处五万元以上二十五万元以下的罚款。

第四十九条 侵犯商业秘密的，由市场监督管理部门责令停止违法行为，没收违法所得，处三十万元以上一百万元以下的罚款；情节严重的，处一百万元以上五百万元以下的罚款。法律、行政法规规定由其他部门查处的，依照其规定。

第五十条 将他人注册商标、未注册的驰名商标作为企业名称中的字号使用，误导公众，构成不正当竞争的，由市场监督管理部门责令停止违法行为，没收违法商品，违法经营额五万元以上的，并处违法经营额二倍以上五倍以下的罚款；没有违法经营额或者违法经营额不足五万元的，并处五万元以上二十五万元以下的罚款；情节严重的，吊销营业执照。

第五十一条 自然人、法人和非法人组织因知识产权违法行为受到行政处罚后,五年内重复实施同类违法行为的,知识产权管理部门应当对其依法从重处罚。

第五十二条 拒绝、阻挠知识产权主管部门和知识产权管理部门依法行使职权的,由知识产权主管部门和知识产权管理部门予以警告;构成违反治安管理行为的,由公安机关依法予以治安处罚;构成犯罪的,依法追究刑事责任。

第五十三条 自然人、法人和非法人组织受到知识产权行政处罚,或者拒不执行人民法院已经生效的知识产权判决、裁定和决定,知识产权主管部门和知识产权管理部门、人民法院应当按照国家和本市的有关规定将有关信息纳入统一的信用信息系统。

第五十四条 自然人、法人和非法人组织有知识产权严重失信行为的,有关部门和单位自其发生严重失信行为之日起三年内,按照国家和本市有关规定采取下列联合惩戒措施:

(一)禁止或者限制其承接政府投资项目、参加政府采购和招标投标;

(二)禁止或者限制其享受有关费用减免、政府资金扶持等优惠政策;

(三)取消其进入知识产权快速授权、快速维权通道资格;

(四)取消其参加政府知识产权表彰、奖励的评比资格;

(五)国家和本市规定的其他惩戒措施。

第五十五条 实施知识产权违法行为,依法承担相应民事责任;构成犯罪的,依法追究刑事责任。

实施知识产权违法行为,本条例未作处罚规定的,依照有关法律、法规执行。

第五十六条 技术调查员有下列行为之一的,由聘用的知识产权主管部门和知识产权管理部门予以解聘,并从专家库中除名;给当事人造成损失的,依法承担民事责任;构成犯罪的,依法追究刑事责任:

(一)泄露在知识产权案件调查过程中知悉的应予以保密的涉案信息的;

(二)与当事人串通,影响调查取证或者提供不实技术审查意见的;

(三)其他妨碍案件公正处理的行为。

第五十七条 知识产权主管部门和知识产权管理部门及其工作人员怠于履行职责或者滥用职权、玩忽职守、徇私舞弊的,对直接负责的主管人员和其他直接责任人员依法给予处分;构成犯罪的,依法追究刑事责任。

第六章 附 则

第五十八条 本条例自2019年11月1日起施行。本条例施行前本市有关地方性法规、政府规章与本条例规定不一致的,按照本条例执行。

8.4 关于科技型企业知识产权融资租赁评价指标体系

知识产权是技术企业、文化公司、软件公司等的核心资产,对于初创期的中小型科技型企业,以专利、著作权等知识产权获得融资的需求尤为迫切。融资租赁作为非银行资金融通的重要途径,可以有效弥补银行重实物抵押、质押的不足,在一定程度上解决技术企业的融资难题。但我国现行法律尚无明确规定知识产权可以作为融资租赁标的物,行业监管部门不但没有明确规定,反而将融资租赁标的物限缩为固定资产。

从《民法典》规定的角度看,融资租赁关系项下租赁物的种类并未被严格限定,而相关监管文件实际上对租赁物的性质进行过规定(见表8-1)。

表8-1　关于融资租赁关系的政策法规

政策法规名称	主要条款内容
《融资租赁企业监督管理办法》（商流通发〔2013〕337号）	第十条　融资租赁企业开展融资租赁业务应当以权属清晰、真实存在且能够产生收益权的租赁物为载体
《金融租赁公司管理办法》（中国银行业监督管理委员会令（2014年第3号）	第四条　适用于融资租赁交易的租赁物为固定资产,银监会另有规定的除外
《融资租赁公司监督管理暂行办法》（银保监发〔2020〕22号）	适用于融资租赁交易的租赁物为固定资产,另有规定的除外。融资租赁公司开展融资租赁业务应当以权属清晰、真实存在且能够产生收益的租赁物为载体。融资租赁公司不得接受已设置抵押、权属存在争议、已被司法机关查封、扣押的财产或所有权存在瑕疵的财产作为租赁物

除上述政策及部门规章以外,全国各地也继续出台了许多鼓励知识产权融资租赁业务发展的地方性政策及法规(见表8-2)。

表8-2　鼓励知识产权融资租赁业务发展的地方性政策及法规

政策法规名称	主要条款内容
《北京市融资租赁公司监督管理指引（试行）》	第二十一条　融资租赁公司开展融资租赁业务应当以权属清晰、真实存在且能够产生收益权的租赁物为载体,并应当合法取得租赁物的所有权
《北京市服务业扩大开放综合试点实施方案》	试点著作权、专利权、商标权等无形文化资产的融资租赁
《天津市发展改革委、天津市金融局关于印发天津市融资租赁业发展"十三五"规划的通知》	四、任务与措施 (七)积极争取先行先试政策,支持行业创新发展 研究拓展租赁公司经营范围,探索开展股权投资、无形资产租赁、活体资产租赁、房屋租赁等业务

续表

政策法规名称	主要条款内容
《福建省人民政府办公厅关于促进融资租赁业发展的意见》	五、加强融资租赁服务创新 支持以工厂厂房、仓储用房、商业地产等生产用不动产和软件、技术等无形资产作为租赁物
《青海省人民政府办公厅关于加快融资租赁业发展的实施意见》	三、加快产业发展 （五）支持行业创新发展 ……支持融资租赁公司拓宽租赁物范围，探索以工厂厂房、仓储用房、商业地产等用于生产经营的不动产和以软件、技术等无形资产作为租赁产品，推动创新型业务开展

融资租赁业务除资金融通外，必须要有"融物"这一要件，租赁物的适格性直接影响合同性质，进而决定融资租赁业务的合规性。因此，知识产权作为融资租赁标的须具备"融物"的判断标准：

第一，知识产权需具有可流转性。知识产权的可流转性是判断其是否适合作为融资租赁标的的首要标准。在融资租赁交易中，租赁物必须具备在市场上自由转让和流通的能力，这是确保交易能够顺利进行的基础。可流转性要求知识产权的权属关系清晰明确，不存在任何权属纠纷或争议。这意味着知识产权的原始权利人、当前权利状态以及权利变动情况都应当清晰可查，以便承租人和出租人在进行融资租赁交易时能够准确判断知识产权的权属状况，避免因权属问题引发的法律风险。可流转性还要求知识产权具有相应的市场价值，能够被市场接受和认可。这涉及知识产权的评估、定价以及交易机制的完善。只有具备市场价值的知识产权，才能在融资租赁市场中实现自由流转，吸引投资者的关注和参与。知识产权的可流转性还需要考虑相关法律法规的规定。不同国家和地区对知识产权的转让、许可等都有不同的法律规定，因此在进行融资租赁交易时，必须确保知识产权的流转符合相关法律法规的要求，避免违法操作带来的法律风险。

第二，知识产权作为租赁物可以特定化。知识产权作为融资租赁标的，其可特定化是确保交易明确性和稳定性的重要标准。在融资租赁业务中，租赁物必须能够清晰界定，以便在合同中明确约定双方的权利和义务。首先，可特定化要求知识产权的具体内容、范围和价值能够明确界定。这涉及知识产权的种类、保护范围、有效期限等方面的具体描述。只有明确了知识产权的具体内容，才能确保出租人和承租人在交易过程中对租赁物的认识和预期一致，避免因理解偏差导致的合同纠纷。其次，可特定化还要求知识产权的权属证明文件齐全、有效。权属证明文件是证明知识产权权属关系的重要依据，也是融资租赁交易中不可或缺的一部分。通过审核权属证明文件，可以确保知识产权的权属关系真实、合法，为融资租赁交易提供有力的法律保障。最后，知识产权的可特定化还需要考虑其在技术、法律和市场等方面的稳定性。技术稳定性涉及知识产权的技术成熟度和可实施性；法律稳定性则关注知识产权是否受到法律的保护以及是否存在潜在的法律风险；市场稳定性则是指知识产权在市场上的认可度和竞争力。综合考虑这些因素，有助于确保知识产权作为租赁物的稳定性和可靠性。

第三，知识产权需具有可使用性。知识产权的可使用性是判断其是否适合作为融资租赁标的的又一重要标准。在融资租赁业务中，租赁物的可使用性是确保承租人能够有效利用租赁物并产生经济效益的关键。可使用性要求知识产权具有实际的应用价值和经济效益。这意味着知识产权应当能够在特定领域或行业中得到实际应用，并为承租人带来实际的经济利益。例如，一项专利技术能够提升产品的性能或降低成本，从而增强承租人的市场竞争力。可使用性还要求知识产权的使用方式符合相关法律法规的规定。在使用知识产权时，必须遵守相关法律法规的要求，不得侵犯他人的合法权益。同时，承租人还需要确保在使用知识产权的过程中遵守相关的技术规范和标准，避免因违规操作引发的法律风险。知识产权的可使用性还需要考虑其技术更新和迭代的速度。随着科技的不断发展，知识产权的技术含量和价值也在不断提升。因此，在选择知识产权作为融资租赁标的时，需要充分考虑其技术更新和迭代的潜力，以确保承租人在使用过程中能够保持技术领先地位并持续获得经济效益。

8.5 河北省推动发展知识产权融资租赁的建议

（1）增强知识产权融资政策支持力度，完善法律法规

国家可设立专门的知识产权融资管理部门，以整合资源、打破壁垒为目标，统筹负责政策研究、立法协调、试点推动和监管工作，形成顶层设计的可行性标准。在此基础上，地方政府需结合本地实际，制定可执行、可推广的知识产权融资扶持政策，强化跨部门沟通协作，激励金融机构、税务等多部门协同配合。通过设立专项资金、财政补贴、阶段性税费减免等措施，降低企业知识产权融资成本。

同时，应持续优化知识产权融资的法律法规体系。鉴于知识产权融资的特殊性，须构建与之相适应的法律制度。从国家到地方层面，需不断完善与高质量发展相适应的知识产权融资法律法规，适时制定地方性的配套措施。进一步细化现有法律法规，提升其在知识产权融资领域的可操作性和实效性。

（2）确定知识产权评估行业标准，增强结果权威性

为确保知识产权评估的准确性和权威性，需确立统一的行业标准。知识产权作为

企业的核心资产，因其数量庞大、形式多样、价值波动大等特点，评估工作面临诸多挑战，如产权确认、价值评估、变现难题以及融资租赁公司的增信问题等。其中，知识产权的价值评估尤为关键且复杂。知识产权的无形性和易变性等特点，以及法律、市场、管理和风险等因素，均对价值评估产生影响。由于知识产权本身的模糊性、权威评估机构的缺乏以及专业评估人员的不足，知识产权价值评估长期以来难以取得突破。因此，应建立与我国国情相符的知识产权评估规范，明确评估细则和操作建议。进一步完善评估过程中所需的标准和依据，确保评估结果的准确性和权威性。

（3）健全知识产权融资风险防控机制，提升防控能力

针对知识产权融资租赁业务的风险防控，需建立健全风险防控机制。鉴于我国知识产权融资租赁业务尚属新兴领域，金融机构和中小企业均缺乏相关经验，应充分发挥政府的引导作用，培育专业化、社会化、市场化的知识产权服务中介机构。这些机构包括律师事务所、专利事务所、会计师事务所和资产评估公司等，共同加强知识产权融资业务的风险管理。

本章参考文献：

[1] 张婷，李梦茹. 知识产权证券化：模式、典例与机制优化 [J]. 财会通讯，2023（10）：11-18+100.

[2] 刘碧波，刘罗瑞. 我国知识产权融资：模式、现状与建议 [J]. 清华金融评论，2023（2）：77-80.

[3] 鲍新中，陈柏彤，王晨铭. 基于扎根理论的科技型企业知识产权证券化风险因素分析 [J]. 中国科技论坛，2022（6）：143-154.

[4] 程文莉，谢瞻，高佳华，林欣. 中小企业知识产权证券化模式探究 [J]. 会计之友，2022（3）：23-29.

[5] 张峣. 知识产权可融资租赁的适格性及制度回应 [J]. 学习论坛，2020（11）：84-91.

[6] 汪海粟，曾维新. 科技型中小企业的知识产权证券化融资模式 [J]. 改革，2018（4）：120-129.

第9章

知识产权证券化

9.1 知识产权证券化概念与特点

知识产权证券化是一种创新的金融工具，它通过将知识产权转化为可流通的证券，实现了知识产权价值的释放和流动。知识产权证券化产品的设计开发、交易，为知识产权的商业化运作提供了新的路径，对于促进知识产权的转化应用、推动科技创新和经济发展具有重要意义。

知识产权证券化的核心在于将知识产权与资本市场相结合，通过发行证券的方式，将知识产权的未来收益转化为可交易的金融产品。这种转化不仅使知识产权的价值得到了市场的认可，也为企业提供了更加灵活多样的融资渠道。

知识产权证券化的特点主要体现在以下几个方面：

首先，它具有较强的流动性。通过证券化，知识产权被转化为标准化的金融产品，可以在资本市场上自由买卖，从而实现了知识产权价值的快速流转。其次，知识产权证券化具有风险分散的特点。由于证券的发行通常涉及多个知识产权项目，因此投资者可以通过购买证券来分散风险，降低单一项目失败所带来的损失。

此外，知识产权证券化还具有融资成本低的优势。相较于传统的融资方式，知识产权证券化可以吸引更多的投资者参与，从而降低融资成本，提高企业的融资效率。

在当前科技与金融深度融合、知识产权服务体系日趋完善的时代背景下，确保知识产权政策的稳健运行，对于知识产权制度效能的全面释放至关重要。这不仅为我国知识产权证券化的发展奠定了坚实基础，也为激发创新活力、获取竞争优势提供了有力支撑。自 2015 年国家知识产权局发布《关于进一步推动知识产权金融服务工作的意见》以来，国家层面陆续出台了一系列旨在推动知识产权证券化发展的政策。特别值得一提的是，2017 年国务院印发的《国家技术转移体系建设方案》标志着我国知识产权证券化工作的正式启动。此后，在国家和地方政策的共同推动下，海南省、雄安新区、粤港澳大湾区和深圳市等地区相继开展了知识产权证券化的实践探索。到了 2021 年，《国务院关于印发"十四五"市场监管现代化规划的通知》进一步明确了深化知识产权金融服务、规范知识产权证券化的发展方向。截至 2021 年 12 月 31 日，北京、广州、上海、深圳等城市已累计发行 66 单知识产权证券化产品，总规模高达 18 249 亿元，覆盖了我国 7 个省级行政区。在交易模式上，融资租赁模式、供应链模式、二次专利许可模式以及小额贷款模式等四种主要模式得到了广泛应用，展现了知识产权证券化在我国发展的多样性和活力。

9.2 知识产权证券化的主要流程

知识产权证券化的核心交易流程如下：

首先，知识产权的持有者（即原始权益人或发起人）将其未来某一时间段的许可使用收费权益转让给专门设立的、以资产证券化为主要目标的机构（即 SPV）。

其次，该 SPV 机构会委托信用评级机构对即将发行的 ABS 进行前期的内部信用评估。根据内部信用评级的结果以及知识产权持有者的融资需求，SPV 会运用相应的信用提升手段，以加强 ABS 的信用等级。

再次，SPV 会再次委托信用评级机构进行发行前的信用评级，确保 ABS 的信用质量达到市场要求。

又次，SPV 将 ABS 推向市场，向投资者发行，并用发行所得的资金支付给知识产权持有者，作为购买其未来许可使用收费权益的款项。

复次，知识产权的持有者或其委托的服务机构会负责向被许可方收取许可使用费，并将这些费用存入 SPV 指定的专用账户，由专门的托管机构进行管理和监督。

最后，托管机构会按照约定的期限向投资者支付本金和利息，并支付聘用的信用评级机构等中介服务费用（见图 9-1）。

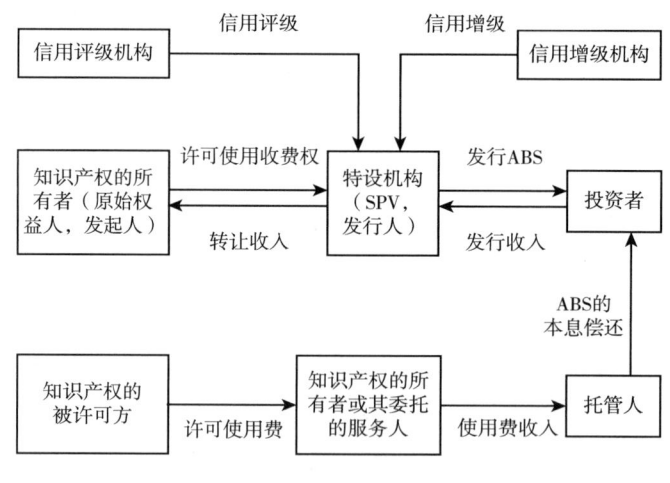

图 9-1 资产证券化流程

9.3 发展知识产权证券化典型措施借鉴

《上海市知识产权保护和运用"十四五"规划》这一市级专项规划，由市知识产权局携手市知识产权联席会议的成员单位共同编制，其编制过程受到了市政府的深切关注。这一规划不仅是对《上海市知识产权强市建设纲要（2021—2035年）》的首个五年落实计划，更是一个经过深思熟虑、广泛调研和公众参与的重要成果。从2020年底开始，经过征集意见、专家评估、合法性审查等一系列程序，同时与国家层面的《知识产权强国建设纲要（2021—2035年）》和《"十四五"国家知识产权保护和运用规划》紧密对接，最终形成了这一全面完善的规划。该规划的核心目标是推动知识产权的高质量发展，致力于将上海打造成为国际知识产权保护的重要高地。它立足国际视野，紧密结合国家部署和上海本地实际，不断深化改革创新，旨在充分发挥知识产权在激励国内创新和促进对外开放中的关键作用。

上海市知识产权保护和运用"十四五"规划[①]

为推进上海市知识产权高质量发展，全力打造国际知识产权保护高地，依据《知识产权强国建设纲要（2021—2035年）》《"十四五"国家知识产权保护和运用规划》《上海市国民经济和社会发展第十四个五年规划和二〇三五年远景目标纲要》《上海市知识产权强市建设纲要（2021—2035年）》，制定本规划。

一、规划背景

"十三五"期间，市委、市政府深入贯彻落实习近平总书记对知识产权工作的重要指示精神，深化创新改革，持续优化顶层设计，高标准推进引领型知识产权强市建设，基本建成亚太地区知识产权中心城市。

知识产权领域改革深入推进。深化知识产权综合管理改革，在市、区两级实现对专利、商标、原产地地理标志的集中统一管理，建立健全市知识产权联席会议制度，深化知识产权领域司法改革，知识产权领域治理能力和治理水平明显提升。

知识产权创造质量稳步提高。发明专利申请量、授权量分别从"十二五"期末的4.70万件、1.76万件增长至2020年的8.28万件、2.42万件。每万人口发明专利拥有量从28.92件增长到60.21件，位居全国各省（市、区）第2位。PCT国际专利申请量从1060件增长到3558件。有效注册商标总量从54.84万件增长到173.74万件。作品版权年登记量从2.36万件增长到31.89万件，地理标志商标、地理标志产品、集成电路布图设计、植物新品种等数量持续增长。

知识产权保护力度持续强化。出台《上海市知识产权保护条例》《上海市反不正

[①] 资料来源：https://www.shanghai.gov.cn/nw12344/20220112/2be6ab0b28a54649ad25c5f4bff043fd.html。

当竞争条例》，市委办公厅、市政府办公厅印发《关于强化知识产权保护的实施方案》等文件。知识产权司法保护和行政保护力度不断加大，仲裁、调解、维权援助、信用监管不断完善，知识产权保护社会满意度稳步提升。

知识产权运用能力大幅提升。超过1 000家企业通过知识产权管理体系贯标认证，累计培育国家级知识产权示范企业、优势企业86家，知识产权运营服务体系日趋完善，交易运营等功能平台作用逐步发挥，质押融资、保险等规模不断扩大、产品日益丰富，资产证券化项目持续推进。

知识产权服务体系日益完善。深化知识产权政务服务"一窗通办""一网通办"。完善知识产权公共服务体系，布局建设了一批国家级知识产权信息公共服务机构，完成漕河泾国家知识产权服务业集聚发展示范区建设。全市现有专利代理机构215家，在国家知识产权局备案的商标代理机构2 834家。

知识产权国际交流成果丰硕。与世界知识产权组织（以下简称"WIPO"）合作日趋紧密，重要项目深入推进，WIPO仲裁与调解上海中心设立运行，上海知识产权创新奖设置颁发，上海知识产权国际论坛影响力持续扩大。

知识产权人才不断汇聚。深化上海国际知识产权学院建设，加强高校知识产权学院和研究中心建设，优化知识产权人才政策和评价体系，创新人才培养模式，加快培养和集聚专业化、复合型、国际化知识产权人才，知识产权高层次人才及实务人才队伍持续壮大。

"十四五"时期，是中国迈向创新型国家前列和建设知识产权强国的关键期，也是上海持续提升城市能级和核心竞争力，坚定迈向具有世界影响力的社会主义现代化国际大都市的关键阶段。知识产权工作在激励创新、打造品牌、规范市场、对外开放等方面的作用日益凸显。对照国家战略和上海部署，对标国际最高标准和最好水平，上海知识产权工作还面临一些问题和短板，主要表现为，知识产权高质量发展还有提升的空间，关键领域高价值知识产权布局尚需加强，知识产权保护力度还有待提高，知识产权运用规模和效益尚有欠缺，知识产权公共服务和人才储备还不够充分，社会满意度仍需提升。上海要持续深化改革创新，勇于攻坚克难，充分发挥知识产权对内激励创新、对外促进开放的重要作用，全力开创知识产权高质量发展新局面。

上海"十三五"期间知识产权发展主要指标完成情况

编号	指标名称（单位）	"十二五"末情况	2020年完成情况
1	发明专利申请量（万件）	4.70	8.28
2	发明专利授权量（万件）	1.76	2.42

续表

编号	指标名称（单位）	"十二五"末情况	2020年完成情况
3	PCT国际专利申请量（件）	1 060	3 558
4	每万人口发明专利拥有量（件）	28.92	60.21
5	有效注册商标总量（万件）	54.84	173.74
6	作品版权年登记量（万件）	2.36	31.89

二、总体要求

（一）指导思想

以习近平新时代中国特色社会主义思想为指导，全面贯彻党的十九大和十九届二中、三中、四中、五中、六中全会精神，深入贯彻习近平总书记考察上海重要讲话、在浦东开发开放30周年庆祝大会上的重要讲话精神和关于知识产权工作的重要指示精神，牢固树立新发展理念，坚持推动高质量发展，加快推动制度型开放、数字化转型，在部市合作框架下，高标准推进知识产权强市建设，加快打造国际知识产权保护高地，为上海加快建设具有世界影响力的社会主义现代化国际大都市提供强有力支撑，为建设中国特色、世界水平的知识产权强国作出新的更大贡献。

（二）基本原则

1. 改革引领，服务大局。坚持以改革创新为根本动力，以国家战略为关键牵引，持续深化知识产权制度创新和体制改革，全面提升知识产权治理能力和治理水平，更好服务强化"四大功能"、深化"五个中心"建设、推进浦东高水平改革开放、落实"三大任务、一大平台"等重大战略任务。

2. 需求导向，质量优先。坚持立足市场主体需求和人民群众期盼，持续强化高质量创造、高效益运用、高水平保护，充分发挥知识产权运营在完善要素市场化配置体制机制中的重要作用，促进社会对知识产权的需求从追求数量向提高质量转变。

3. 严格保护，数字赋能。提升知识产权保护法治化水平，推动建立高水平知识产权保护制度，持续改革完善知识产权保护体系，健全知识产权保护全链条，加快推动数字赋能知识产权综合治理，全面营造知识产权保护社会共治的良好生态，打造尊重知识价值的一流营商环境。

4. 开放合作，融合发展。坚持全球视野和国际标准，统筹国际合作和竞争，对标国际高标准经贸规则，强化知识产权全球资源配置功能，打造国际知识产权纠纷解决优选地，支撑上海深度融入全球创新网络。

(三) 发展目标

到 2025 年,知识产权高质量发展取得明显成效,知识产权制度体系、保护体系、运用体系、服务体系更加健全,知识产权国际影响力进一步提升,知识产权强市建设阶段性目标如期完成,制度完备、体系健全、环境优越的国际知识产权保护高地基本建成。

2025 年知识产权发展指标

编号	指标名称（单位）	2020 年	2025 年	属性
1	每万人口高价值发明专利拥有量①（件）	20	30 左右	预期性
2	海外发明专利授权量（件）	3 114②	6 000 左右	预期性
3	马德里商标国际注册申请量（件）	—	1 400 左右③	预期性
4	作品版权年登记量（万件）	31.89	45 左右	预期性
5	专利密集型产业增加值占 GDP 比重（%）	17.4	19	预期性
6	版权产业增加值占 GDP 比重（%）	9④	9.9 左右	预期性
7	知识产权使用费年进出口总额（亿元）	624	700 左右	预期性
8	知识产权质押融资年登记金额⑤（亿元）	38	100 左右	预期性
9	知识产权民事一审案件服判息诉率⑥（%）	—	90 左右	预期性
10	执业专利代理师数量（人）	1 516	2 100 左右	预期性

注：①"每万人口高价值发明专利拥有量"是指每万人口本市居民拥有的经国家知识产权局授权的符合下列任一条件的有效发明专利数量：1. 战略性新兴产业的发明专利；2. 在海外有同族专利权的发明专利；3. 维持年限超过 10 年的发明专利；4. 实现较高质押融资金额的发明专利；5. 获得国家科学技术奖、中国专利奖的发明专利。

②④为 2019 年值。

③为五年累计增加值。

⑤"知识产权质押融资年登记金额"是指经国家知识产权局登记的本市年知识产权质押融资金额。

⑥"知识产权民事一审案件服判息诉率"是指报告期一审结案的知识产权民事案件没有提起上诉的案件占全部一审知识产权民事案件结案数的比例。

三、打造国际知识产权保护高地

(一) 完善知识产权保护制度体系

严格执行知识产权法律法规。高标准实施《上海市知识产权保护条例》《上海市浦东新区建立高水平知识产权保护制度若干规定》,完善专利、商标、著作权等地方法规规章,细化行政执法裁量基准。探索完善大数据、人工智能、基因技术等新领域、新业态知识产权保护制度,研究探索数据知识产权保护规则,加强在数据生产、流通、利用等全过程中的知识产权保护。研究制定传统文化、传统知识等知识产权保护办法。全面落实《关于强化知识产权保护的实施方案》,健全上海知识产权保护绩效评价指标体系。在科技创新、文化创意、商务、贸易等政策中强化知识产权保护内容。建立健全知识产权政策合法性审查和公平竞争审查制度。(市委宣传部、市发展改革委、市经济信息化委、市商务委、市科委、市文化旅游局、市卫生健康委、市国资委、市知识产权局、浦东新区按照职责分工负责)

专栏1 数据知识产权保护工程

探索数据知识产权保护规则。研究数据的产权属性和保护方式,依据现行法律,探索制定数据知识产权保护政策和指南。在充分保护个人信息安全和国家数据安全的基础上,促进数据合理流动、有效保护和充分利用。

开展数据知识产权保护试点。建立数据知识产权保护行业规范,加强数据生产、流通、运用、共享等各环节的知识产权保护。探索数据授权、运用和保护,促进数据交易所、技术交易所、知识产权交易中心联动发展,加快构建数据要素市场。(市知识产权局牵头,市委宣传部、市经济信息化委、市市场监管局按照职责分工负责)

(二) 健全知识产权保护体系

优化知识产权司法保护体系。完善知识产权民事、行政、刑事案件"三合一"审判机制,推进知识产权法律适用统一。推动案件繁简分流机制改革,促进审判效率与审判质量同步提高。强化知识产权民事司法保护,以充分实现知识产权价值为导向,构建侵权赔偿制度,精准适用惩罚性赔偿。大力支持上海知识产权法院建设,提升上海知识产权司法裁判的社会影响力。探索知识产权检察职能集中统一履行,打造知识产权综合办案组织。探索知识产权公益诉讼,维护国家利益和社会公共利益。积极推进知识产权企业合规制度建设,试点知识产权涉案企业合规工作。完善"行刑衔接"机制,细化知识产权领域涉嫌犯罪案件行政执法与刑事司法衔接标准。完善多元技术事实调查认定体系,健全特邀检察官助理机制,完善技术听证程序。加大对知识产权犯罪的刑事打击力度,完善知识产权刑事案件证据认定和量刑规则,加大财产刑处罚力度。研究对商业秘密、数字知识产权和计算机软件源代码等的有效保护措施。(市公安局、市高院、市检察院按照职责分工负责)

加大知识产权行政保护力度。围绕开展关键领域、重点环节、重点区域行政执法专项行动,加大对假冒专利、商标侵权、侵犯著作权、地理标志侵权假冒、商业秘密侵权等违法行为的查处力度。强化对官方标志、特殊标志和奥林匹克标志的保护。建设知识产权保护试点区16家、示范区8家。建设知识产权保护规范化市场50家,创建"销售真牌真品保护知识产权"承诺单位500家。探索建立商业秘密保护示范区、示范站(点)。开展专利侵权纠纷行政裁决示范建设试点,探索建立行政裁决案件分级办理机制。建立健全行政保护技术调查官制度。健全重点商标保护名录，加强驰名商标保护。聚焦线索核查、商品流向和证据固定环节，创新执法和监管手段。配合国家知识产权局探索专利、商标行政确权远程审理、异地审理。强化知识产权海关保护，加大对进出口侵权违法行为的打击力度。健全著作权侵权查处机制，开展重点行业专项治理，加大侵权行为惩治力度，打击和规范故意避开或者破坏著作权保护技术措施的行为。完善著作权保护预警机制，加强对网络侵权行为的监测。加强地理标志专用标志使用监管，建设地理标志产品保护示范区。加强植物新品种保护，组织开展打假维权专项工作。（市委宣传部、市农业农村委、市市场监管局、市知识产权局、上海海关、各区按照职责分工负责）

完善知识产权纠纷多元解决机制。健全知识产权司法保护、行政保护、仲裁调解、行业自律等协同机制，完善行政调解协议司法确认制度。整合人民调解、行业调解、商事调解、律师调解等资源，探索建立知识产权"一门式"纠纷解决机制。完善委托调解机制，探索建立知识产权纠纷仲裁、调解优先推荐机制。培育和发展知识产权仲裁机构、调解组织和公证机构，探索市场化调解组织的设立。完善市、区、园区三级知识产权维权援助工作体系。（市司法局、市知识产权局、各区按照职责分工负责）

专栏2　知识产权纠纷多元解决机制完善工程

深化知识产权仲裁调解工作。加快知识产权仲裁机构、调解组织培育和人才培养，推动完善知识产权纠纷投诉处理、诉讼调解对接、仲裁调解对接等机制，完善行政调解协议司法确认制度。

完善电商、展会纠纷调解机制。支持电商平台优化咨询、受理、调解等制度，在线化解矛盾纠纷。畅通展会知识产权纠纷快速调解渠道，加强专业市场知识产权纠纷调解工作。（市司法局、市知识产权局、各区按照职责分工负责）

（三）提升知识产权保护效能

优化知识产权保护功能机构布局。加快建设中国（上海）知识产权保护中心，在新材料、节能环保等重点产业领域优化专利快速审查、快速确权、快速维权服务，与先期建成的中国（浦东）知识产权保护中心形成产业覆盖和服务区域的互补，推动建立审查确权、行政执法、维权援助、仲裁调解、司法保护相联动的知识产权快速协同保护机制。健全长三角生态绿色一体化发展示范区等跨区域知识产权保护协作机制。（市知识产权局牵头，浦东新区、青浦区按照职责分工负责）

专栏3　知识产权快速协同保护机构建设工程

建成长三角G60科创走廊知识产权行政保护协作中心，重点开展跨区域知识产权联合行政执法、重点商标保护名单交换互认、电子商务领域知识产权监管协作、知识产权执法保护人才库建设等工作。建成中国奉贤（化妆品）知识产权快速维权中心，立足东方美谷美丽健康产业，开展化妆品产业外观设计快速审查、快速维权协同保护。（市知识产权局、松江区、奉贤区按照职责分工负责）

强化重点领域知识产权长效保护机制。服务保障中国国际进口博览会、中国（上海）国际技术进出口交易会、中国自主品牌博览会等重大展会，健全展会知识产权保护规则和快速处理机制。推行展会参展合同示范文本，强化知识产权保护条款。健全完善电商平台知识产权侵权纠纷举报投诉快速应对处理机制，探索建立跨境电子商务知识产权保护规则。引导我市主要互联网企业开展网络版权自律，建立网络版权保护快速反应机制和纠纷快速调解机制。加强电子商务领域专项监测，充分利用电子商务平台大数据推动线上线下联动执法。（市委宣传部、市发展改革委、市经济信息化委、市商务委、市知识产权局按照职责分工负责）

完善海外知识产权维权援助服务机制。健全海外知识产权维权网络体系，支持重点行业、企业建立海外知识产权维权联盟。发挥我市知识产权维权援助平台、海外维权机构和维权专家顾问的作用，为海外知识产权纠纷应对提供支持和指导。加强对国际知识产权发展状况的研究，健全重大涉外知识产权纠纷信息通报和应急机制。推进知识产权侵权保险等金融业务的开展，降低企业海外维权成本。完善知识产权涉外执法协作机制。（市知识产权局牵头，市商务委、市政府外办、市贸促会按照职责分工负责）

健全知识产权信用监管体系。持续优化以信用为基础的分级分类监管机制，依法依规对故意侵犯知识产权等严重失信行为开展联合惩戒。对接专利、商标、著作权、地理标志等知识产权基础数据库与企业综合监管数据库，提高监管的精准性。推动全市各类行业协会和产业联盟加强知识产权保护自律自治，制定知识产权保护自律公约，对侵犯知识产权的会员进行规劝、惩戒。（市知识产权局牵头，市委宣传部、市市场监管局按照职责分工负责）

四、提升知识产权运用效益

（一）推动企业提高知识产权运用水平

制定并实施知识产权专项资金管理办法。系统优化以高质量发展为导向的知识产权政策体系、指标体系和考核体系。聚焦集成电路、生物医药、人工智能三大先导产业和电子信息、生命健康、汽车、高端装备、先进材料、时尚消费品六大重点产业，建立以产业数据、专利数据为基础的专利导航决策机制，加强核心关键技术立项、研发、验证、推广等技术全生命周期指引。布局建设专利导航服务基地，"十四五"期间,开展市级专利导航项目100个左右,实施高价值专利升级培育项目50个左右,建设高价值专利培育中心30家左右,形成一批高质量专利储备,建立一批竞争力强、布局完善的产业知识产权集群。根据相关规定,加强对高价值专利的评奖表彰。(市知识产权局牵头,市发展改革委、市经济信息化委、市教委、市科委、市人力资源社会保障局、市国资委、市国防科工办按照职责分工负责)

专栏4 专利导航工程

完善专利导航工作体系。制定并实施我市专利导航产业发展扶持政策,完善考核评价机制,推动各区出台相关配套措施。支持在重点区域、重点产业园区建设专利导航服务基地。建立我市专利导航发展专家咨询决策机制。加强专利导航指南国家标准宣贯,发挥试点示范项目创建引导作用,鼓励企业、高校、科研院所等实施国家标准。

深化专利导航运用模式。完善以产业数据、专利数据为基础的专利导航决策机制,创新专利导航服务模式。发挥高校、科研院所、企业总部集聚优势,围绕重点产业实施专利导航项目。推动专利导航成果运用,建立专利导航绩效跟踪机制,引导优化专利布局、提升专利转化效益,助推产业创新和区域发展。(市知识产权局牵头,各有关部门、各区按照职责分工负责)

专栏5 高价值专利培育工程

完善高价值专利培育体系。围绕我市重点产业发展方向、关键技术领域和专利密集型企业,着力建设一批高价值专利培育中心,推动高价值专利产出,显著提升企业竞争实力和产业发展动能。

开展高价值专利培育项目。推动高价值专利拥有量处于全市前列的高校、科研院所、企业申报高价值专利升级培育项目,围绕"牵鼻子""卡脖子"技术形成若干个高价值专利组合,并通过专利技术产业化投入生产实践。(市知识产权局牵头,市教委、市科委、市国资委、市国防科工办按照职责分工负责)

(二)深化知识产权金融服务创新

优化知识产权金融发展政策和环境。完善投资、保险、质押、证券化等知识产权价值实现机制。完善知识产权质押融资风险分担机制及质物处置机制,研究多元化风险补偿办法。探索知识产权投贷联动、融资租赁、保险等金融产品创新。积极稳妥推进知识产权证券化产品开发。健全知识产权价值评估体系,鼓励资产评估机构创新知识产权价值评估机制和评估工具。(市知识产权局、人民银行上海分行按照职责分工负责)

（三）优化知识产权运营服务体系

深入实施专利转化专项计划。围绕重点产业关键技术，加快布局建设一批知识产权运营综合服务基地、服务业集聚区和产业知识产权运营中心等功能载体，培育一批高价值专利组合，推动组建重点产业知识产权联盟，构筑重点产业专利池，推动产业迈向价值链的中高端。支持高校和科研院所加强专业化知识产权运营机构建设，提升知识产权转化能力。建立完善专利开放许可制度和运行机制。深化浦东新区、徐汇区国家知识产权运营服务体系重点城区建设。发挥国家知识产权运营公共服务平台国际运营（上海）试点平台溢出效应，建设长三角等跨区域知识产权交易服务平台，加快打造知识产权跨境交易的重要枢纽和知识产权金融创新策源地。培育具有国际影响力的商标品牌综合运营平台，探索建立科学合理的商标品牌评估模型。（市知识产权局牵头，市教委、市科委、市国资委、市国防科工办、各区按照职责分工负责）

专栏6　专利转化专项计划实施工程

完善知识产权运营服务体系。在持续推进浦东新区、徐汇区实施国家知识产权运营服务体系重点城市建设项目的基础上，通过在浦东和浦西分别选取有资质的交易机构建设知识产权运营综合服务基地，构建运营"底座"；在政府部门、中科院上海分院、航天八院等系统中建立知识产权运营促进中心，架设促进"天线"；在各区和中国（上海）自由贸易试验区临港新片区分别建立知识产权运营服务集聚区，链接服务"区块"，推动全市知识产权运营工作提级。引导高校、科研院所、国有企业"沉睡"专利向中小企业实施转移转化。（市知识产权局牵头，各有关部门、各区按照职责分工负责）

（四）加强知识产权运用能力建设

深入开展知识产权强国建设试点示范工作，建设一批试点示范城区、园区。引导市场创新主体提升知识产权运用能力，深化企业、高校、科研院所知识产权试点示范工作和管理体系标准化建设，培育一批具备国际竞争优势的知识产权领军企业和优势企业。加强国家版权创新发展基地（上海浦东）建设，强化国家级和市级版权示范单位、园区（基地）培育，助力"上海原创"文化精品培育。探索建立专利密集型产业统计分析制度，推动区域知识产权布局与产业规划融合发展。推动建立知识产权评议制度。支持在浦东设立科创板拟上市企业知识产权服务站。新建商标品牌创新创业基地10个左右。实施地理标志运用促进项目，加强地理标志品牌培育。支持种子企业与高校、科研院所联合组建农业科技创新联盟，促进植物新品种成果转化。鼓励军民知识产权双向转化。（市委宣传部、市农业农村委、市知识产权局、市国防科工办、各区按照职责分工负责）

五、强化知识产权服务供给

（一）提升知识产权政务服务效能

有效运用互联网、人工智能、大数据等信息技术，提升知识产权政务服务便利化程度，实现"不见面审批"。推动知识产权业务集中受理，稳步推进专利申请、商标注册申请等工作衔接、业务贯通、窗口整合和队伍融合，建设全门类"一站式"专业服务大厅。试点开展集成电路布图设计受理、专利申请前置审查等业务。完善作品快速登记办法，规范审查标准、登记信息查询制度，提高作品登记信息化和标准化水平。对商标专利质押登记、专利费用减缴等探索试行告知承诺制。深化专利代理机构执业许可审批告知承诺改革试点。完善知识产权工作"好差评"制度建设。（市委宣传部、市发展改革委、市知识产权局按照职责分工负责）

专栏7　知识产权政务服务数字化转型工程

推动知识产权业务集中受理。探索研究我市"一网通办"平台与国家知识产权局业务受理平台的衔接，提供专利申请、商标及地理标志注册和集成电路布图设计登记等"一站式"政务服务。进一步完善专利资助等政务服务系统，充分利用数据共享，推进全流程网上办理，实现政务服务"零跑腿""零材料"，提升知识产权服务能级和便利化程度。

推进本市知识产权保护"一件事"集成服务改革。围绕知识产权创造、运用、保护、管理、服务全链条，打造"一窗口统办、一平台交易、一链条保护、一站式管理、一体化服务"的知识产权大保护服务平台，构筑"行政执法、司法保护、数据存证、维权援助、仲裁调解、信用监管"六位一体的数字化知识产权保护体系。（市知识产权局负责）

（二）加强知识产权公共服务供给

研究制定我市知识产权信息公共服务体系建设实施方案，创新服务方式，拓展服务领域，优化服务布局。推动知识产权信息采集智能化和加工的规范化、标准化，专题数据库建设的差异化、共享化。聚焦基本检索分析工具低成本供给，加快信息公共服务主干网络和专业机构建设，探索建立知识产权竞争力产业大数据、主导产业专题数据库，定期编制发布我市新兴产业、优势产业、传统产业等专利分析报告。引导和支持行业协会、高校、科研院所、图书情报机构等信息服务网点参与知识产权信息公共服务。鼓励市场化高端知识产权信息服务机构向社会提供公益性、低成本服务。提升商标品牌指导站、版权工作站等信息服务能力。（市知识产权局牵头，市委宣传部、市经济信息化委、市教委按照职责分工负责）

专栏 8　知识产权信息公共服务体系建设工程

推进知识产权信息公共服务体系主干网节点建设。汇聚专利、商标、地理标志、集成电路布图设计等知识产权基础数据，依托市大数据中心，实现知识产权数据与我市行政部门的数据共享与融合。依托市知识产权信息公共服务平台，利用人工智能等技术，加强对知识产权事务办理的智能监测，提供智能数据服务，实现对各类知识产权数据的智能分析，为科学决策等提供数据支撑。

推动知识产权信息公共服务网点建设。优化我市知识产权公共服务网点布局，提升高校、科研院所、科技社团、公共图书馆、科技情报机构、产业园区等知识产权信息公共服务能力。重点支持技术与创新支持中心（TISC）、高校国家知识产权信息服务中心、国家和我市知识产权信息公共服务网点有序发展。（市教委、市科委、市知识产权局按照职责分工负责）

（三）规范促进知识产权服务业发展

支持知识产权服务机构创新知识产权服务方式。充分运用智能化手段，拓展服务内容和领域，提高服务水平，打造知识产权服务品牌。高水平建设漕河泾新兴技术开发区国家知识产权服务业集聚发展示范区，推进重点项目、专业机构和人才集聚，促进多元业态发展和服务能级提升。探索知识产权代理领域扩大开放，支持知识产权服务机构拓展涉外业务，加大国际知识产权服务机构引进力度，打造国际高端知识产权服务机构集聚地。推进知识产权服务标准体系建设，研究制定我市知识产权服务业规范。积极开展知识产权代理行业专项整治"蓝天"行动，严厉打击无资质专利代理、不以保护创新为目的的非正常专利代理、不以使用为目的的恶意商标申请代理等违法违规行为。充分发挥知识产权服务行业协会、知识产权研究会等公益社会团体和民办非企业单位在知识产权服务中的作用，加大行业自律惩戒力度。推动社会资本对知识产权服务业投入。建立知识产权服务业统计监测制度，完善知识产权服务业发展信息发布机制。（市知识产权局、各区按照职责分工负责）

六、优化知识产权发展生态体系

（一）深化知识产权国际合作交流

加强知识产权保护国际合作。对标全面与进步跨太平洋伙伴关系协定（CPTPP）和区域全面经济伙伴关系协定（RCEP），在国家知识产权局指导下，深度参与协定成员国和共建"一带一路"国家知识产权国际合作和协同对接。深化市政府与WIPO交流合作，推动签署新一轮合作谅解备忘录。支持上海国际知识产权学院建设，探索建立知识产权国际教育合作联盟。积极申办承办国际知识产权高端研讨会和培训班，深化实施国际组织实习和轮训项目。推进专利、商标、著作权、地理标志等领域国际合作，探索遗传资源、传统知识、民间文艺等领域知识产权保护的创新合作。（市知识产权局牵头，市委宣传部、市教委、市文化旅游局按照职责分工负责）

专栏9　WIPO仲裁与调解上海中心建设工程

支持提升WIPO仲裁与调解上海中心的知名度和影响力。通过上海知识产权国际论坛等重大知识产权活动、相关媒体、WIPO服务体系培训等渠道和方式进行推介，加大宣传推广力度。

支持WIPO仲裁与调解上海中心加快业务拓展。强化诉调对接，进一步拓展调解案件来源；支持WIPO仲裁与调解上海中心与长三角及全国其他地区法院、知识产权局开展合作；推动开展仲裁业务，探索提升知识产权仲裁国际化水平，将上海打造成为国际知识产权纠纷解决优选地。（市知识产权局负责）

（二）促进长三角知识产权一体化发展

强化长三角知识产权协同发展机制。实施《长三角地区知识产权一体化发展框架协议书》2.0版，进一步优化营商环境合作、行政执法协同、诚信体系共建、公共服务共享。建立长三角知识产权跨区域行政执法机制、快速维权机制，推动地区间知识产权纠纷调解、仲裁等机构的资源共享和业务合作。根据服务保障长三角一体化战略实施和进博会知识产权保护等需求，合理布局一审知识产权案件的管辖。促进长三角知识产权许可转让、价值分析、质押融资、侵权鉴定等资源共享。牵头研究长三角知识产权一体化发展指标体系和区域品牌发展情况。加强京津冀沪等十二个省市知识产权行政保护协作，实现知识产权执法互助、监管互动、信息互通、经验互鉴。（市知识产权局、市高院按照职责分工负责）

推动重点区域知识产权创新政策先行先试。服务长三角一体化发展国家战略，推动知识产权创新政策在中国（上海）自由贸易试验区临港新片区、长三角生态绿色一体化发展示范区、虹桥国际开放枢纽的先行先试。在张江科学城、G60科创走廊等重点区域，强化知识产权保护协作和服务管理资源共享。探索建立司法保护一体化协作机制，推动司法部门优化知识产权纠纷管辖布局，在重点区域设立相应知识产权司法保护机构。依托闵行国家科技成果转移转化示范区，推动创新产品在长三角示范应用。（市知识产权局牵头，市委宣传部、市高院、市检察院、有关区等按照职责分工负责）

（三）加快知识产权人才培养

加大知识产权引才力度。继续落实市委、市政府《关于新时代上海实施人才引领发展战略的若干意见》，加强人才引进重点机构名单动态管理，更大力度吸引和集聚知识产权领军人才、专业人才、青年英才。拓展引才渠道,以项目引才、产业聚才等多种方式,采取咨询、讲学、项目合作制等,吸引高端人才和创新团队。发挥WIPO仲裁与调解上海中心、上海知识产权仲裁院等平台作用,建立国际一流知识产权仲裁员和调解员队伍。加强知识产权审判队伍建设,根据审判工作需要,配齐配强审判队伍和辅助力量。(市人力资源社会保障局、市司法局、市知识产权局、市高院按照职责分工负责)

构建新型知识产权人才培养和评价体系。加强知识产权人才培养统筹规划,逐步构建起高端人才、企业人才、服务业人才、管理和执法人才培养体系。新设立知识产权培训基地10个左右。支持高校加强知识产权学院和研究中心建设,积极推动将知识产权纳入党政领导干部教育、专业技术人员继续教育学习内容,纳入全民普法教育和科学素质提升计划。推荐知识产权优秀人才进入国家级知识产权专家库,进入国际组织工作。建立和完善知识产权人才的专业技术评价体系,用好知识产权师和专利管理工程师职称评审"双通道"。促进高校、知识产权服务机构、知识产权行政和司法机构间的人才流动。加大知识产权人才激励力度。(市教委、市司法局、市人力资源社会保障局、市知识产权局按照职责分工负责)

专栏10 知识产权人才集聚与培训工程

围绕知识产权服务全链条引才招智。进一步发挥上海知识产权国际论坛品牌影响力,放大WIPO仲裁与调解上海中心、上海国际仲裁中心等机构人才吸引效应,集聚海外高层次知识产权人才。

构建知识产权人才培训与培养体系。支持上海国际知识产权学院建设,探索设立知识产权国际教育合作联盟。鼓励符合条件的高校设立知识产权学院和硕士、博士学位授予点,推动知识产权人才培养。(市教委、市人力资源社会保障局、市知识产权局按照职责分工负责)

(四) 加强知识产权文化建设

加强知识产权宣传体系建设。充分发挥传统媒体和新兴媒体融合发展的传播作用,丰富宣传载体,创新宣传形式。聚焦世界知识产权日、世界读书与版权日、中国品牌日等,持续打造有影响力的知识产权文化宣传活动品牌。开发符合新媒体传播特点的知识产权普及教育产品,加强知识产权公益课程的资源供给和共享。提升知识产权文化和理论研究水平,鼓励支持教育界、学术界推出更多的优秀知识产权研究成果和普及读物。鼓励大中小学开设知识产权教育课程,推进示范学校创建,提升青少年知识产权意识。将知识产权文化建设深度融入精神文明建设、法治宣传等工作。研究推进

中国（上海）知识产权博物馆（展示馆）等宣传载体建设。（市委宣传部、市教委、市文化旅游局、市知识产权局按照职责分工负责）

丰富知识产权对外宣传形式。全力打造向世界展示中国知识产权发展成就的重要窗口，持续打造上海知识产权国际论坛品牌。提升上海知识产权创新奖影响力和显示度，发挥获奖单位示范引领作用，提升知识产权文化自信。畅通对外交流渠道，发布年度上海知识产权白皮书和上海知识产权审判、检察白皮书，发布专利、商标、著作权等行政执法和司法保护典型案例，依托英文网站、外宣媒体、领馆通报会等载体，讲好知识产权"上海故事"。（市知识产权局牵头，市委宣传部、市人力资源社会保障局、市高院、市检察院按照职责分工负责）

引导社会力量开展知识产权公益宣传。聘任高校、服务机构和企事业单位的知识产权专家，成立市知识产权公益讲师团，打造丰富的课程体系或录制在线课程，面向企业人员、高校学生等开展知识产权宣传。充分发挥市知识产权青年志愿者服务队作用，开展知识产权文化宣传、法律咨询、维权援助等志愿服务活动。（市知识产权局牵头，市教委、市司法局按照职责分工负责）

七、实施与保障

（一）加强组织领导

在部市合作协议框架下，加强与国务院知识产权战略实施工作部际联席会议和国家知识产权局的工作交流，积极争取国家对上海市知识产权工作的支持指导。强化市知识产权联席会议功能，将规划的目标任务细化分解到部门和年度，确定阶段重点和任务目标。各区、各部门要高度重视知识产权工作，根据规划确定区域和系统工作目标和任务。相关社会组织和行业协会要主动作为，发挥作用，形成知识产权强市建设的强大合力。（市知识产权局牵头，各有关部门和各区按照职责分工负责）

（二）加强投入保障

财政部门要统筹安排资金，为实施规划重大项目做好相关经费保障工作。要充分发挥财政资金的带动作用，引导企业加大技术研发投入，调动社会各类资本参与知识产权运用，继续完善政府引导、企业主体、社会资金广泛参与的多元化投入体系。（市财政局、市知识产权局、各区按照职责分工负责）

（三）加强考核评估

实行动态监测和定期评估机制，设置关键指标跟踪体系，建立科学有效的评估机制，对规划落实情况开展监督检查和绩效考核工作。市知识产权联席会议要加强对成员单位执行规划情况的监督、指导和考核，开展第三方知识产权绩效评估，定期发布评估结果，按照规定对上海知识产权高质量发展做出贡献的先进集体和个人进行表彰和宣传。各区、各部门要建立规划实施情况评估机制,对各项任务落实情况开展监督检查和绩效评估,确保规划落到实处。(市人力资源社会保障局、市知识产权局、各有关部门和各区按照职责分工负责)

9.4 河北省推动发展知识产权证券化的建议

9.4.1 完善相关政策法规,加大政策支持

知识产权证券化作为一种创新的融资模式,其健康发展离不开政府的强有力支持和明确政策导向。为此,河北省应积极借鉴国内先进地区的经验,制定一系列切实可行的政策措施,以推动知识产权证券化的发展。

首先,将知识产权证券化列为河北省重点发展项目,明确其在经济发展中的战略地位。通过出台专门的指导意见或行动计划,为知识产权证券化提供明确的政策支持和方向指引。同时,简化审批流程,降低市场准入门槛,鼓励更多的金融机构、企业和服务机构参与知识产权证券化的实践。

其次,制定税收优惠政策,减轻知识产权证券化过程中的税收负担。对于参与知识产权证券化的企业、金融机构和服务机构,可以给予一定的税收减免或优惠,以降低其融资成本,提高市场竞争力。此外,对于创新性强、具有示范效应的知识产权证券化产品,可以给予额外的税收支持,以鼓励更多的创新和尝试。

再次,提供财政补贴和奖励机制,促进知识产权证券化的广泛应用。政府可以设立专项资金,对成功发行知识产权证券化产品的企业进行奖励,以激励更多的企业探索知识产权证券化的融资方式。同时,对于在知识产权证券化过程中作出突出贡献的金融机构、服务机构和个人,也可以给予相应的表彰和奖励。

最后,通过这些政策措施的实施,可以形成政策合力,为知识产权证券化的发展提供有力保障。这将有助于激发市场活力,推动知识产权证券化的广泛应用,为河北省的经济社会发展注入新的动力。

9.4.2 加快培育知识产权交易市场

知识产权交易市场的规范与培育是知识产权证券化顺利推进的关键所在。为此,河北省需要采取一系列措施,以加强市场监管、完善信息披露规则、丰富底层知识产权类型等方面的工作。

首先,加强市场监管力度,确保知识产权交易市场的公平、公正和透明。建立健全监管体系,明确各监管部门的职责和权限,形成联动机制。加强对知识产权交易行

为的监管，严厉打击违法违规行为，维护市场秩序。同时，建立知识产权交易纠纷解决机制，为市场主体提供便捷的维权渠道。其次，完善信息披露规则，提高市场透明度。制定详细的信息披露标准和要求，明确披露的内容和格式。要求参与知识产权交易的市场主体及时、准确、完整地披露相关信息，包括知识产权的权利状态、权利边界、许可或授权情况、交易价格等。同时，加强对信息披露的监督和检查，确保披露信息的真实性和有效性。再次，丰富底层知识产权类型，扩大知识产权证券化产品的范围。除了传统的专利权、商标权等知识产权类型外，还应积极探索植物新品种权、地理标志等新兴知识产权类型的证券化。通过创新基础资产范围，发挥各类知识产权的特色优势，为知识产权证券化市场注入新的活力。最后，通过规范与培育知识产权交易市场，可以为知识产权证券化提供坚实的基础和有力支撑。这将有助于提升知识产权的价值和影响力，推动知识产权的转化和运用，促进经济社会的持续发展。

9.4.3　优化知识产权证券化配套体系

知识产权证券化的成功实施离不开完善的配套体系支持。因此，河北省应着力加强知识产权评估、评级增信等配套体系的建设，以提升市场信心、降低融资成本、提高融资效率。

加强知识产权评估机构的建设和管理。建立健全知识产权评估机构的认证和监管机制，确保其具备专业的评估能力和良好的职业道德。制定统一的评估标准和规范，提高评估结果的准确性和客观性。同时，加强知识产权评估人才的培养和引进，提升评估队伍的整体素质。完善知识产权评级增信体系。建立健全知识产权评级机构和评级制度，制定科学、合理的评级标准和方法。通过评级结果的公开透明和广泛应用，提高投资者对知识产权证券化产品的信心和认可度。另外，探索多元化的增信手段，如引入保险公司、担保机构等第三方机构为知识产权证券化产品提供信用支持，降低融资风险。加强知识产权保护与维权工作。建立健全知识产权保护体系，加大对侵权行为的打击力度，维护知识产权权利人的合法权益。加强知识产权维权服务机构的建设和管理，为权利人提供便捷、高效的维权服务。通过加强知识产权保护，提升知识产权的价值和影响力，为知识产权证券化提供有力保障。

此外，还应加强政策宣传和市场培育工作。通过举办培训班、研讨会等活动，普及知识产权证券化的知识和理念，提高市场主体的认知度和参与度。同时，加强与金融机构、企业和服务机构的沟通与合作，共同推动知识产权证券化的创新发展。

本章参考文献：

[1] 黄权伟，陈远远. 河南省战略性新兴产业知识产权证券化制度构建研究

[J]．河南科技，2022，41（20）：124-127．

［2］陈宇铎，张朝，彭超．知识产权证券化缓解创新型中小企业融资难题［J］．现代商业银行，2022（20）：38-42．

［3］贾彦，刘申燕，顾鑫．知识产权证券化的发展现状及趋势研究［J］．产权导刊，2022（10）：23-29．

［4］杜忠博．我国知识产权证券化主要模式及现状思考［J］．智慧中国，2022（9）：38-41．

［5］韦利云．科技型中小企业知识产权证券化融资模式研究［D］．南京师范大学，2021．

第10章

天使投资引导基金与子基金

天使投资是初创企业早期权益资本的一个重要来源，它为初创企业开辟了一条新的融资途径，对初创企业的融资难题起到了很好的缓解作用。对创业企业的发展起到了很好的促进作用。因此，积极探索适合我国国情的天使投资发展模式对改善中小企业融资环境，提高中小创业企业的融资效率，促进中小企业发展，完善资本市场结构，具有非常重要的理论与现实意义。

10.1 天使投资引导基金概念与特点

天使投资引导基金是一种由政府财政部门出资，遵循市场化方式运作的一种政策基金，其目的在于充分利用财政资金的杠杆效应和导向功能，推动其向初创企业进行股权融资，为其提供高层次的创业辅导和相关服务，帮助初创期创新型企业快速成长。政府设立的天使投资引导基金主要承担对该基金的审批、使用和监督，并协助对其进行跟踪。本书认为，我国政府引导基金母基金的资金来源包括政府预算资金、各类平台公司自有资金以及各类专项资金；同时，以母基金为基础，以母基金为杠杆，撬动2—5倍子基金。

10.2 天使投资引导基金主要流程

天使投资引导基金主要是通过母基金及直接投资两种方式。母基金的投资方式，就是不直接投资企业股票债券，而是投资另外一只基金，通过持有其他证券投资基金而间接持有股票、债券等证券资产，这就是所谓的FOFs模型。母基金所投资的资金一般被称作母基金的子基金，它们通过这些子基金对创业项目进行间接投资。母基金通过对多支不同类型基金的组合投资，实现在不同领域、产业、投资阶段、投资团队、管理者等方面进行布局，从而实现分散风险及平滑收益波动率。

母基金投资方式主要操作程序包括公开征集、尽职调查、专家评审、媒体公示、备案管理几个环节：

（1）公开征集。管理公司根据年度的投资规划、投资方向，向社会公布项目申报指引、遴选细则，经审核合格的单位提出申请。

（2）尽职调查。管理公司独立或委托第三方机构对其子基金的申办人、管理人（或拟设立的机构）和投资小组进行尽职调查，编写出尽职调查报告，给出投资意见。

（3）投资决策。管理公司在尽职调查结束后，将子基金的设立方案，投资建议书，尽职调查报告以及其他有关材料，向投委会递交，供其进行决策。

（4）社会公示。在投委会完成决策流程后，管理公司将于一段时期内公布拟投资的子基金设立计划，如有异议，将启动相应的调查程序。

（5）法律文件的签署和资金拨付。社会公示无异议或者有异议但经调查异议不成立的，则由管理公司和子基金管理人共同起草、谈判、修订各类法律文件，如子基金合伙协议（或公司章程），并在最终文本上签名盖章，最终完成资金发放。

（6）投资后管理及退出。管理公司进行项目后的管理，处理项目的资金回笼和退出。为了构建一个良好的基金生态环境，提高其规范运作和业务拓展的能力，本公司对其进行投后管理，主要内容有：收集并汇总运营信息，进行绩效评估，以及对子基金进行审核。

10.3 天使投资引导基金典型措施借鉴

10.3.1 上海天使投资引导基金

2014年12月，上海市印发《关于印发〈上海市天使投资引导基金管理实施细则〉的通知》（沪发改财金〔2014〕49号，以下简称"49号文"），2022年上海市发文将该文件有效期延至2027年。49号文明确了上海市创业投资引导基金工作领导小组（以下简称"创投领导小组"）是天使引导基金的最高管理机构，同时规定了天使引导基金的功能作用、支持对象和方式、运作原则和操作程序、投资决策、退出管理、风险控制、监督和绩效考核等内容。上海天使投资引导基金运行的主要规则：

（1）天使引导基金通过鼓励天使投资企业发展，最终支持初创创新企业成长。天使引导基金目前由上海创业接力科技金融集团负责管理。上海市发展改革委行使政策制定和监督考核等职能。

（2）天使引导基金主要资金来源是上海市创业投资引导基金，以及天使引导基金运作各项收益。

（3）天使引导基金支持对象，原则上应是注册在上海的天使投资企业，规模不低于3 000万元。其中天使引导基金出资不超过3 000万元，持股比例不超过50%。

（4）天使引导基金操作程序包括公开征集、尽职调查、专家评审、媒体公示、备案管理。

（5）1 500万元以上的项目投资，由受托管理机构决策后报市发展改革委备案；1 500万元以下的项目投资，由受托管理机构决策，抄报市发展改革委。

（6）天使引导基金参股基金，在参股后五年时间内可以申请以原值退出。

（7）天使引导基金存量资金只能存放银行或购买固定收益证券，不得用于股票、房地产等投资。

（8）市发展改革委对天使引导基金受托管理机构开展合规审核、绩效评估等事中、事后管理。

10.3.2 深圳天使投资引导基金

深圳天使母基金是深圳市政府于2018年出资设立的一只具有战略意义的政策性基金，是国家主导的首支天使引导基金，初始募集金额为50亿元，全部来自深圳市财政，100%投入前期的项目。这个基金将天使期界定为前两轮，也就是创业时间不超过5年的公司，这一举措是对中国天使投资的一次尝试。深圳天使母基金规模在2020年达到了百亿元人民币，是目前我国天使投资领域最大的一只。本基金所采用的FOFs参股投资方式，其运作特征如图10-1所示。

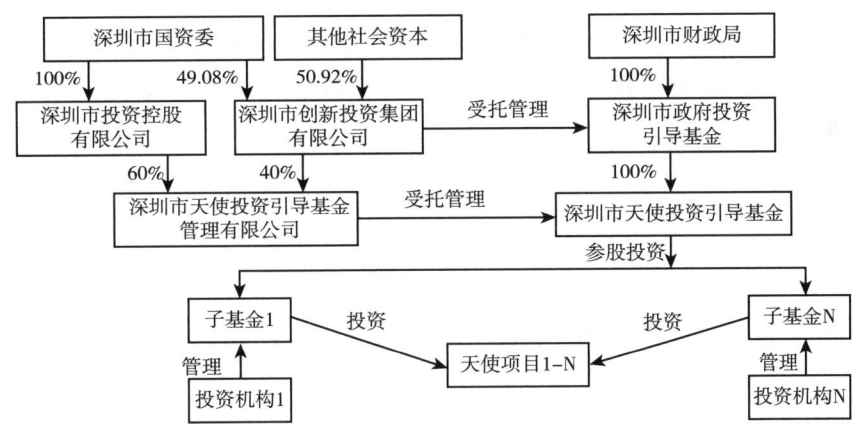

图10-1 深圳天使投资引导基金交易结构

（1）运作规则

坚持政府引导与市场化运作有机结合，沿着政府的产业意志，针对不同产业遴选专业的子基金团队，其所投资子基金按照市场化方式具体运作，实行投资决策独立自主、日常运营独立自主；创新设置回购退出、赛马出资、动态调整有效承诺出资额度等竞争机制。

（2）运作模式

2021年11月3日，深圳市天使投资引导基金管理有限公司（以下简称"深圳天使母基金管理公司"）发起设立的首支天使直投基金——深圳市天使一号创业投资合伙企业（有限合伙）（以下简称"天使一号直投基金"）正式启动。该基金将在优中择优遴选已投或拟投的项目，进行同轮次或后续轮次的投资，标志着管理公司"子基金投资+直投+生态运营"的三大业务板块正式成型。该基金总规模为3亿元，将围绕前沿科技的应用场景，以跟投的身份优中选优子基金已投或拟投项目，持续帮助并参与企业的成长。同时，通过引入市场机制，将企业成长过程中所需的各种资源集中起来，建立起一个全方位的资源服务系统。

（3）运作创新

• 在收益让渡上突破局限。基于政府引导的公益性，团队明确提出不以盈利为目的，在满足一定条件的前提下，会将投资于深圳地区项目所得全部收益，让渡给子基金管理机构和其他出资人，这也成为全国首个制定市场化让利退出政策的天使母基金。

• 基于政府层面的协调优势，深圳天使母基金不仅成立了孵化空间和项目资源库，投资机构常说的上下游资源对接、创业辅导、股权结构设计、商业模式搭建，以及上市辅导、战略发展等的问题，一一被团队纳入了基金服务体系。

• 设置子基金投后评价体系，按年度对子基金的投资成果开展评级，分出A、B、C三个等级。其中，A类为优秀，后期将会加强合作；B类和C类则将加大对基金的管理力度；考核成绩长期为C类的基金，可能要面临缩减规模、停止合作、甚至直接清算。这是国内政府引导基金行业里的首个子基金评价体系，也是团队最具特色的风险管理手段之一。

上海市天使投资引导基金管理实施细则[①]

第一章 总 则

第一条 为规范上海市天使投资引导基金（以下简称"天使引导基金"）设立和运作，促进上海天使投资高质量发展，引导民间资金投向本市战略性新兴产业和现代服务业等重点领域创新型初创期企业，根据《国务院关于促进创业投资持续健康发展的若干意见》（国发〔2016〕53号）、《上海市人民政府关于促进上海创业投资持续健康高质量发展的若干意见》（沪府规〔2019〕29号）等文件精神，制定《上海市天使投资引导基金管理实施细则》（以下简称"本细则"）。

第二条 本细则所称天使引导基金，是指由市政府设立，并按照市场化方式运作的政策性基金。其宗旨是发挥财政资金的杠杆效应和引导作用，鼓励天使投资企业对

---

① 资料来源：http://service.shanghai.gov.cn/XingZhengWenDangKuJyh/XZGFDetails.aspx?docid=REPORT_NDOC_006630。

初创期企业实施股权投资，提供高水平创业指导及配套服务，助推初创期创新型企业快速成长。鼓励社会资本参与天使投资母基金，促进机构化天使投资企业发展。

本细则所称天使投资企业，是指主要以股权投资方式投资于初创期企业的创业投资企业。

本细则所称天使投资母基金，是指主要投资于本市设立的天使投资企业，并按照市场化方式运作的基金的基金。

本细则所称初创期创新型企业，具体条件如下：

1. 成立期限原则上不超过5年；
2. 职工总人数不超过300人，直接从事研究开发的科技人员占职工总人数的20%以上；
3. 资产总额不超过5 000万元人民币，年销售额或营业额不超过5 000万元人民币。

鼓励天使引导基金受托管理机构与社会资本合作设立市场化的天使投资母基金；鼓励天使引导基金与长三角区域内其他政府引导基金加强联动，促进区域内机构化天使投资企业发展。

第三条 天使引导基金采取决策、评审和日常管理相分离的管理方式。上海市发展和改革委员会按照政府内部决策流程，对天使引导基金行使政策制定和监督考核等职责；天使引导基金成立独立的投资评审委员会，对天使引导基金投资运作方案进行评审；由上海市大学生科技创业基金会作为天使引导基金出资主体行使出资人职责，由独立的市场化管理机构作为天使引导基金受托机构，负责天使引导基金日常管理运作。

第二章 天使引导基金的规模和资金来源

第四条 天使引导基金主要资金来源：
（一）上海市创业投资引导基金；
（二）天使引导基金运行的各项收益；
（三）个人、企业或社会机构无偿捐赠的资金；
（四）其他各类资金。

第三章 天使引导基金的支持对象和方式

第五条 天使引导基金可采用阶段参股天使投资企业和设立天使投资母基金等方式进行投资运作。

第六条 申请天使引导基金参股支持的天使投资企业，应当具备以下条件：

（一）新设立的天使投资企业管理资金规模原则上不少于3 000万元人民币，且全部出资在3年内到位，其中首期到位资金不低于认缴出资总额的30%，且所有投资者均以货币形式出资；

（二）管理团队具有良好的职业操守和既有投资经验或与投资领域相关的行业经验；

（三）在本市创业投资企业备案管理部门备案并接受事中事后管理；

（四）主要投资于政府扶持和鼓励的产业领域中的初创期企业，且有侧重的专业投资领域；

（五）天使引导基金参股的天使投资企业主要投资于上海市范围内的企业；

（六）管理和投资运作规范，具有完整的投资决策程序、风险控制机制和健全的财务管理制度。

第七条 天使引导基金重点投资于有行业或产业经验背景的投资人所管理的天使投资企业；对于在天使投资领域有出色投资记录的人士所管理的天使投资企业优先考虑。

第八条 天使引导基金对单个天使投资企业的投资金额原则上为500万元人民币至3 000万元人民币，占单个天使投资企业认缴出资总额比例不超过50%。

第九条 天使引导基金对天使投资企业进行投资后，不参与该天使投资企业的日常经营和管理，但对其拥有监督权。天使引导基金管理机构有权向所投资的天使投资企业委派一名观察员。

第四章 天使引导基金的运作原则和操作程序

第十条 天使引导基金按照"政府引导、市场运作、专业管理、鼓励创新"的原则进行投资运作，积极吸引和集聚海内外优秀天使投资人及其管理团队来沪发展，大力培养本地天使投资管理团队。鼓励各区、开发区、科技园区根据实际情况，设立天使投资引导基金和天使投资企业。

第十一条 天使引导基金吸引社会资本共同发起设立天使投资企业，操作程序如下：

（一）公开征集。由天使引导基金受托管理机构根据上海市发展和改革委员会年度工作计划，向全社会公开发布年度天使引导基金申报指南。拟与天使引导基金合作的天使投资企业或管理团队，根据指南要求进行申报。

（二）尽职调查。天使引导基金受托管理机构对经初步筛选的申请人资料和方案进行尽职调查，提出拟合作基金的尽职调查报告，并提出投资建议。

（三）投资评审。天使引导基金投资评审委员会对天使投资企业提出的申请合作方案和尽职调查报告进行独立评审和投票，并提出评审意见和建议。

（四）媒体公示。对评审通过的拟扶持天使投资企业方案由天使引导基金受托管理机构在有关媒体予以公示10天，对无异议的，将有关材料上报上海市发展和改革委员会。

（五）决策管理。上海市发展和改革委员会根据投资评审委员会评审结果和实际情况，对天使引导基金投资方案进行备案。

第五章　天使引导基金的决策

第十二条　上海市发展和改革委员会主要职责包括：

（一）向市政府报告天使引导基金投资运作情况；

（二）指导天使引导基金受托管理机构制定并发布年度天使引导基金申报指南；

（三）对天使引导基金投资评审委员会决议进行备案并监督实施；

（四）执行市政府各项决议。

第十三条　天使引导基金成立独立的投资评审委员会行使投资评审职能。评审委员会负责对天使引导基金拟投资方案进行独立评审，以确保天使引导基金决策的专业和高效。评审委员会由社会专家和政府有关部门代表共同组成。项目申请单位关联人员不得作为评审委员会成员参与对关联项目的评审（具体评审办法另行制定）。

对天使引导基金承诺出资金额不超过1500万元的参股基金，由受托管理机构根据尽职调查和评审情况，具体进行投资决策并将投资决议抄告上海市发展和改革委员会。对于天使引导基金承诺出资金额超过1500万元的参股基金，由评审委员会依据尽职调查和评审情况做出投资决策，并将有关决议报上海市发展和改革委员会备案。

第十四条　天使引导基金受托管理机构负责日常投资运作，其主要职责如下：

（一）执行上海市发展和改革委员会的各项决议；

（二）对合作方进行尽职调查并拟定具体投资方案；

（三）具体实施经上海市发展和改革委员会备案的投资方案，并对投资形成的股权等相关资产进行后续管理；

（四）对参股支持的天使投资企业派出观察员；

（五）做好信息系统建设，开展信息收集报送等工作；

（六）做好对天使投资企业以及投资项目力所能及的服务；

（七）承办其他事项。

第十五条 天使引导基金按照委托管理协议确定的标准，每年向天使引导基金管理机构支付一定的管理费用，结合天使引导基金考核情况，探索建立管理机构激励机制。

第六章 天使引导基金的退出

第十六条 对于天使引导基金以参股天使投资企业的方式的出资部分，在天使引导基金投资之日起的五年内，在天使投资企业股东有受让意愿的情况下可随时退出，按照天使引导基金原始投资额转让给受让人。超过五年的，天使引导基金转让价格以市场化方式协商确定。

第十七条 对于天使引导基金以参与设立市场化母基金的方式的出资部分，可以按照事先商定的协议适度让利，具体让利原则另行制定。

第十八条 向天使引导基金投资的天使投资企业股东或天使引导基金参与设立的市场化母基金股东以外的投资人转让股权，按照公共财政的原则和天使引导基金运作要求，确定退出方式和退出价格。经市政府同意或授权，可按照市场价格直接向特定对象转让。

第七章 天使引导基金的风险控制

第十九条 天使引导基金应当选择具有相关经验的商业银行进行托管，具体负责天使引导基金资金拨付、清算和日常监控。托管银行应当按照托管协议定期向天使引导基金和上海市发展和改革委员会报告资金运作情况。

如托管银行出现违反国家有关法律法规和托管协议有关约定行为的，上海市发展和改革委员会可中止天使引导基金与该商业银行的业务关系。

第二十条 天使引导基金不得用于贷款、股票、期货、房地产、金融衍生品等投资（清算或收益分配获得的股票和资产等除外），不得用于赞助、捐赠等支出，闲置资金只能用于存放银行或购买固定收益类证券。

第二十一条 天使引导基金受托管理机构要建立健全天使引导基金内部风险控制机制，保障天使引导基金运行安全。

第二十二条 天使引导基金出资设立天使投资企业时，不得作为普通合伙人承担无限责任。

第二十三条 引导基金受托管理机构应当严格在有关法律法规、本细则和基金合伙协议及章程规定范围内尽职履责，未经上海市发展和改革委员会授权，受托管理机构不得干预天使投资企业的日常运作。

第八章　天使引导基金的事中事后管理

第二十四条　上海市发展和改革委员会负责对引导基金的运行进行监督和指导。天使引导基金受托管理机构应当定期和不定期将天使引导基金投资运作情况报告上海市发展和改革委员会。

第二十五条　上海市发展和改革委员会按照公共财政的原则，对天使引导基金管理机构履行职责情况和天使引导基金投资形成的资产开展监督、绩效考核等事中事后管理。

第二十六条　在天使引导基金委托管理协议有效期内，如受托管理机构出现违反国家有关法律法规和委托管理协议有关约定行为的，经查实后，上海市发展和改革委员会可按规定中止与受托管理机构的委托关系。

第九章　附　则

第二十七条　本细则由上海市发展和改革委员会负责解释。

第二十八条　本细则自 2020 年 7 月 22 日起施行，有效期至 2025 年 7 月 21 日。

10.4　河北省发展天使投资引导基金举措与建议

天使投资引导资金发展的主要难点就是设置有效的奖惩机制，具体有两点，一是如何设计让利机制，吸引更多的社会资本加入创业投资，扩大财务杠杆；二是如何优化子基金业绩评价体系，选拔出优秀的子基金团队，提高资金管理效率。参考深圳和上海天使投资资金的运行经验，提出以下建议：

10.4.1　设计合理的让利机制，充分放大财政资金的杠杆效应

（1）让利的原则。政府出资让利应以政府出资所产生的收益为限，部分地方政府限定在以超额收益的一部分进行让利；且一般情况下只对社会资本及子基金管理人让利，不对其他财政性出资让利。但是对于上级政府投资引导基金投资或者与下级政府合作设立基金，也有规定经考核并按照规定权限层级报批后，上级政府投资引导基金可向下级政府适度让利。

（2）让利的对象。包括基金管理人和其他社会出资人。其中，对于基金管理人的让利，一方面是基金管理人对基金有出资，另一方面是对于基金管理人优秀业绩的鼓励。实践中，部分政府投资引导母基金层面的基金管理人，系政府出资专门成立的，

此类基金管理人一般不参与获得让利。

(3) 让利的方式。通常有两种方式，即采用直接让利或社会出资人优先回购引导基金出资份额等其他方式。"优先回购"是指在基金运作过程中，由国有资本方按"成本+固定利息"或"门槛收益"的方式，向社会资本方优先转让股权。当基金运作顺利且回报高时，这种模式对社会资本者的回报也会更高。

10.4.2 优化子基金业绩评价体系，提高母基金投资效率

(1) 建立多方协同机制。天使投资引导基金的政府主管部门、政策制定者和政府绩效管理部门之间应当建立起一种相互配合、互相监督的工作机制。从子基金的运作管理、投资决策、绩效评估和监管评价等各个方面，天使投资引导基金的有关上级部门应该遵循相互合作、相互制衡的基本原则，制定一种切实可行的日常化管理体制，保证各个主体在工作中的相互协作。

(2) 评价管理机构与其他利益相关方的协同。首先，评价管理机构应设立第三方中介库，选取具备专业能力和相应资质的中介机构（会计师事务所、律师事务所或专业的咨询机构）组成中介库，通过抽签方式选定具体执行评价考核的中介机构，参与评价的中介机构工作人员按照规定独立、客观、公正地开展工作，不得谋取不正当利益，评价管理机构对第三方中介机构负有监督管理职责。其次，评估主管部门要将信息的交流渠道向社会公开，畅通渠道，让广大群众对其进行监督，并对其信息的公开渠道、内容、时效和方式进行完善，以保证政府监督的有效实施。

(3) 构建天使生态信息系统。建立天使投资引导基金的初衷与宗旨，就是要帮助深圳建设成为世界级的"创新与创业之都"，为实现这一目标，打造一个完整的，聚集天使投资机构、科研成果转化机构、科研院所、重点实验室、天使项目、创业者、中介服务机构等多方力量的生态系统显得尤为重要。其业绩管理实质上就是收集、处理和运用天使生态系统中的相关信息。当前，深圳市在构建天使投资生态圈方面，尚无一个统一的数据集成平台，也没有一套完整的、规范化的业绩评估手段。政府应该运用大数据、区块链、云计算和人工智能等相关的金融技术方法，将"信息孤岛"打通，将数据来源进行公开，并在此基础上构建一个系统的信息管理体系，从而达到以绩效为中心的流程监测和预警体系。

(4) 打造过程动态监管体系，建设监督结果系统应用机制。天使投资引导基金的绩效评价是一项系统工程，除了按年度对其各项考核指标的结构进行监督评价外，还要借助信息系统进行在线监测，同时通过定期的人工实地视察，达到对项目实施全过程的管理，保证绩效评估的成果能够有效地引导和纠正管理过程。绩效考核结果目前

的应用主要体现在天使投资引导基金及其管理公司的日常活动，除此之外，应建立一个体系，使监管结果能够在深圳市各级政府机构之间进行制度化的运用。

本章参考文献：

[1] 张学锋. 政府创新资金引入天使投资模式的研究与实践 [J]. 天津科技，2022，49（S1）：84-87.

[2] 王月红. 政府引导基金运作模式的作用机制及选择策略研究 [J]. 中国市场，2023，1142（7）：40-42.

[3] 于林，张燕. 政府引导天使投资发展的国际比较与启示 [J]. 探索，2013，172（4）：94-97.

[4] 深圳市天使投资引导基金申报指南及遴选办法 [EB/OL]. 深圳天使母基金官网. http://www.tsfof.com/fund/lscx.html.

[5] 许梦旖. 深圳天使母基金做直投："子基金投资+直投+生态运营"模式成型 [N]. 21世纪经济报道，2021-11-08（010）.

[6] 王荣增. 政府投资引导基金绩效评价研究 [D]. 四川师范大学，2022.

[7] 温州市人民政府办公室关于印发温州市科技创新创业投资基金管理办法的通知 [J]. 温州市人民政府公报，2021（11）：6-14.

第11章

创业投资引导基金与子基金

风险投资引导基金和科技创新之间存在着相互依赖的关系。在这一过程中，创投引导基金能够通过管理和技术赋能的方式，来帮助公司对市场的需求进行精准地把握，加大研发投入，完成成本效益结构提升，激发企业创新能力，提高创新质量，释放发展潜力，促进科技成果转化，实现信息化、数字化跨越，推动效率变革、动力变革，这对于服务于我国的基础战略，以及整个资本市场的大局，都有着十分重要和深远的意义。加快建立创业投资引导基金，是推动"大众创业、万众创新"战略不断深化的一项重大措施，也是打破了传统财政单纯直接出资的模式，充分发挥市场化、专业化的特点，充分调动创投企业的市场活力。引导基金的迅速发展，有利于拓展创投市场，发挥"四两拨千斤"的杠杆效应。

11.1 创业投资引导基金概念与特点

创业投资引导基金是一种以市场化运作为主，以支持风险投资企业发展为目的的政策基金。它本身并不直接参与风险资本的经营。

根据投资区域的不同，我国的引导基金大致可以划分为三种类型：第一种是全国性的，这一类的引导基金在我国目前还很少，并且具有很强的区域特色，并没有被限制在（某一个省、市、县）具体的区域，例如，深圳创新投股份有限公司。第二种就是地方化，全国各省、市相对较多。基本上都是各地的金融机构出资成立，对被投企业所处的地域有严格的界线，例如，北京的中小企业风险投资引导基金就是其中之一。第三种则是由当地政府和国家发展银行共同设立的风险投资引导基金，例如2007年吉林省成立的风险投资引导基金就是其中一种，这是一种较为具有代表性的类型。该基金主要投资于高科技项目及创新型中小微企业，主要采取FOF管理模式，以促进区域风险资本市场的蓬勃发展，促进科技创新产业的发展。

11.2 创业投资引导基金主要流程与运行模式

11.2.1 参股投资模式

由地方国资委或区政府委托相关机构（如国资公司、国资创投公司等）承担地方一级创投引导基金日常管理与投资运作。在此过程中，由地方一级的风险投资引导基金与社会资本共同出资设立新的风险投资企业，或者设立重点产业的并购投资基金，但是，引导基金不得作为第一大股东，由一般合伙人对风险投资企业的经营、管理、投资等事项负责。其中，政府创投基金对其子基金持股比例的限制，直接关系到引导基金是否能够发挥引导社会资本的功能（见图 11-1）。

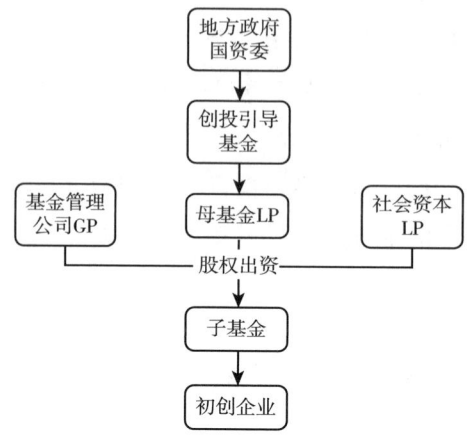

图 11-1　参股投资模式

11.2.2　跟进投资模式

创投引导基金也可以紧跟其他创投投资机构，在国家支持和支持的行业中，对区域内的早期企业进行后续投资。风险投资引导基金通过向对其进行投资的风险投资机构转让股权，但其不得通过直接投资的形式向新创企业投资（见图 11-2）。

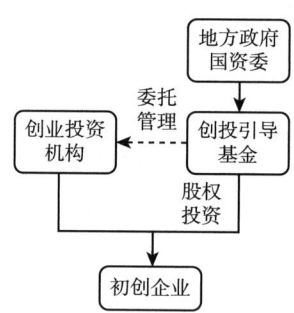

图 11-2　投资模式

11.3　创业投资引导基金典型措施借鉴

11.3.1　北京市创业投资引导基金模式

（1）北京科技创新母基金的参股投资模式

2018 年，由北京市政府投资引导基金（出资占比为 60%）、北京市国有企业、中金资本等共同出资设立科技创新母基金，规模为300亿元的首期200亿元，存续期15年，是首支大规模聚焦硬科技投资的母基金。截至2022年底，北京科创基金决策投资70余只子基金，决策认缴逾150亿元，穿透投资1 000余家公司，均为新一代信息技术、医药健康、智能制造、新材料等硬科技领域的优质企业。在专业化团队管理下，基金整体运行稳健，财务回报优异。

● 组织管理结构：多部门多主体协同。科创基金在全市层面建立统筹联席会，统筹联席会把握科创基金宏观发展方向和加强评估管理，主责部门规范管理与服务支撑同步到位，科创基金管理机构按照市场化机制规范运行，落实引导投向高端硬科技和前端原始创新、促进高端科技成果落地孵化的"三个引导"战略，科创基金分原始创新、成果转化、"高精尖"产业三个投资阶段。市科委、中关村管委会和市经济信息化委分别受市政府委托，作为三个投资阶段主责部门。

● 投资领域与方向："三个引导"战略。科创基金重点围绕《北京加强全国科技创新中心建设总体方案》《北京加强全国科技创新中心建设重点任务实施方案》以及《〈中国制造2025〉北京行动纲要》《中关村国家自主创新示范区发展建设规划(2016—2020年)》重点发展领域，重点投资：光电科技、新一代信息技术、纳米技术、战略性新材料、新能源、生物医药、智能制造、现代农业、现代交通业、节能环保、脑认知与类脑智能、量子计算与量子通信、大数据、人工智能等领域。制定了"2＋4＋X"投资主线："2"为支撑北京创新发展的"双发动机"，即新一代信息技术（包括人工智能、集成电路、大数据和云计算、工业互联网、第五代移动通信等）、医药健康两大主导产业；"4"为高端装备（包括机器人、无人机、新能源汽车、3D打印等）、新材料、新能源与节能环保、科技服务四大优势产业；"X"为量子通信、区块链、商业航天、氢能及燃料电池等前沿储备产业。

按照科技成果转化的不同阶段，北京科创基金分原始创新、成果转化、"高精尖"产业三个阶段进行投资，全方位覆盖底层创新资产，原则上科创基金在三个阶段的投入按照5∶3∶2的比例确定。按照以事统钱的原则，根据年度项目实际需要，可以突破三个阶段投资的比例。原始创新阶段，重点投资高校院所和人才团队拥有的高端硬技术原始创新、前端应用研究，引导具有市场预期、符合首都战略定位的重大科技成果在京落地孵化。成果转化阶段，重点引导国内外优秀的天使投资机构、创业投资机构，以社会资本为主体，投入前沿科技和重大原创科技成果转化，推动符合首都战略定位的成果在京落地转化，支持创新创业、孵化培育和企业快速发展。"高精尖"产业阶段，重点和龙头企业合作，引导社会资本，围绕全国科技创新中心建设总体布局和"高精尖"经济结构部署，聚焦新兴领域、高端环节，推动"高精尖"产业领域企业通过技术改造和重组实现优化调整和做优做强，鼓励行业重点企业对接资本市场，通过兼并、收购加快整合科技创新资源，加快构建"高精尖"经济结构。

（2）"中关村创业投资发展有限公司"的联合投资模式

中关村创业投资发展有限公司采用"母基金+联合投资+认股权合作+风险补贴资金"的联合方式，实际进行创投基金引导工作。具体可以以参股方式参与出资设立创投基金；按照合作投资方式同等条件投资科技企业，且委托相应管理机构代为管理。或由中关村创业投资发展有限公司与贷款及担保等机构合作，在取得债券的同时取得认股权，在设定时间内将其转让获得相应收益、选择行权以直接持股。此外，还可以通过补贴认定创投机构、科技企业孵化器等进行相应的运作管理，整体呈现出一定的多样化特点。

11.3.2 上海市创业投资引导基金

上海市创投引导基金以"政府引导、市场运作、科学决策、防范风险"作为主要原则进行投资运作。根据上海的实际情况，创投引导基金的投资模式主要是参股投资模式，部分是跟进投资模式，几乎没有使用融资担保模式。以"上海创业投资有限公司"为代表，由其出资6亿元国有种子基金，与其他6家专业管理公司共同运作，设立了相应的组织监管机构，以共担风险、共享利益的模式有效融合了出资人、管理人及监管人多组织分支管理机构，通过明确权责等方式，落实创业投资引导基金项目活动，并取得了相应成就。

上海市创业投资引导基金管理办法[①]

第一章 总 则

第一条 为加快推进上海具有全球影响力的科技创新中心建设，充分发挥创业投资机制促进创新创业活动的积极作用，进一步规范上海市创业投资引导基金（以下简称"引导基金"）的设立和运作，根据《国务院办公厅转发发展改革委等部门关于创业投资引导基金规范设立与运作指导意见的通知》（国办发〔2008〕116号）、《创业投资企业管理暂行办法》（国家发展改革委2005年第39号令）和《财政部关于印发政府投资基金暂行管理办法的通知》（财预〔2015〕210号），制定本办法。

---

① 资料来源：https://www.shanghai.gov.cn/gwk/search/content/54e4266dac9e49c8beaa7cc7bb491bd9。

第二条 本办法所称引导基金（英文名称为 Venture Capital Guiding Fundof Shanghai，VCGFSH），是指由市政府设立并按照市场化方式运作的政策性基金。引导基金主要是发挥财政资金的杠杆放大效应，引导民间资金投向上海重点发展的产业领域特别是战略性新兴产业，并主要投资于处于种子期、成长期等创业早中期的创业企业，促进优质创业资本、项目、技术和人才集聚。

第三条 本办法适用于引导基金，以及按照《创业投资企业管理暂行办法》规定在创业投资备案管理部门备案，并申请引导基金扶持的各类创业投资企业、天使投资企业及创业投资母基金。

第四条 引导基金采取决策、评审和日常管理、运作相分离的管理体制。上海市创业投资引导基金工作领导小组（以下简称"领导小组"）为引导基金的决策机制，行使决策管理职责。领导小组下设办公室，设在市发展改革委，负责日常事务。

领导小组委托专业的行业管理机构成立独立的引导基金专家评审委员会，负责对引导基金拟投资方案进行独立评审。

引导基金的日常管理与运作事务，由符合条件的管理机构（以下简称"受托管理机构"）负责。根据领导小组审定意见，领导小组办公室与受托管理机构签订管理协议，约定受托管理机构承担引导基金募资、投资、投后管理、清算、退出等日常投资运作的职责，建立管理费用支付标准、方式和激励约束机制。

第二章 资金来源

第五条 引导基金资金主要来源为：

（一）市级一般公共预算、政府性基金预算、国有资本经营预算安排的财政资金；

（二）引导基金运行的各项收益；

（三）个人、企业或社会机构无偿捐赠的资金；

（四）其他资金来源。

第三章 运作原则与方式

第六条 引导基金按照"政府引导、市场运作、科学决策、防范风险"的原则进行投资运作，积极吸引和集聚海内外优秀创业投资企业及其管理团队来沪发展，大力培养本土创业投资管理团队。鼓励各区根据实际情况，设立区创业投资引导基金。

第七条 引导基金投资运作可采用参股投资、跟进投资、融资担保或其他方式。具体要求如下：

（一）参股投资。引导基金可参股或发起设立天使投资引导基金、市场化母基金、重点产业领域并购投资基金和创业投资企业，但不能成为第一大股东。引导基金参股投资的市场化母基金必须主要投向天使投资企业和创业投资企业。

（二）跟进投资。引导基金可跟随创业投资企业投资创业企业，但不得以"跟进投资"的名义直接从事创业投资运作业务，形成的股权委托共同投资的创业投资企业管理。申请引导基金跟进投资的企业仅限本市重点扶持和鼓励的产业领域（由领导小组办公室对外发布年度跟进投资申报指南），且工商登记和税务登记在本市的早中期创业企业。

（三）融资担保。引导基金按照国家对创业投资企业债权融资有关规定，在适当时候通过适当方式，为符合条件的创业投资企业和被投资企业提供融资担保支持。

（四）其他方式。引导基金可进行闲置资金的保值性投资（仅限于购买国债和银行存款及符合国家有关规定的金融产品），或经领导小组批准的其他业务。

第四章　管理制度

第八条　引导基金受托管理机构应当按照法律法规规定，根据参股基金不同的组织形式，制定基金章程，明确基金设立的政策目标、基金规模、存续期限、出资方案、投资领域、决策机制、基金管理机构、风险防范、投资退出、管理费用和收益分配等。

第九条　引导基金受托管理机构应当定期向领导小组及其办公室报告引导基金投资运作情况、投资及损益情况以及其他重大情况，并建立信息化管理平台，定期报送投资项目统计分析报告。

第五章　退出制度

第十条　引导基金可以优先股、可转换优先股等方式，对创业投资企业进行投资。投资形成的股权可按照引导基金运作有关规定，采取上市退出、股权转让、股东回购及破产清算等方式退出。

第十一条　引导基金参股的创业投资企业应当在存续期满后解散。需要延长存续期限的，应当报经领导小组批准后，与其他出资方按照创业投资企业公司章程、合伙协议、合同等文件（以下简称"合同文件"）约定的程序办理。

第十二条　引导基金投资形成的股权一般应当在创业投资企业存续期满后退出；存续期内如提前达到预期目标，可通过预设股权回购机制等方式适时退出。

第十三条　引导基金参股创业投资企业时，引导基金受托管理机构应当与其他出资人在合同文件中约定，有下述情况之一的，引导基金可无需其他出资人同意，选择提前退出：

（一）创业投资企业方案确认后超过1年，未按照规定程序和时间要求完成设立手续的；

（二）引导基金出资拨付创业投资企业账户1年以上，创业投资企业未开展投资业务的；

（三）创业投资企业投资领域和方向不符合政策目标的；

（四）创业投资企业未按照合同文件约定投资的；

（五）其他不符合约定情形的。

第十四条　引导基金参股创业投资企业形成的股权，在创业投资机构履行有关协议约定承诺的前提下，由创业投资企业管理团队及其指定方受让引导基金在该创业投资企业的份额或股权，自引导基金投入后4年内转让的，转让价格可按照引导基金原始投资额与股权转让时人民银行公布同期的存款基准利率计算的收益之和确定；超过4年的，引导基金受托管理机构应当聘请具备资质的资产评估等专业机构对所持股权进行评估，作为确定引导基金退出价格的依据。

申请跟进投资的创业投资企业不先于引导基金退出其在被投资企业的股权。

第六章　风险控制

第十五条　引导基金应当选择在中国境内设立、具有相关经验的商业银行进行托管。托管银行依据托管协议负责引导基金账户管理、资金拨付及清算、资产保管等日常事务，对投资活动实施动态监管，并履行定期报告义务。

第十六条　引导基金不得从事以下业务：

（一）从事融资担保以外的担保、抵押、委托贷款等业务；

（二）投资二级市场股票、证券投资基金、评级AAA级以下的企业债、信托产品、理财产品、证券公司或基金公司或保险公司及其子公司的资产管理计划产品、期货及其他金融衍生品、房地产业以及国家政策限制类行业；

（三）向任何第三方提供赞助、捐赠（经批准的公益性捐赠除外）；

（四）吸收或变相吸收存款，或向第三方提供贷款和资金拆借；

（五）进行承担无限连带责任的对外投资；

（六）发行信托或集合理财产品募集资金；

（七）法律法规禁止从事的其他业务。

第十七条　引导基金出资设立创业投资企业时，不得作为普通合伙人承担无限责任，不得干预所扶持创业投资企业的日常运作，但对所扶持企业存在违法、违规和偏离政策导向的情况下，可按照合同约定，行使一票否决权。

第十八条　引导基金受托管理机构应当建立健全内部管理和风险防范机制，切实保障引导基金运行安全。

第十九条　领导小组及领导小组办公室应当加强引导基金信用体系建设，建立引导基金受托管理机构及其高级管理人员信用记录，并将其纳入全国统一的社会信用信息共享交换平台。

第七章　监督和绩效考核

第二十条　引导基金应当建立完善的外部监管和监督机制，由领导小组及领导小组办公室对引导基金进行监管和指导。

第二十一条　引导基金纳入公共财政考核评价体系，由领导小组对引导基金管理机构履行职责情况和引导基金投资形成的资产进行监督和绩效考核，并依法接受国家审计的审计监督。

第八章　附　则

第二十二条　领导小组及领导小组办公室应当遵照本办法有关规定，根据引导基金运作情况，制定配套实施细则和具体退出办法。

第二十三条　本办法自2017年12月1日起施行，有效期至2022年11月30日。

上海市发展和改革委员会
上海市财政局
2017年10月20日

11.4　河北省创业投资引导基金发展举措与建议

11.4.1　优化创业投资环境

建议创投基金应致力于营造一个吸引长期资金、提升长期投资能力的市场生态，促进整个社会对风险投资基金的性质、作用和风险有一个更加清晰的认识，对创投基金的作用和价值有一个理性客观认识，营造一个良好的外部生态，提高发展环境的包容性。鼓励银行、证券和保险等大型金融机构将风险投资基金作为一种资产配置方式，优化风险投资基金的资本结构；促进基金行业的税收政策，促进对早期、小型、长线的投资；要通过多种途径、多层次地对创业投资基金进行投资者教育，并对其进行风险警示，并提倡合理的投资行为。引导全社会形成"投资者是财产安全第一责任人"

的共识，培育成熟理性投资者。兼顾退出机制的可实现性和灵活性。

11.4.2 健全对参股创投企业的激励机制

相对于直接投资，目前我国创投引导基金面临的最大困难是如何通过合理的激励机制来吸引社会资本参与风险较大的高科技创业初期。而在2016年下半年出台的《国务院关于促进创投持续健康发展的若干意见》中，更是对创投企业提出了"让利"的理念，使创投企业的激励机制更加健全。

（1）完善上限收益率机制

创投引导基金以引导社会资本进入早期创业阶段为主要目的，但对投资回报率的要求并不高。在确定收益时，可以以一定期间内的国债利率为基础，加入一定的风险溢酬。如果创投机构在退出阶段取得了比政府投资回报率更高的收益，则可以向其他有限合伙人和普通合伙人分享收益。

澳大利亚国际投资信托基金（IIF）的运作方式与以色列的 YOZMA 基金相似，其最显著的特征就是对超额收益进行二次分配，即超额收益超过上限。当项目退出产生超额收入时，将按照1∶9的分配比例首先在政府创业投资引导基金和社会资本之间进行分配，如果社会资本拿到了90%的利益，再按照合同或者按照一定的规则来进行分配，让社会资本能够得到更大的"蛋糕"。

（2）建立创业投资机构的投资容错机制

创业的高风险，在某种程度上决定了风投公司的高风险，从而导致新创企业的创业失败，也是一种客观的经济规律。同时，要鼓励社会资本向高失败风险的新创企业投入，必须遵循客观规则，允许其在一定范围内进行投资。为此，构建风险投资机构的容错补偿机制是十分必要的。

第一，创投企业的损失赔偿问题。在赔偿评价主体的选择上，创业投资引导基金管理人可以从非利害关系人的第三方组织中挑选，以其专长为基础，对入股风险资本投资创业初期企业的亏损作出评价，并对导致创投企业亏损的原因进行评价，同时对导致创投企业投资上述企业亏损的原因进行分析，从而为今后实施不同的补偿标准提供参考。

第二，构建创投企业对风险投资风险进行补偿的运作机制。明确了对政府创投公司所持股权的创投企业进行投资失败后的赔偿责任。在运作机制上，应对补偿的时机、方式进行明晰。在这种情况下，补偿的时机应当选择在项目的初期，尤其是在种子期失败后。至于赔偿的办法，就是在入股的风险投资公司没有成功的情况下，向他们提交赔偿申请，然后对他们进行评估和审查，再给予他们相应的补偿。

第三，对创投企业的投资失误进行赔偿，应依法构建相应的监督体系。创投企业投资失败后的赔偿问题牵涉多方利益，必然需要制定相应的监督机制加以约束。规制体系的构建要遵循制度性、公平性和多元监督相结合的原则。在此基础上，提出了对创业投资企业进行道德风险惩罚的对策。

11.4.3 发挥政府优势，向社会资本提供更多资源服务

虽然作为私募股权投资基金的出资人，创投引导基金并未因其市场化运营原理而"放任不管"，但在合同条款上却有一定的约束，这与政府的政策取向一致。此外，政府引导基金还应该充分利用自己的政府资源，在不影响其正常运行的情况下，为其提供相关的资源服务，从而降低对创业企业的搜索和考察的各种成本，从而提高其投资的概率。

11.4.4 加大创投引导基金与其他金融机构的合作力度

创投引导基金无论在"募—投—管—退"环节，还是逐步由"参股模式"向多元化运营转变，从而实现对社会资本投资到新创企业中的引导，都能极大地提高与各种金融机构开展各领域合作的可能性。欧洲 EIF 基金"积极开展与其他金融机构的合作"经验值得借鉴。而对被投的创业企业中，未必其在成长的全周期都能获得风险投资的资金支持，对其他金融机构提供的融资也有需求。

本章参考文献：

[1] 姚宝根. 创业投资引导基金的组织运作模式分析 [J]. 商展经济，2023，77（7）：98-100.

[2] 于凤坤. 政府创业投资引导基金的实践与作用 [J]. 中国科技投资，2007（9）：70-71.

[3] 赵成国，陈莹. 政府创业投资引导基金运作管理模式研究 [J]. 上海金融，2008，333（4）：35-39.

[4] 上海市人民政府关于批转市发展改革委、市财政局制定的《上海市创业投资引导基金管理办法》的通知 [J]. 上海市人民政府公报，2017（23）：3-6.

[5] 赵泾. 上海市创业投资引导基金发挥了引导作用吗？[D]. 上海师范大学，2019.

[6] 李岩城. 吉林省创业投资引导基金发展问题研究 [D]. 广西大学，2020.

第12章

产业投资引导基金与子基金

汇聚资金、培育产业、推动科技创新和区域协调发展，政府产业投资引导基金在多个层面发挥着重要作用，在单纯通过市场配置股权资本效用失灵时，由政府设立政策性基金，加强股权投资的政府资金供给，发挥政府协调、调配职能和财政扶持功能。政府产业基金会同社会资本，使财政资金的投资效应进一步放大，财政促进产业发展的扶持方式进一步优化，形成良性循环。

12.1 产业投资引导基金概念与特点

政府产业引导基金是政府出资设立并按市场化方式运作的政策性基金，按照"政府引导、市场导向、防范风险、滚动发展"的原则运作。政府产业引导基金存在以下特点：

（1）政府的产业引导基金一般指的是以一定的管理层级的政府为其募集资金而设立的一种投资基金。它需要融入国家和地方重大产业发展战略或者重大项目建设的大局，它是建立在政府产业战略规划之上的，它的首要目的就是实现政府的政策手段中的社会经济综合发展指标、整体发展效应，所以它和普通的商业化基金有着根本的不同。

（2）在产业引导基金中，政府通常以有限合伙人的身份参与，其在项目审批和投资决策方面没有绝对的话语权，只承担着相应的出资责任，即使投资金额大、持股比例高，也会受到基金合伙协议的约束，受到投资行业的专业理论和管理经验的限制，在项目筛选、日常管理和投资决策等方面，都是由专业的团队来行使，这与一般的自主管理基金有很大的区别。

（3）政府产业引导基金是一种政策性资金，因此，它具有一种非完全商业性的特点，它并不把盈利能力看作是衡量基金投资结果的唯一标准。也就是说，投资者并不是只把公司的资本估值或股票分红当作唯一的持股动机，而是要对投资的整体社会效益以及政策实施的长期效果进行综合考虑。

（4）政府产业引导基金往往选择投资周期较长、投资额较大的整体或政府工程作为投资主体，更注重项目的可行性和稳定性，不同于普通社会商业化基金的短期追逐利润和主动滚动投资的管理模式。

（5）此外，它区别于社会型企业的另一个特点是，它不能参与金融市场的创业资本，只能从产业领域中筛选出潜在的投资对象。而引导基金的资金，也是由用户支付的，也就是按照协议的比例，将投资收益分成。

12.2 产业投资引导基金主要流程与运行模式

12.2.1 产业投资引导基金主要流程

产业投资基金的运作过程与普通私募基金相似,可分为募集、投资、管理和退出四个阶段。基金募集,是指基金管理人从政府引导基金、保险基金、银行、高净值客户等有限合伙人募集资金;基金投资,是指投资管理人对一个项目进行发现、评价并最终实现其投资;投后管理,是指基金管理人通过一定的方式,不断地帮助被投资公司改善经营管理,对风险进行控制,推动被投资公司的健康发展;项目退出,是指在基金存续期间,通过对项目的投资退出,使其资产增值,从而获取投资收益的过程。

12.2.2 产业投资引导基金主要运行模式

我国政府引导基金的投资方式有参股子基金、跟踪投资、风险补偿、融资担保等四种方式,其中以参股基金为主,也就是不对企业和项目进行投资,而是通过设立子基金对符合政策要求的企业和项目进行投资。所谓的"参股子基金",就是地方政府从一般公共预算、政府性基金预算、国有资本经营预算中拨出一部分,组建"母基金",由当地龙头企业、投资机构或其他金融机构出资。然后,"母基金"将各种社会资本引入并参与"子基金",并以"子基金"的形式对相关行业中的特定项目进行投资,从而达到"四两拨千斤"的目的。

在具体的投资途径上,城市可以细分为两种主要的类型。一是将天津海河基金划分为三个层次:引导基金、专业基金(母基金)和子基金,由引导基金出资组建多个专业基金(母基金),专业基金(母基金)再发起设立若干子基金组成;二是以深圳市政府引导基金、山东省新旧动能转换基金和厦门工业投资基金等为主体,在引导基金和引导基金共同参与下,建立一个二级结构(见图12-1)。

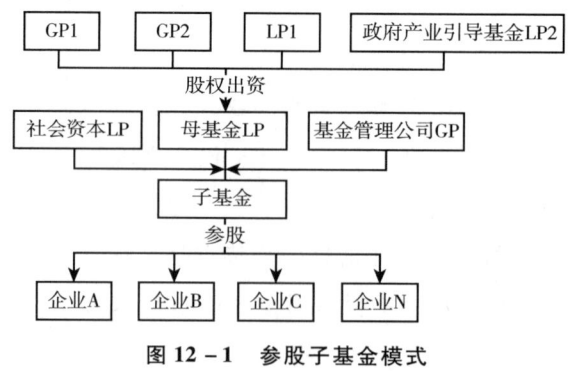

图 12-1 参股子基金模式

政府参与的产业基金实际运作中一般采用有限合伙制。在这种模式下，国有资产主管部门和具有国资背景的基金管理公司等合资成立一家基金管理公司——作为一般合伙人（GP），财政出一部分资金，从社会上吸引机构投资者或者有资金实力的大投资者的一部分资金——作为有限合伙人（LP）。在实际运作中，财政资金一般作为劣后方，从而保证投资人的收益，国有背景的基金管理公司作为中间方，而吸引的社会资本作为优先级，优先享有收益权。对于产业投资基金的运作管理，一般均采用"最高委员会"机制，即地方政府一般会成立引导基金投资决策委员会作为基金的最高决策机构。投资决策委员会一般用7位或者9位委员，他们可以是公司的高管、外部会所高层或者律所律师，投决会行使产业基金的最后决策，投委会一般不直接参与引导基金的日常运作，只是在项目最终决策时参与表决。

私募基金机构凭借其专业化优势作为基金的一般合伙人（GP），参与基金的日常运作，财政资金作为有限合伙人（LP）充当基金的劣后方，吸引的社会资本则作为基金的优先级方充分享有基金的收益权。一般情况下，一般合伙人（GP）与有限合伙人（LP）签署相关协议，约定基金的一定比例要投资于特定行业中，例如募集基金的60%投资于医药行业。由于项目较为集中的投资在某一特定行业，系统性风险发生的概率就比较大，因此在建立这种产业基金的时候都会制定相应的风险补偿机制，从而保证基金的良好运作。如陕西的智达煤炭基金会建立的基金风险补偿账户，该账户抽取基金募集资本的10%作为风险补偿金，该笔资金交给第三方机构和银行进行托管，用于投资风险发生时的风险补偿，从而保护投资者的利益。

12.3 产业投资引导基金典型措施借鉴

山东省新旧动能转换基金（以下简称新旧动能转换基金）是指由省、市政府发起，主要采取引导基金、母基金、子基金三级架构，按市场化方式与金融机构和境内外社会资本、投资机构合作，重点投资于全省新旧动能转换重点领域的基金，是山东省具有统筹性质的产业引导基金。其主要运行措施如下：

（1）组织管理框架

省政府成立山东省新旧动能转换基金决策委员会（以下简称基金决策委员会），作为引导基金决策机构；下设政策审查委员会、专家咨询委员会，分别负责审核基金运行政策、提供专业咨询，主要的省直机构在委员会中有明确的职责划分，例如省发展改革委负责项目组织推介、优选审核等工作；省国资委负责协调省属企业牵头或参与相关产业领域母基金筹划设立工作。设立引导基金管理公司，作为引导基金管理机构,负责引导基金运营管理和母(子)基金募集运作等工作。

(2)三级框架的资金来源与规模设计

引导基金由省、市政府共同出资400亿元设立,通过引导基金注资和市场化募集,吸引国内外金融机构、企业和其他社会资本共同发起设立多只母基金,形成不少于2 000亿元规模的母基金群。母基金再通过出资发起设立或增资若干只子基金,撬动各类社会资本,形成不少于6 000亿元的基金规模。

(3)"参股资金+直接投资"的投资运作模式

引导基金重点支持设立母基金,也可根据需要直接出资设立或增资参股子基金(引导基金出资设立的母基金和子基金,以下简称母〔子〕基金),或直接投资省委、省政府确定的重点项目。在国家政策允许范围内及引导基金承担有限责任的前提下,母(子)基金既可平行出资,也可引入结构化设计,吸引更多社会资本参与。

(4)投资原则

引导基金从投资领域、对母基金出资比例、母基金对子基金出资比例进行了规定,例如投资领域主要为以下四个方向:

• 支持新技术、新产业、新业态、新模式项目。优先投向各类创新型企业和省级重点人才创新创业等项目,突出支持传统产业改造升级;

• 支持新兴、优势产业做大做强。重点投向新一代信息技术产业、高端装备产业、新能源新材料产业、智慧海洋产业、医养健康产业等新兴产业,以及绿色化工产业、现代高效农业、文化创意产业、精品旅游产业、现代金融业等优势产业,优先支持全省新旧动能转换重大项目库项目;

• 支持基础设施建设。重点投向以人为核心的新型城镇化建设,以及铁路、公路、机场、港口及公共服务领域等基础设施建设项目;

• 支持对外开放。鼓励企业"走出去、引进来",重点支持招商引资、招才引智、产融结合、跨国并购项目。

(5)收益分配原则

母(子)基金各出资人应当按照利益共享、风险共担的原则,明确约定收益分配或亏损负担方式。收益分配可按照"先回本后分利、先有限合伙人后普通合伙人"的原则进行,也可根据基金实际情况,由引导基金和其他出资人协商确定。引导基金分红部分可安排一定资金,用于对考核优秀的母(子)基金管理机构给予奖励。

山东省新旧动能转换基金管理办法[①]

第一章 总 则

第一条 为全面贯彻落实党的十九大精神,坚持以习近平新时代中国特色社会主义思想为指导,深入贯彻习近平总书记视察山东重要讲话、重要指示批示精神,牢牢把握走在前列的目标定位,省委、省政府决定设立山东省新旧动能转换基金,按照"政府引导、市场运作,公开透明、开放包容,依法合规、防范风险"的原则,突出专业化、市场化、国际化特点,遵循整体设计、分期募集、上下联动、滚动发展的思路,吸引社会资本投入,着力支持全省新旧动能转换重大工程实施。根据有关法律、法规和山东省实际,制定本办法。

第二条 本办法所称山东省新旧动能转换基金(以下简称新旧动能转换基金)是指由省、市政府发起,主要采取引导基金、母基金、子基金三级架构,按市场化方式与金融机构和境内外社会资本、投资机构合作,重点投资于全省新旧动能转换重点领域的基金。

第三条 山东省新旧动能转换引导基金(以下简称引导基金)由省、市政府共同出资400亿元设立,通过引导基金注资和市场化募集,吸引国内外金融机构、企业和其他社会资本共同发起设立多只母基金,形成不少于2 000亿元规模的母基金群。母基金再通过出资发起设立或增资若干只子基金,撬动各类社会资本,形成不少于6 000亿元的基金规模。

第四条 引导基金重点支持设立母基金,也可根据需要直接出资设立或增资参股子基金(引导基金出资设立的母基金和子基金,以下简称母〔子〕基金),或直接投资省委、省政府确定的重点项目。

引导基金支持设立产业类、创投类、基础设施类母基金,其中产业类和创投类母基金规模占母基金总规模的比例原则上不低于80%。根据市场需求和基金特点,合理规划基金产业、区域分布,防止在同一领域、区域设立基金过于集中或分散。

第五条 在国家政策允许范围内及引导基金承担有限责任的前提下,母(子)基金既可平行出资,也可引入结构化设计,吸引更多社会资本参与。

第六条 引导基金新设母(子)基金名称中应包含"山东省新旧动能转换"字样。

[①] 资料来源:http://www.shandong.gov.cn/art/2019/8/19/art_2259_35329.html。

第七条 优化整合现有各类政府投资基金，增资参股符合条件的市场化私募基金，统一纳入到新旧动能转换基金管理体系。

第二章　管理机构及职责

第八条 省政府成立山东省新旧动能转换基金决策委员会（以下简称基金决策委员会），作为引导基金决策机构。基金决策委员会由常务副省长任主任，分管金融工作的副省长任副主任，省政府秘书长和分管副秘书长，省财政厅、省发展改革委、省审计厅、省国资委、省金融办、引导基金管理公司等相关部门（单位）主要负责同志以及相关领域专家为成员。其他副省长及省直其他部门主要负责同志在基金决策委员会研究涉及分管事项时参加会议。基金决策委员会主要职责包括：

（一）研究决定新旧动能转换基金重大政策和重大事项；

（二）审定新旧动能转换基金管理办法，统筹实施政策指导、监督管理、绩效考核等工作；

（三）审定基金投向负面清单，明确基金禁（限）投业务和范围；

（四）研究制定支持新旧动能转换基金发展的相关政策，确定基金投资方向及项目投资原则；

（五）审议批准引导基金直投项目；

（六）核准引导基金管理公司设立方案，审查公司经营层高管人选；

（七）审议母（子）基金设立方案，包括但不限于投资方向、收益分配、清算、让利、管理费用、决策机制、风险防范等；

（八）研究制定规避防范基金运作风险的措施；

（九）协调解决基金管理中遇到的重大问题；

（十）完成省委、省政府交办的其他事项。

第九条 基金决策委员会办公室设在省财政厅，承担基金决策委员会日常工作，建立基金决策委员会成员单位工作协调机制，确保基金决策委员会高效有序运行。省财政厅主要负责同志任办公室主任，省财政厅、省发展改革委、省国资委、省金融办、引导基金管理公司等相关部门（单位）分管负责同志任办公室副主任。

第十条 基金决策委员会设立政策审查委员会，由省财政厅、省发展改革委、省经济和信息化委、省科技厅、省审计厅、省国资委、省金融办、人民银行济南分行、山东银监局、山东证监局、山东保监局等单位分管负责同志和部分投资、法律等方面的专家组成。

第十一条 基金决策委员会设立专家咨询委员会，聘请产业、金融、投资、法律、财务等领域的省内外知名专家和业界人士担任委员,为基金运作提供专业咨询。

第十二条 省直有关部门在基金决策委员会中分别承担以下职责:

(一)省财政厅代表省政府履行省级引导基金出资人职责,负责引导基金资金筹集工作,根据引导基金出资需求,将省级政府出资额纳入年度政府预算,并牵头对接各市政府落实引导基金出资任务;

(二)省发展改革委负责基金投资与新旧动能转换重大项目库对接,做好项目组织推介、优选审核等工作;

(三)省审计厅负责对新旧动能转换基金相关政策制定和执行情况、引导基金管理运营进行审计监督;

(四)省国资委负责组织协调省属企业牵头或参与相关产业领域母基金筹划设立工作;

(五)省金融办(省地方金融监督管理局)负责基金管理机构的业务监管和行业指导,以及有关金融机构协调工作;

(六)省直其他相关部门按照部门职能,分别负责相关领域基金筹划设计、项目库建设及项目推介等工作。

第十三条 各市政府负责落实市级引导基金出资和新旧动能转换基金激励奖励政策;结合区域产业特点和资源优势,推动设立区域型母基金;向基金管理机构推荐新旧动能转换重点项目,为基金投资创造良好政策环境。

第十四条 设立引导基金管理公司,作为引导基金管理机构,负责引导基金运营管理和母(子)基金募集运作等工作。公司经营层高管人员向社会公开选聘,实行专业化的管理运作和市场化的人事薪酬制度。引导基金管理公司主要职责包括:

(一)负责引导基金运营管理和母(子)基金募集工作;

(二)遴选拟出资母(子)基金管理机构,开展尽职调查,形成尽职调查报告、基金设立方案,报基金决策委员会办公室;

(三)落实基金决策委员会核准的基金方案,与基金其他出资人开展协议谈判、签订基金章程(协议或合同),并向基金决策委员会办公室备案;

(四)负责对引导基金实行专户管理,专账核算;

(五)负责对母(子)基金投资方向、投资进度、投资收益、资金托管和使用情况进行绩效评价;

(六)代表引导基金以出资额为限对母(子)基金行使出资人权利并承担相应义务,负责对母(子)基金进行监管,通过向母(子)基金委派代表、章程(协议或合同)约定等方式,确保基金运营符合政策方向;

（七）根据基金决策委员会决定，组织开展引导基金直接投资业务；

（八）负责引导基金的退出与清算；

（九）定期向基金决策委员会办公室报告引导基金、母（子）基金投资运作情况及其他重大事项；

（十）承办基金决策委员会办公室交办的其他事项。

第十五条 母基金管理机构负责母基金运营管理。根据基金的合作对象或类型不同，母基金可灵活采取不同模式进行管理。母基金管理机构主要职责包括：

（一）规划参股子基金的构成与投向，自主发起设立或增资若干子基金；

（二）遴选参股子基金管理机构，对拟出资子基金开展尽职调查，与子基金管理机构开展合作谈判，签订子基金章程（协议或合同）；

（三）按照引导基金有关政策规定，严格监管子基金投向和省内投资比例；

（四）对母基金直接投资项目开展尽职调查，并负责投资与管理工作；

（五）负责母基金的退出与清算；

（六）定期向出资人报告母基金、参股子基金运行情况。

第十六条 引导基金管理公司管理费根据其运作管理和业绩考核结果确定（具体办法另行制定）。母（子）基金管理机构管理费按章程（协议或合同）约定收取。

第三章 投资原则

第十七条 新旧动能转换基金重点投资以下领域：

（一）支持新技术、新产业、新业态、新模式项目。优先投向各类创新型企业和省级重点人才创新创业等项目，突出支持传统产业改造升级；

（二）支持新兴、优势产业做大做强。重点投向新一代信息技术产业、高端装备产业、新能源新材料产业、智慧海洋产业、医养健康产业等新兴产业，以及绿色化工产业、现代高效农业、文化创意产业、精品旅游产业、现代金融业等优势产业，优先支持全省新旧动能转换重大项目库项目；

（三）支持基础设施建设。重点投向以人为核心的新型城镇化建设，以及铁路、公路、机场、港口及公共服务领域等基础设施建设项目；

（四）支持对外开放。鼓励企业"走出去、引进来"，重点支持招商引资、招才引智、产融结合、跨国并购项目。

第十八条 母（子）基金采用市场化方式运作，除政府外的其他基金投资者须为具备相应风险识别和风险承受能力的合格机构投资者，基金投资者数量累计不得超过法律规定的特定数量。母（子）基金可分若干期募集。

第十九条 引导基金出资母基金占比可根据母基金定位、管理机构过往业绩、募资难度等因素予以差异化安排。其中，产业类母基金一般按20%比例出资，创投类母基金一般按25%比例出资，基础设施类母基金一般按10%比例出资。

母基金对单只子基金的投资一般不超过子基金总规模的30%。

子基金对单个企业的投资，原则上不超过基金总规模的20%。

第二十条 引导基金可安排不超过10%的比例直接投资项目企业。引导基金直接出资设立子基金，对单只子基金出资占比不得超过子基金规模的10%。

第二十一条 母基金可安排不超过50%的比例直接投资省委、省政府确定的项目。母基金对单个企业的直接投资，原则上不超过母基金总规模的20%。

第二十二条 母基金、子基金企业均应注册设立在山东省内。对省外资金占基金注册资本或承诺出资额比例低于50%的，投资于山东省内的资金比例一般不低于基金可实现投资总额的70%；对省外资金占基金注册资本或承诺出资额比例为50%及以上的，投资于山东省内的资金比例可适当降低，但应不低于60%。

投资省内资金包括：一是基金直接投资于山东省内企业；二是基金投资于省外企业，再由省外企业将基金资金投入到省内子公司的，可置换为省内投资金额；三是为支持省内企业走出去开展全产业链投资，对基金投资到省内企业在省外控股子公司的，可按照控股比例折算为省内投资金额。

第二十三条 母基金、子基金在国家政策允许范围内进行投资。母基金、子基金可跨产业开展投资，跨产业投资比例控制在基金规模的50%以内。产业基金不得跨界投资基础设施领域。

第二十四条 鼓励基金与金融机构和境内外社会资本、投资机构建立全方位联动机制，对基金投资企业给予直接融资或间接融资支持。

第二十五条 产业类、创投类基金存续期一般不超过10年，基础设施类基金存续期一般不超过20年。存续期满如需延长存续期，应在基金决策委员会批准后，按章程（协议或合同）约定的程序办理。

第四章 投资决策

第二十六条 申请设立母（子）基金的基金管理机构应符合以下条件：

（一）在中国大陆注册，且实缴注册资本原则上不低于2 000万元人民币，有较强资金募集能力，有固定的营业场所和与其业务相适应的软硬件设施；

（二）有健全的投资管理和风险控制流程、规范的项目遴选机制和投资决策机制，能够为被投资企业提供管理咨询等增值服务；

（三）须在中国证券投资基金业协会完成登记备案，新设立的基金管理机构须承诺在基金设立方案确认后6个月内完成登记工作；

（四）管理团队中至少有3名具备3年以上基金管理工作经验的高级管理人员，至少主导过3个以上投资成功案例，具备良好的管理业绩，高级管理人员须具备基金从业资格；

（五）基金管理机构及其高级管理人员无行政主管机关或司法机关处罚的不良记录。

第二十七条 母（子）基金管理机构在基金中认缴出资额根据基金类别确定，一般不低于基金规模的2%。基金规模较大的可降低认缴出资比例，原则上不低于1%。

第二十八条 新设母（子）基金除符合第二十六条基金管理机构规定条件外，还应符合以下条件：

（一）在山东省境内注册；

（二）基础设施类母基金原则上单只基金规模不低于100亿元，产业类母基金原则上单只基金规模不低于50亿元，创投类母基金原则上单只基金规模不低于10亿元。不强制限定基金规模，具体情况根据市场需求确定；

（三）主要发起人、投资管理人已基本确定，并草签基金章程（协议或合同）；

（四）其他出资人已落实，并保证资金按约定及时足额到位。

第二十九条 申请引导基金对现有投资基金进行增资的，除满足第二十八条规定条件外，还应满足以下条件：

（一）基金已按有关法律、法规设立，并按规定在有关部门备案；

（二）基金投资方向符合本办法有关规定；

（三）基金全体出资人同意增资方案，且增资操作符合国家相关规定。

第三十条 引导基金及出资设立母（子）基金运作应当公开透明，可公开征集，也可邀请相关机构设立，但应在批准设立基金前予以公示。

第三十一条 基金发起人向基金决策委员会办公室提出拟设立母（子）基金的申请。提交的申请材料应包括但不限于：申请引导基金出资的报告、基金出资架构、基金章程（协议或合同）草案、基金管理机构情况、经营管理团队人员名单及履历、团队历史投资业绩、基金投资领域、出资人出资意向及出资能力证明、托管银行意向等材料。

第三十二条 引导基金管理公司根据基金决策委员会办公室通知，对相关社会资本方开展尽职调查，形成尽职调查报告、基金设立方案，报基金决策委员会办公室。

第三十三条 基金决策委员会办公室组织政策审查委员会开展政策性审查。审查结果分为同意、有条件同意和不同意。政策审查委员会主席根据票决结果，作出政策审查结论。一般情况下，全体委员中超过三分之二（含）通过即为同意（含有条件同意）。政策审查委员会主席具有一票否决权。如审查结果为有条件同意，引导基金管理公司应按照政策审查委员会意见，与基金发起人协商修改母（子）基金设立方案等相关材料。如审查结果为不同意，则申请程序终止。

政策审查委员会不就职责以外事项进行审查。

第三十四条 引导基金投资事项经政策性审查通过后，提交基金决策委员会核准。引导基金管理公司根据基金决策委员会核准的基金设立方案，与基金其他出资人开展协议谈判，报基金决策委员会办公室备案后，签订章程（协议或合同）。

第三十五条 基金章程（协议或合同）应根据本办法和基金决策委员会核准的基金设立方案制定。

第五章　收益分配

第三十六条 母（子）基金各出资人应当按照利益共享、风险共担的原则，明确约定收益分配或亏损负担方式。收益分配可按照"先回本后分利、先有限合伙人后普通合伙人"的原则进行，也可根据基金实际情况，由引导基金和其他出资人协商确定。

第三十七条 母（子）基金应根据章程（协议或合同）约定及时分配投资收益。引导基金按照章程（协议或合同）约定从母（子）基金中分配、清算所获得的资金，应及时缴入引导基金托管账户，并按规定上缴省级国库，用于引导基金滚动发展或奖励性支出。

第三十八条 引导基金可通过适当让利方式，鼓励母（子）基金投资于政府主导的投资期长、风险性高、收益率低的项目，具体让利方案由引导基金管理公司制订，按程序报基金决策委员会审批。让利应遵循以下原则：

（一）引导基金让利应以引导基金所产生的收益为限，不得动用引导基金本金；

（二）引导基金只对社会出资人让利，不对其他财政性出资让利；

（三）引导基金让利仅限于引导基金在母（子）基金中出资收益的让利；对母基金参股子基金中社会出资人的让利，由投资管理人与母基金、子基金出资人协商确定。

第三十九条 根据基金类型和投资方向，采取差异化政策，引导基金增值收益可部分或全部让渡给其他出资人或基金管理机构：

（一）经基金决策委员会认定，基金投资于新旧动能转换重大项目库项目，或投资于省内种子期、初创期的科技型、创新型项目，引导基金可让渡全部收益；

（二）投资于基础设施和成熟期项目的，原则上实行同股同权。经基金决策委员会批准，也可将章程（协议或合同）约定的门槛收益率以上部分，适当让渡给其他出资人或基金管理机构；

（三）鼓励基金加大在山东省境内的投资比例，基金投资超过本办法规定最低投资比例的，可提高引导基金让利幅度，最多可让渡全部增值收益；

（四）在基金存续期内，鼓励基金出资人或其他投资者购买引导基金所持基金的股权或份额。在基金注册之日起2年内（含2年）购买的，可以引导基金原始出资额转让；2年以上、3年内（含3年）购买的，可以引导基金原始出资额及从第2年起按照转让时中国人民银行公布的1年期贷款基准利率计算的利息之和转让；设立3年以后，引导基金与其他出资人同股同权，在存续期满后清算退出。

第四十条 为提高社会资本参与新旧动能转换基金的积极性，在认真落实国家税收优惠政策的同时，从财政扶持、资源开放、人才引进等方面对基金管理机构和社会出资人进行激励奖励。

第六章 风险控制

第四十一条 母基金、子基金管理机构应当依据法律法规和行业监管要求审慎经营，建立健全并严格遵守资金募集管理、投资者适当性、信息披露、风险管理、内部控制等业务规则和管理制度。

第四十二条 按照利益共享、风险共担的原则，依法实行规范的市场化运作。地方政府不得以借贷资金出资设立各类投资基金，严禁地方政府利用各类投资基金违法违规变相举债。除国务院另有规定外，地方政府及其所属部门设立政府出资的各类投资基金时，不得以任何方式承诺回购社会资本方的投资本金，不得以任何方式承担社会资本方的投资本金损失，不得以任何方式向社会资本方承诺最低收益，不得对有限合伙制基金等任何股权投资方式额外附加条款变相举债。

第四十三条 引导基金、母基金、子基金应由具备资质的银行托管。引导基金托管银行由基金决策委员会办公室选择确定，省财政厅、引导基金管理公司与其签订资金托管协议。母（子）基金托管银行由母（子）基金自主选择，母（子）基金企业、基金管理机构、引导基金管理公司与其签订资金托管协议。子基金托管银行由子基金自主选择确定。

第四十四条 托管银行应当符合以下条件：

（一）成立时间在5年以上的全国性国有银行、股份制商业银行、山东省地方性商业银行；

（二）具有基金托管经验，具备安全保管和办理托管业务的设施设备及信息技术系统；

（三）有完善的托管业务流程制度和内部稽核监控及风险控制制度；

（四）近3年内无重大过失及行政主管部门或司法机关处罚的不良记录。

第四十五条 引导基金、母（子）基金托管银行应于每季度结束后10日内向基金决策委员会办公室、引导基金管理公司报送季度引导基金资金托管报告，并于每个会计年度结束后1个月内报送上一年度的资金托管报告。发现引导基金、母（子）基金资金出现异常流动现象时应及时采取措施，暂停支付，并随时向基金决策委员会办公室和引导基金管理公司报告。

第四十六条 母（子）基金完成工商注册后，应向省地方金融监管部门报送基金设立方案，以及风险管理、内部控制等业务规则和管理制度，基金管理机构应当按照有关法律法规要求，加强行业自律。

引导基金、母（子）基金管理机构应按规定向省地方金融监管部门和基金决策委员会办公室报送业务情况、财务会计报告和合并、分立、控股权变更等其他重大事项。报送内容应当真实、完整。

第四十七条 母（子）基金管理机构要严格落实月报制度，及时向基金决策委员会办公室、引导基金管理公司报送统计报表，按季度向引导基金管理公司提交《基金运行报告》和会计报表，并于每个会计年度结束后4个月内，向引导基金管理公司提交经注册会计师审计的《基金年度会计报告》和《基金年度运行情况报告》。

第四十八条 原有各类政府投资基金，其主管部门应按月向基金决策委员会办公室报送统计报表，按季度向基金决策委员会办公室提交《基金运行报告》和会计报表，并于每个会计年度结束后4个月内，向基金决策委员会办公室提交经注册会计师审计的《基金年度会计报告》和《基金年度运行情况报告》。

第四十九条 引导基金管理公司按季度汇总母基金、子基金托管情况，报送基金决策委员会办公室，并及时报告母基金、子基金运行中的重大事项，于每个会计年度结束后4个月内向基金决策委员会办公室报送经注册会计师审计的《引导基金年度会计报告》和《引导基金年度运行情况报告》。

第五十条 引导基金、母基金、子基金不得从事以下业务：

（一）融资担保以外的担保、抵押、委托贷款等业务；

（二）投资于二级市场股票、期货、房地产、证券投资基金、评级AAA级以下的企业债券、信托产品、非保本型理财产品、保险计划及其他金融衍生品；

（三）向任何第三方提供赞助、捐赠（经批准的公益性捐赠除外）；

（四）吸收或变相吸收存款，或向第三方提供贷款和资金拆借；

（五）进行承担无限连带责任的对外投资；

（六）发行信托或集合理财产品募集资金；

（七）国家法律法规禁止从事的其他业务。

第五十一条 引导基金管理公司应加强对母（子）基金的监管，及时掌握母基金、子基金以及被投资项目的经营情况。引导基金管理公司派员参与母（子）基金投资管理，对不符合本办法规定，偏离政策投资方向或存在明显套取引导基金倾向等违法违规项目，拥有一票否决权。

第五十二条 引导基金管理公司应密切跟踪母基金、子基金经营和财务状况，防范财务风险。当基金的运营出现违法违规、违反章程（协议或合同）和偏离政策导向等情况时，引导基金管理公司应及时向基金决策委员会办公室报告，并要求相应基金管理机构限期整改。

第五十三条 引导基金管理公司应与其他出资人在基金章程（协议或合同）中约定，有下列情形之一的，引导基金可无需其他出资人同意，选择暂停出资：

（一）基金工商注册登记后12个月投资进度低于基金认缴规模20%的；

（二）存在可能触及引导基金退出条件的情况。

第五十四条 被暂停出资的基金申请恢复引导基金出资，须符合引导基金管理规定，并通过引导基金管理公司向基金决策委员会办公室提出申请。经批准后，引导基金方可继续出资。

第五十五条 有下列情形之一的，基金管理机构应当重组或更换：

（一）管理机构解散、破产或者由接管人接管其资产的；

（二）管理机构丧失管理能力或者严重损害基金投资者利益的；

（三）按照基金章程（协议或合同）约定，持有基金三分之二以上权益的投资者要求管理机构重组或更换的；

（四）基金章程（协议或合同）约定管理机构重组或更换的其他情形。

第五十六条 引导基金管理公司应与其他出资人在母（子）基金章程（协议或合同）中约定，有下列情形之一的，引导基金可选择退出：

（一）基金方案确认后超过6个月，基金未按规定程序和时间要求完成设立或增资手续的；

（二）基金完成设立或增资手续后超过12个月，基金未开展投资业务的；

（三）基金投资领域和方向不符合政策目标的；

（四）基金未按章程（协议或合同）约定投资的；

（五）基金管理机构发生实质性变化的；

（六）基金或基金管理机构违反相关法律法规、政策规定或协议约定其他情形的。

第五十七条 基金在运营过程中出现下列情形之一的，应当终止运营并清算：

（一）代表三分之二以上基金份额的合伙人（股东）要求终止，并经合伙人（股东）会议决议通过的；

（二）发生重大亏损，无力继续经营的；

（三）出现重大违法违规行为，被管理机关责令终止的。

第七章 考核监督

第五十八条 基金决策委员会办公室按照有关规定，建立绩效考核制度，按照基金投资规律和市场化原则，从整体效能出发，对引导基金、母（子）基金政策目标、政策效果进行综合绩效评价，不对单只基金或单个项目盈亏进行考核。

第五十九条 引导基金管理公司根据引导基金参股比例，合理确定引导基金监管范围和监管层级。在母（子）基金层面，引导基金管理公司应重点监督管理母（子）基金设立和引导基金出资，确保政策落实，防范财务风险。在子基金层面，引导基金管理公司主要对基金投向进行合规性审查，不干预管理运营和投资决策。

第六十条 引导基金及管理公司须接受审计部门的审计及财政部门的监督检查。基金管理机构须落实适度监管要求，接受地方金融监管部门的业务监管。对任何单位和个人在管理中出现涉及财政资金、地方金融管理的违法违纪行为，依照有关法律法规进行严肃处理，并追究相应的法律责任。涉嫌犯罪的，移送司法机关依法处理。

第六十一条 按照《中共山东省委、山东省人民政府印发〈关于激励干部担当作为干事创业的意见（试行）〉的通知》（鲁发〔2017〕15号）有关要求，建立容错机制，实行容错免责，鼓励大胆创新。

第八章 附 则

第六十二条 引导基金与中央财政资金共同参股发起设立基金的，按照国家有关规定执行。其他政府引导基金管理的有关规定，凡与本办法不一致的，按照本办法执行。

第六十三条 本办法自2018年1月1日起施行，有效期至2022年12月31日。

山东省新旧动能转换基金省级政府出资管理办法[①]

第一章 总 则

第一条 为全面贯彻落实党的十九大精神，坚持以习近平新时代中国特色社会主义思想为指导，进一步规范山东省新旧动能转换基金省级政府出资管理，提高财政资金使用效益，防范投资风险，根据《财政部关于印发〈政府投资基金暂行管理办法〉的通知》（财预〔2015〕210号）、《财政部关于财政资金注资政府投资基金支持产业发展的指导意见》（财建〔2015〕1062号）等规定，制定本办法。

第二条 本办法所称省级政府出资，是指通过一般公共预算、政府性基金预算、国有资本经营预算等安排的用于设立山东省新旧动能转换引导基金的资金。

第三条 省政府授权省财政厅代行政府出资人职责。

第二章 引导基金设立

第四条 省、市政府共同出资400亿元（其中省级政府出资200亿元），设立山东省新旧动能转换引导基金（以下简称引导基金）。通过引导基金注资和市场化募集，吸引金融机构和境内外社会资本、投资机构共同发起设立或增资若干只母基金，母基金通过市场化方式，发起设立或增资若干专项子基金。

引导基金可直接出资设立母基金、子基金（以下简称母〔子〕基金），也可直接投资项目企业。

第五条 引导基金管理公司承担引导基金管理和母（子）基金募集运作等相关工作。

第六条 引导基金聚焦新旧动能转换重大工程，着力推动创新发展，突出支持新技术、新产业、新业态、新模式项目，重点支持五大新兴产业与五大优势产业项目，以及交通等基础设施建设项目，大力对接国家"一带一路"发展战略项目。基金类型以产业类基金为主，优先布局科技创新领域。

第七条 引导基金、母（子）基金出资人应根据法律法规等签订章程（协议或合同），约定基金设立的规模、存续期限、出资方案、投资领域、决策机制、基金管理机构、风险防范、投资退出、管理费用和收益分配等事项。

[①] 资料来源：http://czt.shandong.gov.cn/art/2019/3/29/art_72191_5073326.html。

第三章 引导基金运作和风险控制

第八条 引导基金应按照"政府引导、市场运作，公开透明、开放包容，依法合规、防范风险"的原则进行运作，突出专业化、区域化、行业化的特点，遵循整体设计、分期募集、上下联动、滚动发展的思路，着力支持全省新旧动能转换重大工程实施。

第九条 引导基金投资、投后管理、清算、退出等通过市场化方式运作。引导基金应建立科学的决策机制，确保基金政策目标实现。

第十条 引导基金应按照利益共享、风险共担的原则，与母（子）基金其他出资人明确约定收益处理和亏损负担方式。对于归属政府的结余投资收益和利息等，除明确约定继续用于引导基金滚动使用外，应按照财政国库管理制度有关规定及时足额上缴国库。母（子）基金的亏损由出资人共同承担，引导基金以出资额为限承担有限责任。

为更好地发挥引导作用，引导基金可适当让利，但不得以任何方式承诺回购社会资本方的投资本金，不得以任何方式承担社会资本方的投资本金损失，不得以任何方式向社会资本方承诺最低收益，不得对有限合伙制基金等任何股权投资方式额外附加条款变相举债。引导基金分红部分可安排一定资金，用于对考核优秀的母（子）基金管理机构给予奖励。

第十一条 引导基金应当遵照国家有关财政预算和财务管理制度等规定，建立健全内部控制和外部监管制度，建立投资决策和风险约束机制，切实防范基金运作过程中可能出现的风险。

第十二条 引导基金必须委托符合条件的银行进行托管。托管银行依据托管协议负责账户管理、资金清算、资产保管等事务，对投资活动实施动态监管。

第四章 引导基金终止和退出

第十三条 产业类、创投类基金存续期一般不超过10年，基础设施类基金存续期一般不超过20年。确需延长存续期的，应经山东省新旧动能转换基金决策委员会（以下简称基金决策委员会）批准后，按章程（协议或合同）约定的程序办理。

第十四条 母（子）基金终止后，应当在出资人监督下按照章程（协议或合同）约定组织清算，并将引导基金本金和收益及时上缴引导基金托管银行。引导基金应按照财政国库管理制度有关规定将基金本金和收益上缴省级国库，用于引导基金滚动发展或奖励性支出。

第十五条 引导基金一般应在母（子）基金存续期满后退出，存续期未满如达到预期目标，也可通过股权回购等方式适时退出。

第十六条 引导基金管理公司应与其他出资人在基金章程（协议或合同）中约定，有下列情形之一的，引导基金可无需其他出资人同意，选择暂停出资：

（一）母（子）基金工商注册登记后12个月投资进度低于基金认缴规模20%的；

（二）存在可能触及引导基金退出条件的情况。

第十七条 被暂停出资的基金申请恢复引导基金出资，须符合引导基金管理规定，并通过引导基金管理公司向基金决策委员会办公室提出申请。经批准后，引导基金方可继续出资。

第十八条 引导基金管理公司应与其他出资人在母（子）基金章程（协议或合同）中约定，有下列情形之一的，引导基金可无需其他出资人同意，选择提前退出：

（一）基金方案确认后超过6个月，基金未按规定程序和时间要求完成设立或增资手续的；

（二）基金完成设立或增资手续后超过12个月，未开展投资业务的；

（三）基金投资领域和方向不符合政策目标的；

（四）基金未按章程（协议或合同）约定投资的；

（五）基金管理机构发生实质性变化的；

（六）基金或基金管理机构违反相关法律法规、政策规定或协议约定其他情形的。

第十九条 引导基金从母（子）基金退出时，应当按照章程（协议或合同）约定的条件退出；没有约定或未按约定退出的，由引导基金管理公司制定退出方案，报基金决策委员会审定，并应聘请具备资质的资产评估机构对出资权益进行评估。

第五章　引导基金政府出资预算管理

第二十条 引导基金管理公司应根据引导基金发展规划，将当年省级政府出资需求报省财政厅。省财政厅将当年政府出资额纳入年度政府预算。

第二十一条 省财政厅按照财政国库管理制度规定拨付政府出资。引导基金管理公司根据年度预算、项目投资进度及实际用款需要向省财政厅申请引导基金出资。省财政厅按照预算指标、公司申请及项目进度拨付资金。

第二十二条 省财政厅拨付资金时，增列当期预算支出，并通过相应的支出分类科目予以反映；收到投资收益时，作增加当期预算收入处理，并通过相应的预算收入科目予以反映；基金清算或退出收回投资时，按拨付时列支的分类科目，做冲减当期财政支出处理。

第二十三条 母（子）基金出资采取认缴制，由出资人先行签订章程（协议或合同），再视资金需求分期出资。引导基金与其他投资人对母（子）基金应同步出资。

第六章　引导基金资产管理

第二十四条 省财政厅应按照《财政总预算会计制度》，完整、准确地反映政府对引导基金出资形成的资产和权益。对拨付资金，在增列财政支出的同时，要相应增加政府资产——"股权投资"和净资产——"资产基金"，并根据本级政府投资基金的种类进行明细核算。基金清算或退出收回投资本金时，应冲减当期财政支出，并按照政府累计出资额相应冲减政府资产——"股权投资"和净资产——"资产基金"。

第二十五条 政府应分享的投资损益按权益法进行核算。引导基金管理公司应当在年度结束后及时将引导基金全年投资收益或亏损情况向省财政厅报告。省财政厅按照当期损益情况作增加或减少政府资产——"股权投资"和净资产——"资产基金"处理；省财政厅收取引导基金管理公司上缴投资收益时，相应增加财政收入。

第二十六条 引导基金管理公司应按月向省财政厅报告基金运行情况、资产负债情况、投资损益情况，及时报告其他可能影响投资者权益的重大事项，按季度编制并向省财政厅报送资产负债表、损益表及现金流量表等报表，按年提交财务审计报告。

第七章　监督管理

第二十七条 引导基金及管理公司应当接受审计、财政等部门的审计、监督检查。对于检查中发现的问题，应按照《中华人民共和国预算法》和《财政违法行为处罚处分条例》（国务院令第 427 号）等有关法律法规予以处理。对涉嫌犯罪的，移送司法机关追究刑事责任。

第八章　附　则

第二十八条 引导基金与中央财政资金共同参股发起设立基金，按照国家有关规定执行。

第二十九条 各市政府出资参与山东省新旧动能转换引导基金，可参照本办法执行。

第三十条 本办法自 2018 年 1 月 1 日起施行，有效期至 2022 年 12 月 31 日。

山东省新旧动能转换基金激励办法

为有效吸引金融机构、社会资本和国内外优秀投资机构参与山东省新旧动能转换基金设立工作,根据国家有关法律法规规定,结合山东实际,制定本办法。

一、适用范围

按照国家有关法律法规规定,以公司制、合伙制、契约制等形式在山东省境内新设(迁入),纳入全省新旧动能转换基金管理,并在中国证券投资基金业协会完成备案(登记)的基金及其管理机构。

二、税收优惠政策

严格落实《中华人民共和国企业所得税法》《中华人民共和国个人所得税法》等国家税法,认真执行财政部、国家税务总局出台的各项税收优惠政策。

(一)企业所得税。

1. 合伙制股权投资类企业不作为企业所得税纳税主体,可采取"先分后税"的原则,由每一个合伙人作为纳税义务人分别纳税。

2. 符合条件的居民企业之间的股息、红利等权益性投资收益为免税收入,免征企业所得税。

3. 股权投资类企业对外进行权益类投资所发生的损失,符合税法规定的,在经确认的损失发生年度,作为企业损失在计算企业应纳税所得额时一次性扣除。

(二)个人所得税。

4. 合伙企业自然人的生产经营所得,比照个人所得税法的"个体工商户的生产经营所得"应税项目,适用5%—35%的五级超额累进税率,计算征收个人所得税。

5. 合伙企业对外投资分回的利息或股息、红利所得,不并入企业收入,而应单独作为投资者个人取得的利息、股息、红利所得,按"利息、股息、红利所得"应税项目计算缴纳个人所得税。

(三)其他税收。

6. 创业投资企业采取股权投资方式投资于未上市的中小高新技术企业2年以上,凡符合《国家税务总局关于实施创业投资企业所得税优惠问题的通知》(国税发〔2009〕87号)规定条件的,可按其对中小高新技术企业投资额的70%,在股权持有满2年的当年抵扣该创业投资类企业的应纳税所得额;当年不足抵扣的,可结转至以后纳税年度抵扣。

7. 根据《财政部、国家税务总局关于将国家自主创新示范区有关税收试点政策推广到全国范围实施的通知》(财税〔2015〕116号)有关规定,有限合伙制创业投资企业采取股权投资方式投资于未上市的中小高新技术企业满2年的,其法人合伙人可按照对未上市中小高新技术企业投资额的70%抵扣该法人合伙人从该有限合伙制创业投资企业分得的应纳税所得额,当年不足抵扣的,可在以后纳税年度结转抵扣。

8. 股权投资类企业缴纳房产税、城镇土地使用税确有困难并符合国家规定减免条件的，按国家规定程序报批后，可给予减免。

9. 基金企业可享受国务院批准的山东新旧动能转换综合试验区各项税收优惠政策。

三、引导基金让利政策

10. 根据基金类型和投资方向、投资阶段，采取差异化政策，引导基金增值收益可部分或全部让渡给其他出资人或基金管理机构。经山东省新旧动能转换基金决策委员会（以下简称基金决策委员会）批准，基金投资于新旧动能转换重大项目库项目，或省内种子期、初创期的科技型、创新型项目的，引导基金可让渡全部增值收益；投资于基础设施和成熟期产业项目的，原则上实行同股同权，经基金决策委员会批准，也可将章程（协议或合同）约定的门槛收益率以上部分，适当让渡给其他出资人或基金管理机构。通过引导基金让利，鼓励基金加大山东省内投资比例，最多可让渡引导基金全部增值收益。

11. 在母基金存续期内，鼓励基金出资人或其他投资者购买引导基金所持基金的股权或份额。在母基金注册之日起2年内（含2年）购买的，以引导基金原始出资额转让；2年以上、3年以内（含3年）购买的，以引导基金原始出资额及从第2年起按照转让时中国人民银行公布的1年期贷款基准利率计算的利息之和转让。

四、财政扶持政策

12. 落户奖励。在山东省境内新设或者迁入且承诺5年内不迁离山东的基金，可根据基金规模、基金类型等，按不超过基金实缴规模（基金实缴金额扣除省级及以下政府引导基金份额）的一定比例给予落户奖励。落户奖励比例由基金注册所在县（市、区）确定，奖励资金由基金注册所在县（市、区）负担。

13. 绩效奖励。基金决策委员会办公室每年委托专业机构对基金管理情况进行绩效评价，对投资运作快、投资效益好的基金管理机构和团队，根据绩效评价结果给予奖励。

14. 贴息补助。经省委、省政府批准，金融机构投资于山东省境内重大战略性项目，省财政可按银行实际贷款利率的一定比例给予财政贴息。

15. 专项资金扶持。对基金投资的具体企业项目，在申报省级及以下各级专项资金时，同等情况下优先予以支持；申请国家专项资金支持时，同等情况下优先申报，省财政厅等相关部门积极予以协助。

五、资源开放政策

16. 优先向新旧动能转换基金推介优质项目资源，为基金投资创造良好条件。鼓励实体企业参与基金出资，支持"投、贷、建"联动，在同等条件下优先向其开放项目资源。

17. 对出资参与山东省新旧动能转换基金，同时参与山东重大项目和重要基础设施建设的国有企业、民营企业、外商投资企业、境外投资机构等，同等条件下向其优先开放市场准入和项目资源。

18. 充分发挥政府资金引导作用，对于积极参与山东省新旧动能转换重大工程表现突出的市场化私募基金，可给予增资增信支持。对山东省新旧动能转换基金投资的企业，优先纳入省级上市挂牌后备资源。

六、人才引进政策

19. 优先推荐基金管理机构的优秀高管人员参加山东省金融高端人才奖励遴选和齐鲁金融之星评选等选拔。成功入选的，按照《山东省人民政府办公厅关于印发〈山东省金融高端人才奖励办法〉〈齐鲁金融之星选拔管理办法〉的通知》（鲁政办字〔2017〕93号）等规定，给予资金奖励、纳入山东省高层次人才库等待遇。

20. 各地对享受人才政策的基金管理机构高管人员，可给予一次性住房补贴、安家费等补助。享受人才政策的基金管理机构高管人员及其配偶和未成年子女，可向基金注册地公安部门申请办理常住户口；其子女就读中小学、幼儿园的，可根据实际情况，由基金注册地教育行政部门协调优先安排入学。

七、附则

21. 本办法自2018年1月1日起施行，有效期至2022年12月31日。

12.4 河北省产业投资引导基金发展举措与建议

12.4.1 提高基金的差异化程度，充分发挥有效市场与有为政府的双重作用

基金的设立宜有清晰的政策目标，并且因地制宜，根据该目标设计相应的运行机制、投资领域、管理办法等。各地需紧紧围绕当地的禀赋优势、产业生态和金融环境，发展特色产业，避免出现脱离当地经济情况的盲目跟风投资。对于不具有商业属性的纯公益项目，要逐步从政府出资产业投资基金的投资范围中剥离，由公共财政资金予以支持。同时，基金的规模宜保持在一定限度内。当前，我国政府出资产业投资基金包含大量的区县级基金。部分区县由于经济欠发达，缺乏相应的项目支持，使得基金只有目标募资额的空架子，无法落实。各地可以根据当地的实际情况确定基金数量和规模，在一些不具备产业投资基金发展条件的欠发达地区，减少设立。

建立决策与执行相分离的管理机制。首先，政府出资产业投资基金的运行，需坚

持市场在资源配置中发挥决定性作用，尽量减少政府各部门发生越位、由"引导"变为"主导"的倾向，避免政府在微观层面干预基金运作。政府各部门宜统一进行宏观指导，避免同类型基金的重复设立，划出共同的投资红线和禁投范围，减少决策程序过于复杂给基金带来的效率损失，在明确基金的主要投资方向和绩效考核办法后，将具体投资活动交由专业基金管理公司来开展。其次，由于资本具有逐利性，基金管理公司倾向于将资金投向快速获得收益的项目。为了有效克服市场失灵，发挥基金的引导作用，政府各部门尽量协同配合，根据政策性目标为基金添加相应的条款，在某些关键议题上设置一票否决权。

在基金统筹管理方面，各级政府开始尝试结合当地产业基础及战略目标对政府引导基金进行统筹规划和顶层设计，积极整合存量基金，提升财政资金使用效率，同时审慎规划新设基金，根据实际需求补充存量基金的供给，合力支持政策目标的实现。福建、浙江、重庆、贵州等地也陆续开始政府引导基金整合的尝试与探索，通过统筹管理、归集分散资金、聚集投资重心等方式，加强政府资金政策效果，提升政府资金使用效益。如福建省由省财政厅牵头组建新设省级政府投资基金，按照"母基金 + 子基金"管理架构，优化整合省财政出资设立的政府投资基金，并且在投资领域方面明确重点支持创新创业企业、中小企业发展、产业转型升级和发展、基础设施和公共服务五个方面。

12.4.2 拓宽资金渠道，优化政府引导基金募资结构

第三方独立的财富管理机构以及央企国企，都是潜在资金渠道拓宽的来源。一方面，第三方独立的财富管理机构有较大的增长空间，另一方面，政府引导母基金的募资方向，也可以从符合政策导向的新兴产业入手，如建立高科技、环保等产业母基金；募资来源可以向相关领域央企和国企倾斜，优化募资结构。

12.4.3 完善基金的监管与激励机制，促进基金的专业化运行

政府出资产业投资基金是通过市场化的运作方式实现其政策目标，在合理的监管与激励机制下，该目标更易达成。在监管制度框架方面，财政部、国家发展改革委、证监会都发布了相关文件，分别为《政府投资基金暂行管理办法》《政府出资产业投资基金管理暂行办法》《私募投资基金监督管理暂行办法》。建议各部门加强统筹协调，以使各自出台的关于政府出资产业投资基金的管理细则统一起来。特别是在管理体制、监管和绩效考核方面，三部门可以联合出台一致的监管文件，成立联合工作组，减少出现重复监管、监管漏洞和矛盾冲突的问题。监管文件出台后，在一定时期内保持不变，有助于形成稳定的政策预期。

在绩效评价方面，当前需要解决政府出资产业投资基金中普遍存在的委托—代理问题，从机制设计上减少基金管理者可能出现的道德风险。首先，绩效考核要尽量量化反映基金管理者在基金投资运作过程中的贡献，例如可对基金设定最低的门槛收益率，清算时超出部分可全部让利给基金管理者；其次，基金的评价指标，如能兼顾基金的政策效益与商业效益，则既有助于完成政策目标，又有助于实现市场回报；再次，投资于早期新创企业与投资于成熟企业的绩效考核指标，可以呈现出差异性，在财务方面设置不同的要求，以鼓励更多的基金投向早期新创企业；最后，宜根据不同行业的发展情况，为基金设置相应的特色化考核指标，客观评价基金运行情况。

特别地，对政府出资产业投资基金的绩效考核，可尝试与国有资本有所区别。产业投资基金主要投向新兴产业和初创企业，失败率较高。宜加强对基金所投企业的数量考核，而不是要求每一个投资企业都能成功和盈利。如果对基金投资的成功率设置较高的目标，过度关注投资企业的财务指标，则会造成基金不敢投、不愿投的情况，损害基金投资效率。

12.4.4 健全自律机制，完善市场诚信体系建设

要促进风险投资基金的高质量发展，必须立足于基金的性质，立足于对投资者的保护，构建完善的自律机制，强化市场信用制度。遵守法律法规，遵守法律法规，是企业经营的根本。对法律的尊重，促进信义文化的建立；坚持责任投资和价值投资，持续提高自己的专业素质，实现初心服务投资者和高质量发展的任务。强化对员工的监管和管理，通过数据勾稽、内外信用信息的相互印证，构建高效的业务办理、风险监控和处理工作流程。以市场为基础，以市场为导向的信用约束机制，构建"三重博弈"的体制，把市场机制引入行业诚信体系，促进行业自律文化的构建，使其进入一个新的发展阶段。

本章参考文献：

[1] 李迟芳，马毅. 政府产业引导基金产业投资效应研究 [J]. 审计观察，2023，56（4）：86-91.

[2] 王文龙，马一平. 提升政府出资产业投资基金发展质量的对策研究 [J]. 新金融，2022，405（10）：47-53.

[3] 荆彦婷，杨英雄. 政府引导基金运营困境及其优化策略探析 [J]. 市场周刊，2020（4）：101-103.

[4] 谭佳庚. 我国政府引导基金的改革趋势——基于11省市政策文件修订的研究

[J]．黑龙江社会科学，2021，186（3）：47－53．

［5］王陇刚．地方政府出资产业投资基金的运营研究［J］．冶金财会，2020，39（2）：37－42．

［6］郑联盛，朱鹤，钟震．国外政府产业引导基金：特征、模式与启示［J］．地方财政研究，2017，149（3）：30－36．

［7］2021年政府引导基金数据盘点——基金优化整合在即［R］．清科研究中心报告．

［8］《政府出资产业投资基金管理暂行办法》，国家发展改革委官网，https：//www．ndrc．gov．cn/xxgk/zcfb/ghxwj/202006/t20200616_1231357．html．

［9］山东省人民政府办公厅关于印发《山东省新旧动能转换基金管理办法》《山东省新旧动能转换基金省级政府出资管理办法》和《山东省新旧动能转换基金激励办法》的通知［J］．山东省人民政府公报，2018（3）：30－47．

［10］李世尤．Y市政府产业引导基金运作问题研究［D］．南昌大学，2020．

第13章

科技担保基金

13.1　科技担保基金概念与特点

科技担保是什么？科技担保公司所谓的科技担保即在自愿、平等的基础上，担保机构承诺其以第三方的身份利用自身的信用或特定的资产为处于初创期或成长期科技型企业融资需求提供担保，科技担保且明确当被担保人（科技型企业）无力胜行合同或支付相关债务时由担保机构代被担保人先行履行责任。

科技担保的服务对象是科技型企业，科技担保尤其是处于初创期和成长期的科技企业；科技担保的目的是支撑科技创新；科技担保以书面担保为主，即担保机构与科技型企业通过签订担保合同方式为科技型企业提供担保。

科技担保与一般担保的根本区别在于科技担保的服务对象为科技型企业，与其他企业相比，科技型企业具有几个显著的特点，一是轻资产；二是高风险；三是高成长性；四是高收益；五是信息不对称程度严重。所以，科技担保的担保产品和担保机制一定要适应科技企业的特点。科技担保一定是适应科技型企业发展规律和科技创新特点的担保是与科技型企业"利益共享、风险共担"的担保。

13.2　科技担保基金的主要流程

科技型企业融资担保基金在对企业创新技术、成果进行审核过程中，应遵循实事求是的原则，认真核定国内真正具备成长潜力的企业优先给予担保。

首先，由地方政府指定一家具有资质、权威的担保机构对递交申请的企业进行初审，就企业的技术能力水平、财务状况、产品市场前景作出一个最基本的评估。一旦通过以后，进一步采用定量分析方法进行复审，把企业内部的情况设定为一个总的指标，下面再分设若干个子指标，每个子指标设定相应的评分标准和等级，然后由担保机构的评审委员会深入要求担保的企业进行实地考察就评审时企业递交的数据资料进行核实并打分，根据书面的评估与实地打分进行加权汇总，最后以评审报告的形式给出该企业的资信级别及相应可担保的规模。

其次，当评审阶段完成以后，就可以进入实质性的担保过程。评审委员会将评估报告发给担保机构，担保机构在保证风险可控的前提下坚持"能保则保"的原则，扩大担保基金的受益面，与企业签订担保协议，收到企业交纳的手续费，随即向商业银行开具信用保函，银行根据科技型企业递交的申请材料和担保机构的保函仔细审核，通过后就可以向企业发放贷款。

最后，款项到账后，担保机构应定期对资金运用情况进行监督管理，贷款到期后，科技型企业偿还贷款，担保协议解除，如果要求新的贷款，可以再次向担保机构和商业银行申请。

13.3　发展科技担保基金的典型措施借鉴

为进一步加强和规范自治区科技担保基金管理，更好地引导金融资本支持我区科技企业创新发展，持续缓解科技企业融资困难，根据《宁夏回族自治区促进科技成果转化条例》《自治区人民政府办公厅关于促进科技成果转移转化的实施意见》（宁政办规发〔2020〕15号）《自治区党委人民政府印发〈关于实施科技强区行动提升区域创新能力的若干意见〉的通知》（宁党发〔2022〕4号）等相关精神，自治区财政厅、科技厅制定了本办法。

宁夏科技担保基金管理办法[①]

第一章　总　　则

第一条　为充分发挥财政科技资金杠杆作用，引导金融资本支持科技企业创新发展，缓解科技企业融资困难，根据《关于促进科技成果转移转化的实施意见》（宁政办规发〔2020〕15号）有关要求，自治区设立宁夏科技担保基金，并制定本办法。

第二条　宁夏科技担保基金属于政策性担保基金，由自治区财政预算安排，首期规模1亿元，后期根据基金运行情况调整预算规模。

第三条　宁夏科技担保基金按照"政府引导、市场运作、鼓励创新、风险共担"的原则，与有关市县（区）、园区、担保机构联合设立科技担保子基金（以下简称"子基金"），用于引导担保机构为科技企业提供融资担保并对担保代偿给予风险补偿。

第四条　本办法所称科技企业是指自治区内注册的国家高新技术企业、自治区创新型示范企业、自治区农业高新技术企业、自治区科技小巨人企业、自治区科技型中小企业以及承担自治区重大科技成果转化项目的企业。

---

① 资料来源：https://kjt.nx.gov.cn/zcfg/tfwj/202207/t20220718_3612962.html。

第二章 职责分工

第五条 自治区财政厅、科学技术厅共同负责宁夏科技担保基金的制度建设和指导管理工作。

自治区财政厅主要职责：牵头制定完善科技担保基金管理制度；负责科技担保基金的预算安排、拨付和监管；会同自治区科学技术厅遴选确定合作担保机构（单位），开展科技担保基金绩效评价并做出资金调整决定，审定担保代偿补偿建议；根据自治区科学技术厅意见，核定受托单位管理费用。

自治区科学技术厅主要职责：会同自治区财政厅制定完善科技担保基金管理制度，遴选确定合作担保机构（单位），开展科技担保基金绩效评价并依据评价结果作出资金调整决定，审定担保代偿补偿建议，提出受托单位管理费用建议。

第六条 自治区科学技术厅委托专业机构（以下简称"受托单位"）负责科技担保基金的日常管理，管理经费从科技金融项目资金中列支。

受托单位职责：受理担保机构（单位）的合作申请；与合作担保机构（单位）签订合作协议；向合作担保机构提供科技企业名录；负责科技担保贷款备案；组织实施绩效评价；提交科技担保基金年度运行报告及资金对账信息；受理担保代偿补偿申请并提出补偿建议；完成自治区科技、财政管理部门委托的其他任务。

第七条 自治区财政厅委托宁夏财金投资有限公司（以下简称"财金公司"）作为科技担保基金债权人，主要职责为：按照自治区财政厅预算资金拨付文件和相关协议，向合作担保机构拨付科技担保基金及补偿资金，并做好资产登记；根据自治区财政、科技管理部门的资金调整决定，牵头开展科技担保基金资金调整工作。

第八条 合作担保机构负责子基金业务运行和专户管理，主要职责为：确定合作银行；开设子基金专户实行单独核算；独立审核、开展科技担保贷款业务；加强贷后跟踪管理；配合财金公司完成资金调整；根据合作银行业务开展情况，经自治区科技、财政管理部门同意，调整子基金在各合作银行的资金分配比例等。

第三章 运作方式

第九条 自治区科技、财政管理部门按照"自愿申报、公开答辩、择优筛选"的方式，确定合作担保机构（单位），共同出资设立子基金，其中科技担保基金对单支子基金出资比例最高不超过子基金规模的50%。

第十条 合作担保机构在科技金融战略合作机构范围内自主确定合作银行，在子基金规模基础上放大2倍（含）以上为科技企业提供科技担保贷款。原则上，单户企业科技担保贷款金额不超过 2 000 万元。企业申请续贷时，可按其上年度科技资质继续享受政策。

第十一条 合作担保机构应在其合作银行开设子基金专户，专款专用、单独核算。子基金除作为科技担保贷款保证金使用外，未经自治区科技、财政管理部门同意，不得转出专户。子基金中科技担保基金出资部分产生的担保费用收益让利于合作担保机构，利息收入滚入科技担保基金管理。

第十二条 合作担保机构应在科技担保贷款发放之日起 10 个工作日内向受托单位提供《委托担保合同》《保证合同》《借款合同》及借款凭证进行备案。未经备案的科技担保贷款，不纳入科技担保基金补偿范围。

第十三条 科技担保贷款发生代偿后，科技担保基金按照合作担保机构代偿本金的 10% 给予风险补偿。以企业知识产权设定反担保且抵质押占比不低于担保金额 30% 的科技担保贷款，或以自治区重大科技成果转化项目取得的科技担保贷款发生代偿的，科技担保基金补偿比例提高至 30%。

第十四条 合作担保机构每年 6 月集中向受托单位提出近 12 个月的代偿补偿申请，受托单位审核调查后，提出补偿建议报自治区科技、财政管理部门审定，补偿资金通过下一年度自治区财政科技资金预算统筹安排。每家合作担保机构年度补偿金额最高不超过其管理的子基金中科技担保基金出资额度的 40%。

第十五条 子基金年度放大倍数小于 2 倍的，自治区科技、财政管理部门将调减科技担保基金在该支子基金中的额度。合作担保机构一年内未开展科技担保贷款或连续两年子基金放大倍数小于 2 倍的，取消合作资格。取消合作资格的担保机构应妥善做好存量业务日常管理工作，存量业务解保前仍按照本办法执行。

子基金放大倍数＝当年担保金额/子基金规模，当年子基金规模在 6 月 30 日前发生变动的，放大倍数按照变动后的子基金规模计算，否则，按照变动前计算。

第四章 资金管理及监督

第十六条 科技担保基金纳入自治区政府投资基金资产监管范畴，其管理以安全性为主，闲置资金只能用于银行存款、购买短期国债等信用等级高的固定收益类金融产品。

第十七条 合作担保机构应加强对子基金专户的动态管理，定期与银行核对专户资金对账信息，每年 2 月 1 日前向受托单位报送上年度子基金运行情况报告及专户对账单，由受托单位汇总后报送财金公司。

第十八条 受托单位每年第一季度对合作担保机构履职情况及子基金运行情况实

施绩效评价，形成评价报告提交自治区科技、财政管理部门，作为调整科技担保基金的重要依据。合作单位根据子基金运行成效申请调整出资额度的，须经自治区科技、财政管理部门审核同意。

第十九条 合作担保机构在子基金管理、使用、补偿申请过程中存在弄虚作假、骗取或挪用财政资金等违规违法行为的，终止合作，追回财政资金，并依照相应法律法规处理。

第二十条 各有关单位及其工作人员应加强道德风险管理和廉洁建设，在基金管理工作中存在违反本办法规定的行为，以及其他滥用职权、玩忽职守、徇私舞弊等违纪违法行为的，按照有关规定追究相关责任；涉嫌违法犯罪的移送司法机关处理。

第五章 附 则

第二十一条 本办法由自治区财政厅、科学技术厅负责解释。本办法自2022年7月1日起施行，有效期至2027年6月30日，原《宁夏科技创新与高层次人才创新创业担保基金管理办法》同时废止。

湖北省科技融资担保体系建设实施方案[①]

为深化金融供给侧结构性改革，健全科技融资担保体系，以金融创新更好服务科技创新，强化金融支持科技型中小微企业的外部支撑，结合我省实际，制定本方案。

一、总体要求

（一）指导思想。以习近平新时代中国特色社会主义思想为指导，全面贯彻党的十九大和十九届历次全会精神，认真落实省委十一届历次全会部署，深入实施创新驱动发展战略，加快推进科技强省建设，坚持风险共担、分级负担、政银担联合发力，依托全省现有政府性融资担保体系，构建专注服务科技创新企业的科技融资担保体系，更好发挥融资担保增信作用，着力破解融资难题，为科技型中小微企业发展壮大营造良好金融生态。

（二）发展目标。聚焦全省高新技术企业和科技型中小微企业，建立科技融资担保专营机构，提升服务科技型企业能力，构建覆盖全省、上下联动的专业化科技融资担保体系。力争到2025年，全省科技融资担保业务规模达到200亿元以上，国家级高新区、省级高新区实现科技融资担保业务全覆盖。

---

① 资料来源：https://www.hubei.gov.cn/zfwj/ezbf/202205/t20220513_4127864.shtml。

二、重点任务

（一）组建省级科技融资担保专营机构。组建湖北省科技融资担保有限公司，注册资本金5亿元，由省再担保集团全额出资。机构性质为政府性融资担保机构，坚持政策性定位，不以盈利为目的，实行市场化运作。发挥湖北省科技融资担保有限公司行业龙头作用，通过科技融资担保业务引领、产品研发、培训指导和股权纽带等，加强与市县政府性融资担保机构合作。（责任单位：湖北宏泰集团、省再担保集团，省财政厅、省政府国资委、省地方金融监督管理局、省科技厅）

（二）设立市县科技融资担保业务机构。有条件的市（州）和国家级高新区可新设科技融资担保机构，专营科技融资担保业务。其他市县政府性融资担保机构可设立科技融资担保业务部。（责任单位：各市、州、县人民政府，省地方金融监督管理局、省科技厅）

（三）创新担保模式。引导融资担保机构降低服务门槛、优化工作流程、加强产品创新、提升工作效率，积极开展信用担保业务，鼓励开展股权质押和知识产权质押，不断提升信用担保占比。引导政府性融资担保机构聚焦服务科技型中小微企业等主体，科技融资担保业务单户限额一般不超过1 000万元，特殊情况下不超过2 000万元。科技融资担保专营机构新增科技型小微企业融资担保金额和户数占比不低于80%，新增单户500万元以下占比不低于50%。担保费率不超过1%。（责任单位：省地方金融监督管理局，各市、州、县人民政府）

（四）实施名单推荐制。各级科技部门定期收集有融资需求的科技型中小微企业名单，向银行机构、融资担保机构推荐；银行机构、融资担保机构向符合条件的科技型中小微企业提供融资、增信支持。（责任单位：省科技厅、省地方金融监督管理局，人行武汉分行、湖北银保监局，各市、州、县人民政府）

（五）提供全生命周期服务。推动融资担保机构与创业投资机构、银行实现"投贷担"业务联动；探索与企业征信机构和信用评级机构、保险公司、资产管理公司等加强合作，为科技型中小微企业提供全生命周期服务。（责任单位：省地方金融监督管理局，人行武汉分行、湖北银保监局，各市、州、县人民政府）

（六）推动金融科技赋能。在"鄂融通"平台增设"科技金融"板块，整合科技信贷、科技融资担保等产品，拓宽科技金融服务渠道。进一步丰富"鄂融通"数据维度，拓展科技型企业数据库。引导科技融资担保机构创造条件接入"鄂融通"平台。加强大数据应用，提升智能化风控水平。（责任单位：省地方金融监督管理局，各市、州、县人民政府）

（七）落实分险责任。对新型政银担合作的科技融资担保业务由省再担保集团、担保机构、合作银行和市县政府按4∶2∶2∶2比例分担风险责任。市县政府按比例分担风险责任所需资金从各地现有新型政银担合作代偿补偿专户列支，可不再另设科技融资担保代偿补偿专户。（责任单位：省财政厅、省地方金融监督管理局，人行武汉分行，湖北银保监局，各市、州、县人民政府）

三、工作机制

（一）建立完善"四补"机制。各地建立和落实资本金补充、风险补偿、保费补助和业务奖补工作机制，可根据业务开展情况，适当提高科技融资担保业务代偿补偿率。按照"谁受益、谁补助"的原则，对湖北省科技融资担保有限公司担保费率不超过1%的业务，由业务所在地市县政府给予保费补助，补助后的费率不超过3%。省再担保集团可对再担保费给予减免。（责任单位：省财政厅、省地方金融监督管理局、省政府国资委，各市、州、县人民政府，湖北宏泰集团、省再担保集团）

（二）落实尽职免责机制。对政府性融资担保机构开展科技融资担保业务出现损失的，按现有政府性融资担保机构开展小微企业、"三农"业务尽职免责政策执行落实。（责任单位：省财政厅、省地方金融监督管理局，各市、州、县人民政府）

（三）优化绩效评价机制。对融资担保机构开展的科技融资担保业务实行单独统计、单独考核，重点考核新增担保业务、信用担保业务、放大倍数、担保费率、应偿尽偿情况、风险防控等指标，弱化盈利考核指标。鼓励银行机构加强科技信贷考核，引导银行机构加大对科技型中小微企业信贷支持力度。（责任单位：省财政厅、省地方金融监督管理局、省科技厅，人行武汉分行，湖北银保监局，各市、州、县人民政府）

四、组织保障

（一）加强组织领导。全省融资担保业务监管联席会议负责全省科技融资担保体系建设工作的统筹协调和工作指导，定期召开会议，及时研究解决问题，确保工作取得实效。根据工作需要，联席会议增加省科技厅作为成员单位。各成员单位要统一思想认识，明确目标任务，细化职责分工，落实工作举措。

（二）落实属地责任。各市、州、县政府要认真履行属地责任，明确推进科技融资担保体系建设的分管领导、牵头部门和责任主体，细化工作方案，强化政策保障，扎实推进各项任务落地见效。坚持底线思维、问题导向，统筹融资担保支持科技创新和防范金融风险，压实风险防控主体责任。

（三）加强督办督导。省地方金融监督管理局、省财政厅会同省科技厅定期通报各地科技融资担保业务开展情况，并将其纳入全省金融信用县市创建评估内容。

13.4 河北省推动科技担保基金发展的建议

河北省位于我国环渤海地区,需要顺应供给侧改革的要求努力推动产业结构优化升级,而在这其中需要加大科技金融的支持力度、优化金融资源配置,切实缓解创新主体的融资约束,进而为产业转型升级提供技术支撑,从而实现经济高质量发展。

13.4.1 加强顶层设计,优化科技金融政策环境

河北省为促进科技与金融的深度融合出台了多项政策和举措政策的落地生根需要金融、保险、中国人民银行、财政、科技等职能部门的沟通、协调与合作。部门之间的协同效应不强使资源未能充分整合利用,市、(县)区配套政策的空白使效力大打折扣。因此,要加强顶层设计,出台一个多部联合促进科技金融与产业融合发展的政策,同时需要市、县(区)政府制定配套政策。科技金融的融合发展属于系统性工程,要加强多个职能部门间的协同合作和上下联动,建立科技金融工作联席会议制度,提高政策的有效性和针对性。

13.4.2 不断创新科技金融支持方式,优化科技金融投融资体系

建立财政科技资金的稳定持续投入机制,加强对市、县(区)财政科技投入资金的统筹协调。加大支持科技企业的融资力度,实现全区所有市县(区)全覆盖不断扩大科贷资金池规模。创新金融产品,支持金融机构开展针对科技企业的应收账款、卡单、预期收益等质押融资,贷款发生损失时给予一定补偿。加大对科技企业股权融资支持力度,按照政府引导、市场运作、风险共担的原则,鼓励社会资本投资组建种子、天使、创新创业等各类基金,通过强化资本市场并购重组渠道作用,鼓励上市公司盘活存量、提质增效、转型发展,带动产业链上中下游、全产业链企业融通创新,打造具有更强创新力、更高附加值的产业链。改变现有科技担保方式,建立"投贷担"为一体的融资担保模式,通过银行、担保机构和风险投资机构等多方合作,为细分行业处于领先地位的科技企业提供中长期贷款和股权融资服务。深入推进科技保险的发展,创新和开发科技企业需要的科技保险产品,分散企业科技创新的市场风险,促进科技产业健康发展。建立知识价值信用评价指标体系,让知识产权在金融领域实现"信用化"和"数字化",解决知识产权估值问题,使科技企业仅凭借专利就可以获得真金白银。建立市县科技型中小企业上市后备库,依托河北股权托管中心指导企业制定上市路线图,推动符合条件的科技型中小企业在主板(含中小板)、创业板、"新三板"、河北区域股权交易市场、银川"科创板"等境内多层次资本市场上市挂牌融资。

13.4.3 加速科技成果转移转化，支撑产业结构转型升级

建立以企业为主体、市场为导向、产学研深度融合的技术创新体系，同时强化企业自身的科技成果吸收能力，加强研发成果在企业间的流动，通过利益分享、风险分担，有效避免科技成果的闲置和浪费，充分助力科技成果落地实体产业。支持高校、科研院所通过研发合作、技术转让等方式实现科技成果的市场价值，同时鼓励科技企业、高校、科研院所、园区建立成果转移转化中试基地，加快新技术、新产品推广应用，从而实现产业转型升级和经济提质增效提高科技成果产业化水平。

13.4.4 完善科技金融综合服务体系，助力金融资源与科技企业的对接

探索组建集投资、担保、贷款等多种服务功能的市场化科技金融集团公司，采取"线上与线下"相结合模式，为科技型企业提供"一站式"科技金融服务。建立专门的金融服务专家库，加强科技企业信用体系建设，实现政府、金融机构和科技企业信用信息的归集和共享，着力解决信息不对称问题，促进金融资源与科技企业有效对接。组建科技金融中介或专营机构，鼓励银行业金融机构设立科技金融专营机构、社会机构组建服务科技企业的科技金融中介机构，为科技企业提供创业风险投资、银行信贷产品保险、贷款担保、金融产品推介、企业上市等"全周期"咨询、融资服务。支持鼓励市县（区）、科技园区组建"科技金融服务中心"，采取政府加市场的模式共同推云科技金融工作向纵深发展。

13.4.5 加强科技金融人才建设，壮大科技金融人才队伍

努力培养一支既懂科技又懂金融的复合型科技金融人才队伍。完善人才使用机制，采取公开招考、聘用等方式，吸收一批科技金融专业人才。加大科技金融专业人才培训力度，举办科技金融论坛，组织全区科技系统从事科技金融工作人员和合作金融机构相关人员到科技金融工作开展比较好的兄弟省区考察学习，提高业务能力。

本章参考文献：

[1] 杨柳勇，李咏，金增都. 关于构建浙江省政策性科技担保服务体系的思考与建议[J]. 浙江金融，2022（1）：52-58.

[2] 王轶慧，马俊理，刘建新，赵功强，王冰. 科技金融助推宁夏产业转型和高质量发展[J]. 科技中国，2021（1）：80-86.

[3] 何勇军，刘群芳. 政策性科技担保平台发展对策研究[J]. 科技与金融，

2020（11）：47-51.

［4］自治区财政厅科技厅关于印发《宁夏科技创新与高层次人才创新创业担保基金管理办法》的通知［J］.宁夏回族自治区人民政府公报，2018（17）：45-47.

［5］王涛.构建科技型企业融资担保基金体系［J］.唯实，2016（7）：54-56.

第14章

科创板企业上市

2018年11月5日,国家主席习近平出席首届中国国际进口博览会开幕式并发表主旨演讲,正式宣布在上海证券交易所设立科创板。科创板的设立,标志着我国资本市场基础制度改革创新"试验田"的开垦,资本市场实行增量改革。科创板作为资本市场的"试验田",它能够有效地促进资金的流向,为那些符合国家战略、获得市场认可的、符合国家重大战略要求的科技创新企业注入新动能,促进产业升级,因此,科创板已成为国内科技创新企业上市的首选之地。

14.1 科创板的概念与特点

科创板(The Scienceand Technology Innovation Board;STAR Market),是由国家主席习近平于2018年11月5日在首届中国国际进口博览会开幕式上宣布设立,是独立于现有主板市场的新设板块,并在该板块内进行注册制试点。

在上交所新设科创板,坚持面向世界科技前沿、面向经济主战场、面向国家重大需求,主要服务于符合国家战略、突破关键核心技术、市场认可度高的科技创新企业。对高科技和战略新兴产业,如新一代信息技术,高端装备,新材料,新能源,节能环保,生物制药等加大战略支持力度,推动互联网、大数据、云计算、人工智能等技术与制造业的深度结合,引导中高端消费,推动质量、效率和动力的变革

设立科创板并试点注册制是提升服务科技创新企业能力、增强市场包容性、强化市场功能的一项资本市场重大改革举措。通过发行、交易、退市、投资者适当性、证券公司资本约束等新制度以及引入中长期资金等配套措施,增量试点、循序渐进,新增资金与试点进展同步匹配,力争在科创板实现投融资平衡、一二级市场平衡、公司的新老股东利益平衡,并促进现有市场形成良好预期。

14.2 科创板企业上市的流程

科创板的上市流程大体上可以分为两个阶段,首先,由需要在上海证券交易所科创板上市的企业向上海证券交易所报送上市申请文件;随后由上海证券交易所对企业提供资料进行审核与公开披露,确认无问题后,由证监会作出是否同意上市的决定。

具体流程如下(见图14-1):

(1)发行人委托保荐人通过上交所发行上市审核业务系统报送发行上市申请文件。

(2)上交所收到发行上市申请文件后5个工作日内,对文件进行核对,作出是否受理

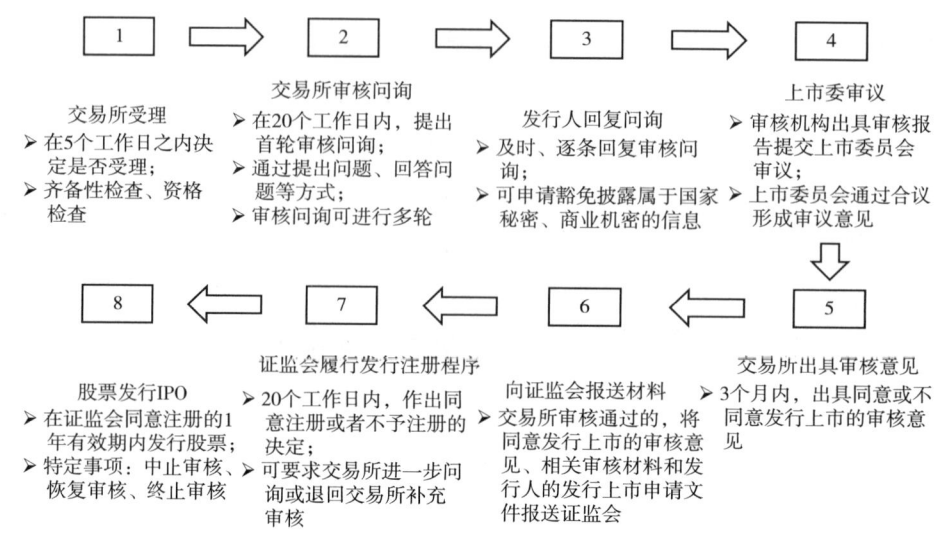

图 14-1 科创板发行上市步骤

的决定,并在网站公示(发行人补正时限最长不超过 30 个工作日)。

(3)上交所受理发行上市申请文件当日,发行人在上交所网站预先披露招股说明书(不能含有股票发行价格信息)等文件(上交所受理发行上市申请文件后 10 个工作日内,保荐人应以电子文档形式报送保荐工作底稿和验证版招股说明书)。

(4)交易所按照规定的条件和程序,3 个月内作出同意或者不同意发行人股票公开发行并上市的审核意见(回复上交所审核问询的时间总计不超过 3 个月)。

(5)证监会履行发行注册程序,20 个工作日内对发行人的注册申请作出同意注册或者不予注册的决定。(主要关注交易所发行上市审核内容有无遗漏,审核程序是否符合规定,以及发行人在发行条件和信息披露要求的重大方面是否符合相关规定。可以要求交易所进一步问询。)

(6)上交所 5 个工作日决定是否受理(补正不超过 30 个工作日)。

(7)上交所作出是否同意发行上市的审核意见(6 个月:其中上交所 3 个月内作出是否同意发行上市的审核意见,发行人等回复问询的时间不超过 3 个月)。

(8)证监会 20 个工作日作出是否同意注册的决定。

14.3 科创板企业上市的典型措施借鉴

作为今年资本市场的"头号工作",上交所设立科创板并试点注册制一事,受到业界广泛关注,众多业内人士对此充满期待。值得注意的是,科创板的设立,将会对生物制药企业，特别是研发创新企业产生巨大的冲击。我们知道，在新药研究和开发的过程中，有大量的资金需求，但是没有可供市场使用的产品，大多数此类企业处于非盈利状态。2018年，由于港交所推出未盈利、无营收生物企业亦可上市的政策，引发生物公司赴港上市潮。围绕科创板与注册制，证监会和上交所都在紧锣密鼓地推动和制定相应规则出台，与此同时地方政府也给出了一大波激励政策来支持企业为科创板上市做准备。根据不完全统计，目前已经有13个省市出台了关于科创板的激励措施。其中有5个省市已经明确给出资助金额，目前最高的是云南省，给予每个科创板上市企业1 600万元奖励，最低的省份也有200万元。

具体如下：

(1) 安徽省对科创板民营企业上市奖励200万元

2018年11月26日，安徽省召开了一次促进民营经济发展的座谈会，提出了30条支持民营经济发展的措施，其中包括增加10亿元用于支持中小企业发展的专项资金、减税降费、解决融资难、融资贵等30条措施。

其中，在解决企业融资难、融资贵等方面的措施中，提到"对在科创板等境内外证券交易所首发上市民营企业，省级财政分阶段给予奖励200万元，"这也标志着安徽省将是首个对科创板开板企业进行奖励的省份，可谓是真正做到"兵马前卒，粮草先行"。

(2) 江苏省南京市对科创板上市企业奖励300万元

2019年1月2日，南京市发布了2019年市委一号文件《关于深化创新名城建设提升创新首位度的若干政策措施》。文件指出，南京将发挥上海科创板优势，培育一批具有高成长潜力的"瞪羚"企业，并对每一家在科创板上市的企业给予一次性奖励300万元。所谓瞪羚企业是银行对成长性好、具有跳跃式发展态势的高新技术企业的一种通称。同时，南京将打造"科创企业森林"，并且实施三年企业倍增计划，更大力度培育创新型领军企业。

(3) 河南省郑州市对科创板上市企业奖励500万元

2018年12月25日，郑州市召开全市促进民营经济健康发展大会，郑州市委、市政府出台了《关于促进民营经济健康发展的若干意见》，其中，对于在沪深交易所主板（中小板）、科创板、创业板上市以及在境外交易所上市的企业，给予500万元奖补。

(4) 山东省济南市对科创板上市企业奖励600万元

2018年12月21日，山东省济南市发布了《济南市支持实体经济高质量发展政策清单》，其中包括了十条支持企业上市和直接融资的政策。其中最主要的是，重点支持在科创板上市的企业，给予600万元的一次性补贴。

（5）云南省对科创板上市企业奖励1600万元

2019年1月15日，云南省人民政府办公厅印发《云南省推进企业上市倍增三年行动方案（2019—2021年）》，其中值得注意的是，为了激励更多的企业上市，省财政进一步加大财政方面对企业上市的奖励力度。对于在上海证券交易所和深圳证券交易所主板、中小板、创业板上市的企业，省财政给予1600万元奖励。

对于在上海证券交易所科创板上市的企业，参照主板、中小板、创业板上市企业给予奖励，也就意味着科创板上市企业也将获得1600万元奖励。

（6）河南省征集科创板上市企业

2018年12月4日，河南省科技厅要求做好科创板上市后备企业摸排工作，组织辖区内企业填报《上交所科创板后备企业信息收集表》。重点推荐掌握核心技术、市场认可度高，属于高端装备制造、新一代新信息技术、新材料、生物医药、新能源、节能环保等产业领域，且达到相当规模的科技创新企业。

（7）湖北省将确定1—2家企业首批在科创板发行上市

2018年12月27日，从湖北省科创板后备企业上市推进工作专题会议传来消息，2019年，湖北省将确保1—2家企业首批在科创板发行上市，全年新增3—5家科创板上市企业。

湖北证监局相关负责人表示，在当前科创板具体方案尚未出台的情况下，将以不变应万变，建立科创板后备企业数据库和科创板上市"白名单"机制，为优质企业提供有针对性的上市快捷通道。确保湖北省1—2家企业首批上市，拔得头筹。

（8）广东省广州市企业登陆上交所科创板将给予财税政策重点支持

2018年12月12日，广州市科技创新委员会在会上发布了《加快推进创新企业在上海证券交易所科创板和香港交易所上市行动方案》（征求意见稿），文件提出，力争2020年，广州全市科技创新企业在上海证券交易所科创板上市数量位居全国前列。

对在科创板和香港交易所的科技创新企业，在申报科技计划项目、科技创新平台建设和申请享受各项普惠性财税支持政策时给予重点支持。

（9）上海市徐汇区借力科创板试点注册制支持人工智能

2018年12月6日，上海市徐汇区印发《关于建设人工智能发展新高地打造徐汇高质量发展新引擎的实施办法》，办法指出，要借助科创板并试点注册制的契机，支持人工智能及相关企业在多层次资本市场上市、挂牌。建立人工智能拟上市企业资源库。对上市的人工智能企业给予相应政策支持。

(10) 北京市加强上市资金补贴支持

2018年5月，北京市发布《关于进一步支持企业上市发展的意见》，意见指出，要加强上市资金补贴支持。市级财政给予每家拟上市企业总额不超过300万元的资金补贴，区级财政资金补贴不低于市级标准。对在境内主板、中小板、创业板首发上市的企业分阶段给予补贴。其中，北京市海淀区共筛选了31家有意愿、具备上市条件或已在证监会排队的驻区企业，形成了科创板推荐企业名单。

(11) 河北省征集科创板上市企业

2018年11月30日，石家庄高新区科技局官方微信发布了《关于征集企业赴上交所科创板上市的通知》，提到拟上市科创板两大要求：一是产业方面，面向有较强科技创新能力和高成长型企业，要求研发投入较高，营业收入中高新技术产值占比较高；二是成长性方面，强调渡过初创期且最近两年营业收入连续增长一定比例的且具有一定规模的科技公司。

(12) 福建省拟建立"科创板后备企业库"

2018年11月27日，福建省科技厅发布《关于在省级创新型企业中征集拟报送"科创板"后备企业名单的函》。根据通知显示，福建省地方金融监督管理部门将设立"科创板后备企业库"，对过去2年营收均超过1亿元的高科技企业进行重点培育。

(13) 四川省成都市将全面推动科创板上市

2019年2月22日，成都市举办了"交子之星·成都市推进科创板上市启动会"。成都目前已有120家企业进入科创板上市辅导数据库，全面覆盖信息技术、高端装备、新能源、新材料、节能环保以及生物医药六大科创板支持产业。相关准备工作已开始开展，待科创板实施意见正式出台后，成都将严格按照科创板上市要求和标准，筛选30—50家重点企业入库，2019年的目标是选择5—10家企业作为重点突破。

目前河北省已经出台了相关政策，如《河北省企业上市行动方案》《关于扶持企业上市的6条政策措施》等文件，河北省发布《企业上市行动方案》：今年力争新增过会上市企业数量增长25%以上，此方案重点任务主要包含六个方面：实施梯次储备"金种子"工程，实施专精特新"孵化成长"工程，实施融资对接"精准滴灌"工程，实施配套服务"优化提升"工程，实施辅导规范"加速助跑"工程，实施企业上市"提质扩面"工程。从落实多方协同机制、优化上市政策措施、建立通报奖惩制度三个方面进行保障。

14.4 科创板企业上市可能存在的风险

14.4.1 科创板层面可能存在的风险

（1）制度设计不够完善可能存在风险

科创板主要实行注册制，与其他板块的核准制相比，注册制对科创板股票的发行、交易、退市都有着非常高的要求。而科创板市场由于保荐制度、IPO 定价制度、交易制度、退市制度等方面的因素，可能会存在形形色色的风险。比如，保荐制度简化了上市流程；IPO 定价制度中，为了自身利益，很多询价对象会存在联合压低报价行为；交易制度中实行的 T+1 制度、涨跌停幅度的限制以及单边做多交易等都具有其局限性；退市制度中存在部分核心指标出现人为调节等问题。

（2）科创板市场存在流动性风险

在科创板设立之际，流动性不足问题并没有表现出来，随着上市企业的不断增加，交易不活跃、流动性差等问题出现在部分股票中。科创板设立对投资者的资格有着严格的要求，中小投资者要想投资科创板需要购买基金。但是从实际情况来看，满足条件的投资者数量并不多。如果经常遭遇日涨跌幅较大的情况，那么将会影响中小投资者的积极性，出现大量赎回，降低持仓股票的流动性。如果没有完善的配套制度，科创板极有可能陷入流动性不足的困境。

14.4.2 上市公司可能面临的风险

（1）经营管理风险

选择科创板上市的企业大都属于科技型与创新型企业，发展潜力比较大，甚至在一两年之内可能成长为行业巨头，但是也存在很多的不确定性，经营管理过程中风险因素非常多。科创企业如果在市场中没有经受住考验或者被同行模仿，那么将可能在市场竞争中被淘汰，难以存活。与此同时，科创企业开展的投资大多回收期比较长，未来能否收益存在很大的不确定性，高度依赖人才与知识产权，创始者大多是科技人员，在经营管理方面可能存在能力不足。

（2）道德风险

当双方信息不对称时，很容易出现借助自身效用来作出不利于他人的行为，如企业管理层套现、圈钱行为。处于委托代理关系中，管理人员会为了寻求个人利益最大化而罔顾企业利益，甚至损害企业利益。一旦科创板上市企业的股票全部流通，管理人员持有股份比较大，那么管理中可能会为了套现而作出不顾股价波动的行为，影响投资者利益。对企业来说,上市最终是为了募集资金,寻求更好的发展,但是部分企业利用科创板上市门槛低的特点,过度包装自己,隐瞒信息,获得资金支持。

14.4.3 监管层面可能存在的风险

(1) 证监会的监管风险

证券会的职责主要包括对证券的发行、上市、交易、托管以及结算等环节进行监管,并联合相关部门对会计师事务所、律师事务所等中介机构开展的业务活动进行监管,依法处理证券期货存在的违法违规行为。科创板的注册制推行后,证监会不再对证券进行实质性审核,主要落脚点在事中、事后的监管,管理更加专注。但相应地对各方面素质要求更高,难以短期实现,存在很大的市场风险,证监会难以单方面进行全面监督。

(2) 证券交易所的监管风险

根据《中华人民共和国证券法》的相关规定,证券交易所需要根据证监会的要求实时监控证券交易活动,及时上报异常交易,这意味着交易所具有监控权但是没有决定权,存在权力的缺位,发现异常时也很难及时处理,大大增加了股票市场风险系数。在具体监管过程中,交易所的法律地位不高,自治空间狭小,带有浓厚的行政色彩,缺乏自律监管,无法有效发挥监管职能。

(3) 保荐机构的监管风险

注册制赋予了保荐机构企业上市的重任,对保荐人的专业水平与职业道德有着非常高的要求,因而保荐人应当积极履行自身义务,监督企业及时披露信息。当保荐人个人利益与承担的社会责任发生冲突时,很多保荐人可能会优先考虑个人利益,这就造成保荐机构法人难以有效监管保荐人。过去主板市场就发生过保荐人与上市企业串通的现象,极大损害了投资者的利益。虽然目前正在不断探索更严格的约束保荐人的机制,但是要想杜绝这类现象发生,难度较大。

14.5 河北省推动科创板企业上市的建议

14.5.1 完善相关的法律法规

目前,我国民事相关制度在一定程度上缺乏法律的支持,在维护投资者利益方面显得势单力薄,民事制度的顺利完善与执行对于科创板上市企业的正常利益维护就显得尤为重要。关于民事相关制度的完善大致可以从以下几点展开。首先,有关部门可以在现有民事制度中结合社会实际问题以及公众的呼声适当加入有关民事制度强制执行方面的内容。其次，针对原有民事制度中规定不够详细、经常出错的地方，将相关规定和处罚措施阐述得更加具体、全面。再次，部分人员有能力依照民事制度生效文书履行自身责任，但却因为不正当原因而拒不执行，有关部门可以在完善后的民事制度中加入刑事制裁的相关规定。最后，新的民事制度修订之后，面对拒不执法、以暴力拒绝承担民事责任、无理取闹等现象，执法机关就可以依照相关民事法规对违法人员予以民事追究。对于情节严重、拒不配合执法机关执法的人员予以刑事制裁。

上市公司相关财务信息的合法与否对其所在地区乃至整个国家的经济能否稳定发展起着决定性作用。因此，中国证监会等相关审核部门应该通过推动完善相关经济法来加强上市公司信息的审计强度，进而督促上市公司对自身财务信息的披露做到公开、公平、公正。此外，国家有关部门也应该致力于经济法等法律的制定与完善。

14.5.2 建立备选企业库

一般而言，在推进科创板的过程中，当地政府首先要做的事情，便是对本地潜在的上市公司进行梳理，并制定出优先培育的清单。目前，全国各地都在积极培育新的科创板候选企业，湖北省，广东省，浙江省，河南省都已经公布备选企业名单。相关部门对备选企业审批等事项开辟"绿色通道"，企业上市前涉及土地、房产、税务、国资、工商、环保和项目立项的各项审批和证明，以及上市前后的政府奖励、税收优惠、土地支持等政策，相关部门将优先受理、限期答复。

14.5.3 宣讲培训

自科创板市场建设的序幕拉开，湖北省、湖南省、陕西省、江苏省、上海市、深圳市、海南省等地纷纷举办了密集的科创板上市培训宣讲会。这些宣讲会的参与者不仅涵盖了拟上市企业的核心领导层，如董事长和董事会秘书，还广泛邀请了券商、会计师事务所、律师事务所、证监局以及企业上市工作领导小组成员单位等各方专业人士。培训的内容涵盖了科创板发行上市的规则体系，详细解析了科创板上市过程中可能遇到的主要财务问题及其相应的解决策略。此外，还深入探讨了科创板上市前的税务筹划要点，帮助企业在上市过程中实现税务合规和成本控制。同时，科创板审计的相关知识和技巧也是培训的重要内容，旨在提升企业在财务信息披露方面的准确性和规范性。培训内容中还着重强调了科创板上市企业如何防范知识产权风险。

14.5.4 其他服务举措

此外，为进一步促进科创企业在科创板上市，各地还推出了一系列的配套服务措施。比如，上海浦东成立了"产业创新中心"，成立了 50 亿元的浦东科创母基金，并借助浦东科创集团，在整个产业链上进行产业投资、科技融资等方面进行了全方位的扶持。北京配套科创板基金，母基金规模达 300 亿元。2019 年 7 月 30 日，上海发布《关于促进创业投资持续健康高质量发展的若干意见》，提出加强创业投资与科创板等市场板块的联动，建立联通科技创新项目、各类基金以及科创板等市场板块的"纽带"。在服务平台上，上海率先设立了中国第一个科创企业总部服务园，并举办了长三角科创板筹备训练营、上海科创板企业总部服务园区专场推介等系列活动。

本章参考文献：

[1] 张晓苹. 科创板上市企业运营风险与防范应对 [J]. 投资与创业，2021，32 (13)：26-28.

[2] 范栌丹，喻鹏霖，杨牧原，赵思凡. 科创板企业上市的机遇与挑战 [J]. 商业文化，2021（19）：76-77.

[3] 魏喜武. 优化科创板支持政策助力科创企业创新发展 [J]. 科技中国，2021 (9)：32-36.

[4] 申万宏源课题组，周冰，尤左伟，邓浩，袁金华，阚泽超，独旭. 科创板运行中相关风险点与防范研究 [J]. 证券市场导报，2020（1）：2-10+20.

[5] 熊振东. 科创板促进风险投资市场繁荣问题研究 [J]. 中国中小企业，2019 (7)：155-156.

[6] 各地鼓励企业上市科创板政策一览 [J]. 宁波经济（财经视点），2019（5）：31-33.

第15章

知识产权运营基金

知识产权基金是将股权投资基金与知识产权相结合，通过建立知识产权领域的投资基金作为直接投资工具，以支持战略性、地域性、重要产业相关知识产权运营的手段之一。传统的知识产权融资模式主要是以债务融资为主要形式，其中包括知识产权质押。除了极少数具有高价值和相对成熟的知识产权，中国大部分的知识产权都面临估值难题，而且很难通过抵押来进行间接融资，这极大地制约了中小科技企业和个体的融资渠道。目前，各地政府出台贷款贴息、融资担保等多项政策帮助，但仍存在质押贷款金额较小，不能满足知识产权技术研发过程中庞大的资金需求。知识产权基金作为中国本土一种新兴融资方式，近些年在各地区不断实践中得到了较大的发展。

15.1 知识产权运营基金的概念与内涵

15.1.1 知识产权运营基金的概念

知识产权基金是为知识产权创造、保护与运用而设立的一类基金，是通过金融手段促进知识产权市场化，从而推动技术要素市场的发展。其有狭义和广义的理解。狭义的知识产权基金仅指具有单独法律主体地位的基金，其通过明确的权责和专门专业的实体管理，有效地投资于知识产权创新企业或帮助企业进行有效的知识产权运营和保护，促进知识产权管理服务。

广义的知识产权是指所有涉及与知识产权运作要素（知识产权客体、主体、环境）相关的资金项目或金融组织。客体方面，即知识产权基金的投资对象为专利、商标、著作权、集成电路布图设计等；主体方面，指投资于知识产权相关企业，即知识产权研发、拥有知识产权或获得知识产权许可的企业；环境方面，指知识产权基金介入知识产权运营的法律、市场、行业、金融、人力等环境，也涉及知识产权创造、取得、管理、维权各环节。

15.1.2 知识产权运营基金的类型

按照运营主体的不同，知识产权基金可划分为市场型和政策型。市场型由市场化的投资机构和企业运营，如高智发明（Intellectual Ventures）。政策型一般指主权专利基金（Sovereign Patent Funds）。2000年左右，韩国、法国等国为了应对美国在全球范围内的专利诉讼，陆续设立投资基金，用于战略性地收购、管理和货币化知识产权资产，帮助本国企业应对诉讼并维护产业安全。此类基金通常由政府部分出资并制定政策予以引导，市场化机构参与出资和管理。

按照运营策略和盈利模式的不同,知识产权基金可分为诉讼型和技术孵化型两种类型。诉讼型基金通过收购专利所有权或专利实施许可积累大量专利,并向潜在的侵权者索取特许权使用费或诉讼赔偿金实现盈利。技术孵化型基金又称作专利投资基金(Patent-based Investment Funds,PBIFs),以获取专利或可申请专利的发明为导向,通过将专利和发明商业化为投资者创造回报。

15.1.3 中国知识产权基金设立背景

中国经济与科技水平的快速发展推动知识产权数量快速提升,各界对知识权运营的需求日益增加,同时亦为多形式的知识产权运营模式奠定基础。以专利权为例,中国专利申请活动在全球范围内影响力逐步扩大。中国专利申请数量从2012年的562 667项,占比全球28.2%,增加至2016年的1 265 436项,占比全球46.2%,年复合增长率为22.6%,远高于全球平均水平的8.3%。

中国拥有庞大的专利及其他形式的知识产权数量,而如何保护和利用这些知识产权服务社会,以及如何保持新增知识产权数量的高增长态势已成为目前关注的焦点。中国在知识产权保护、产业化等运营服务方面较西方发达国家仍存在较大差距。美国、日本、韩国和德国等知识产权运营服务较为发达的国家已率先建立起较为完善的制度体系和市场化运营手段,如各国的主权专利基金等。借鉴各国的发展经验与结合各国国情,中国正探索具有本国特色的知识产权基金发展道路。

15.2 知识产权运营基金的流程

(一)公开征集。受托管理机构根据知识产权引导基金年度工作计划,向全社会公开发布年度知识产权引导基金申报指南。拟与知识产权引导基金合作的机构,根据指南要求进行申报;

(二)尽职调查。受托管理机构对经初步筛选的申请人资料和方案进行尽职调查,提出拟合作基金的尽职调查报告,并提出投资建议;

(三)投资决策。受托管理机构组建投资决策委员会,对拟投资方案进行审议,提出决策意见和建议;

(四)审核核准。知识产权引导基金办公室对拟投资方案进行审核,报创投引导基金理事会核准;

(五)对外公示。在市科技局和市市场监管局网站,对核准的拟投资项目情况进行公示,公示期不少于10天(见图15-1)。

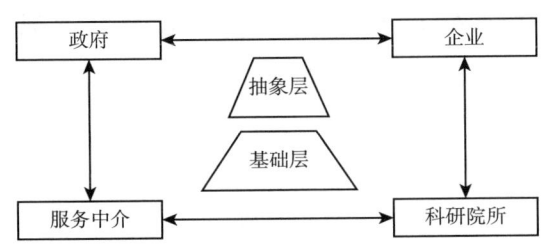

图 15-1　知识产权运营模式示意图

15.3　知识产权运营基金的典型措施借鉴

随着国内知识产权领域的蓬勃进步，如今我国企业在执行知识产权战略以及加强保护意识方面都展现出了显著的成长态势。在这样的背景下，众多专注于知识产权创业活动的投资基金或机构应运而生，为创新型企业提供了强有力的支持。值得一提的是，2015年12月31日，由中央与地方政府共同注资成立的北京市重大产业知识产权经营基金正式亮相。该基金的主要投资方向聚焦于互联网、生物制药等行业的核心及高价值专利组合，特别青睐那些市场前景广阔、成长潜力巨大的初创或成长期企业。此外，它还将目光投向那些具有行业特色的知识产权经营机构，致力于推动整个知识产权行业的繁荣发展。

更为重要的一点是，该基金还计划与国家重大专项建立紧密的战略合作关系。通过核心技术的突破与资源的集成管理，助力完成重大战略产品、关键共性技术以及重大工程的知识产权布局与运营，为我国在知识产权领域的全球竞争中占据有利地位打下坚实基础。

近年来，国家对于知识产权运用转化的政策支持度日益增强，2015年12月，国务院《关于新形势下加快知识产权强国建设的若干意见》（国发〔2015〕71号）提出了知识产权国家战略的要求、原则和目标。指出加快全国知识产权运营公共服务平台建设；创新知识产权投融资方式；在全面创新改革试验区域引导天使投资、风险投资、私募基金加强对高技术领域的投资等具体措施；提升知识产权附加值和国际影响力。

以武汉市知识产权运营引导基金操作规程为例：

武汉市知识产权运营引导基金操作规程

第一章 总 则

第一条 为贯彻落实《国务院关于新形势下加快知识产权强国建设的若干意见》（国发〔2015〕71号）、《关于2018年继续开展知识产权运营服务体系建设工作的通知》（财办建〔2018〕96号）、《武汉市战略性新兴产业发展引导基金管理办法》（武政规〔2016〕27号）（以下简称27号文）及《武汉市知识产权运营服务体系建设实施方案（2018—2020年）》（武政办〔2018〕154号）文件精神，培育知识产权运营服务业态，促进创新主体知识产权保护和运用，武汉市科技创业投资引导基金（以下简称创投引导基金）下设武汉市知识产权运营引导基金（以下简称知识产权引导基金）。为规范引导基金运作，特制定本操作规程。

第二条 知识产权引导基金通过财政资金投入，用于引导社会资本以股权投资方式培育专业知识产权运营服务机构，发展知识产权运营服务新业态；支持企业实施高价值专利培育计划，助力重点产业和战略性新兴产业高质量发展；帮助知识产权密集型企业拓宽融资渠道，提升知识产权运用价值。

第三条 知识产权引导基金资金主要来源包括：中央及市级财政安排用于知识产权运营服务体系建设的专项资金；其他财政性资金。

第四条 知识产权引导基金纳入创投引导基金统筹管理，由创投引导基金受托管理机构按照"政府引导、市场运作、科学决策、鼓励创新"的原则进行投资运作。

第二章 管理机构与职责

第五条 创投引导基金理事会为知识产权引导基金的决策机构，主要职责如下：

（一）负责知识产权引导基金重大事项的决策和协调；

（二）制定知识产权引导基金相关管理制度；

（三）对知识产权引导基金投资运作情况进行监管和指导；

（四）核准知识产权引导基金投资规划、收益分配、清算及政府出资让利等方案；

（五）核准知识产权引导基金出资设立子基金方案，以及引导基金直接投资项目；

（六）需由理事会决策的其他工作。

第六条 知识产权引导基金设立知识产权引导基金办公室，办公室设在市市场监督管理局（市知识产权局）（以下简称市市场监管局），负责知识产权引导基金的日常工作。主要职责如下：

（一）拟定知识产权引导基金发展规划、经营方针和投资政策；

（二）对知识产权引导基金实施政策指导、监督管理、风险控制和绩效考核；

（三）审核知识产权引导基金投资规划、收益分配、清算及政府出资让利等方案，提交创投引导基金理事会审定；

（四）审核知识产权引导基金出资设立子基金方案，以及知识产权引导基金直接投资项目，提交创投引导基金理事会审定；

（五）需由办公室承担的其他工作。

第七条 创投引导基金受托管理机构负责知识产权引导基金的具体运作和管理，主要职责如下：

（一）按照市场化方式组建知识产权引导基金投资决策委员会；

（二）对拟投资项目开展尽职调查，并代表知识产权引导基金与相关合作各方进行谈判，签订投资协议和其他必要协议；

（三）审议知识产权引导基金的投资方案，报知识产权引导基金办公室审核及创投引导基金理事会核准；

（四）做好投资项目投后管理，于每季度结束后15日内向知识产权引导基金办公室及创投引导基金理事会报告，重大事项及时报告；

（五）按照投资协议约定或创投引导基金理事会批准的方案实施投资退出。

第三章　投资运作

第八条 知识产权引导基金主要通过与投资机构、科研院所、创新载体、知识产权运营服务机构等发起设立子基金，子基金通过股权投资方式支持知识产权密集型产业领域企业和知识产权运营服务机构发展。知识产权引导基金开展直接投资的，原则上重点投向知识产权运营服务机构。

知识产权密集型产业根据《知识产权（专利）密集型产业统计分类（2019）》（国家统计局令第25号）进行认定；知识产权运营服务机构应符合《全国知识产权服务品牌机构培育管理办法》（国知办发规字〔2012〕83号）相关规定。

第九条 知识产权引导基金设立子基金的，应符合27号文关于子基金的相关规定，并按以下流程实施：

（一）公开征集。受托管理机构根据知识产权引导基金年度工作计划，向全社会公开发布年度知识产权引导基金申报指南。拟与知识产权引导基金合作的机构，根据指南要求进行申报；

（二）尽职调查。受托管理机构对经初步筛选的申请人资料和方案进行尽职调查，提出拟合作基金的尽职调查报告，并提出投资建议；

（三）投资决策。受托管理机构组建投资决策委员会，对拟投资方案进行审议，提出决策意见和建议；

（四）审核核准。知识产权引导基金办公室对拟投资方案进行审核，报创投引导基金理事会核准；

（五）对外公示。在市科技局和市市场监管局网站，对核准的拟投资项目情况进行公示，公示期不少于10天。

第十条 知识产权引导基金开展直投的，按上述流程进行，并报经市委市政府审批同意后实施。原则上知识产权引导基金对单一被投资企业累计投资额不超过1 000万元，占被投资企业股权比例不超过30%，不做被投资企业的第一大股东。

第十一条 知识产权引导基金签署的相关投资协议原则上应对知识产权引导基金退出进行约定，其约定应符合27号文相关规定。按投资协议约定退出的，由受托管理机构实施退出；投资协议未约定的，由受托管理机构拟定退出方案，报知识产权引导基金办公室和创投引导基金理事会批准后实施。

第四章 附 则

第十二条 本规程未尽事宜，按照27号文相关规定执行。

第十三条 本规程由市科技局和市市场监管局负责解释。

第十四条 本规程自印发之日起施行。

在全球知识产权专利基金经验方面，以美国为例：美国作为知识产权服务业市场发展较早的国家，成长得最为成熟就是其创新与专业化知识产权服务机构，在全球范围内处于领先地位，美国知识风险公司（又称高智）就是一个典型代表。作为知识产权持有和运营公司，高智采用不同的商业模式对专利等进行市场化运作：（1）ISF（Intellectual Science Fund）基金来源主要是企业自身的科研成果，在取得知识产权之后，通过自产自销的方式获取收益；（2）IIF（Invention Investment Fund）通过对公司外有市场潜力的专利进行并购，并对其进行合理的整合与深入研究，最终通过转手获得收益；（3）IDF（Invention Development Fund）通过资助大学科研项目，以独占许可的方式获得利润。高智公司目前已经掌握了上万项专利，掌握着上万项专利，每年向社会递交的具有自主开发能力的专利也有数千件之多。高智公司自己开发的专利已创造了将近1亿美元的收益，而从专利收购中得到的授权收益更是达到了数十亿美元。

高智公司通过成立"思想实验室"，把"想法"转化成"专利"，构建企业专利资料库，在市场上营销，并逐渐将专利推向市场，这种"创造"模式，将会推动创新进程的发展。当下随着科技快速发展，各学科领域间联系更加紧密，融合度增加，企业已经无法凭借自身去积累知识资本，其研发领域的广度与深度也不可能囊括所有基础学科。由此可以看出，企业在进行研发活动时，除了寻求"外援"外，更多的是借助外力。而专利投资基金正是具有这种属性和能力的，它通过对研究机构的资金投入来支持研究开发；在此基础上，引进国外专利，并将其与已有的专利相结合，达到内外协同的目的；同时，它也为企业建立了一个技术资源库，为企业的开放式创新创造了条件。

从上述分析中，我们可以得出这样一个结论：以高智公司为代表的专利投资基金，并不是单纯的专利投机者，它是一个在开放的创新环境下的一种新的市场形式，它的存在是合乎科学技术发展的规律的，它在减少了技术和市场等知识的贡献的同时，还可以将交易费用降到最低。

专利投资基金的设立，可以有效地将知识产权服务的专业化和系统化相结合，推动开放的创新与创新市场的建设，为美国的知识产权体系的正常运转、促进创新提供了强有力的支撑，也为我国的知识产权事业发展提供了有益参考。

15.4 河北省知识产权运营基金方面存在的不足

15.4.1 知识产权基金设立方面

政府引导的知识产权基金设置不够公开、规范。目前已开展重点产业知识产权运营基金的地区，只有部分省市（如河南、杭州、北京、成都、南昌、厦门等）对此类基金的设立、运营、退出、管理人的公开遴选与考核等流程有明确的制度文件配套，部分地区如长沙、南京等有涉及知识产权专项资金投向和监管的笼统性规定，部分地区套用产业引导基金的规定进行适用。投资初始成本高、回报实现期长、短期收益不高等客观原因导致社会资本参与意愿不高。

15.4.2 知识产权基金运营层面

(1) 资金使用过程中信息不对称。知识产权基金需要有针对性的进行资金投向，但对哪些企业能入选、企业拥有的知识产权质量、成本收益状况以及企业经营能力很难确切获知。因此，投资人寻找到目标专利的成本较高。与此同时，很多企业未关注到知识产权创新能力可转化为权益，也不了解知识产权市场化运营的方式。供需双方的信息不对称阻碍了基金运营发展。

(2) 知识产权市场化运营存在问题。一方面，由于知识产权本身的特性，其作为无形资产，转化风险高、需求对象特定，又受时间性、地域性等限制，因此，融资中必然存在融资环节众多、成本高、评估难、处置难等困境；另一方面，目前中国知识产权的运营处于浅层次状态，运营渠道有限，商标、专利、版权等在内的运营标的市场化中常常受限，影响了知识产权基金的实际运作效果。

(3) 知识产权金融服务人才不足。知识产权基金运营的好坏和项目的选择取决于管理者的水平，管理者需要既懂基金运作，又懂行业技术和知识产权管理，FOF形式下的知识产权基金更是如此。但目前这种复合型人才比较缺乏。此外，既有服务人员提供的知识产权金融服务水平也有限。

(4) 知识产权缺乏创新性与独创性，质量有待于提高专利实施与应用受知识产权质量不高的制约；缺少发明专利，尤其是缺乏原创性的发明专利；专利维持的时间不长；产业知识产权缺乏合理的布局，尚没有形成专利池；知识产权供给与科技成果的转化尚不充分。部分专利技术与自主知识产权因为商业化运营前景不明朗，导致其短期内成果商业化、产业化受限。

(5) 知识产权运营机制不完善。河北省知识产权运营机制还处于起步摸索时期，当前知识产权的转化市场规模不够大，知识产权服务业的发展滞后，专门从事知识产权运营的人才与团队欠缺。现阶段，河北省知识产权服务中介机构大部分的主要业务是专利申请，还没有有效开展具有加高附加值的服务，包括专利导航、许可转让、知识产权的投融资、向企业研发提供技术分析等；高校、科研院所等和企业信息交流与沟通的机制还不完善。大多数知识产权运营机构投资功能欠缺，市场化运作的专利运营积极性还没有建立。

15.4.3 外部监管层面

(1) 监管存在空白地带。当前，知识产权基金不符合公募基金的范畴，只有在基金业协会登记备案的知识产权基金受到基金业协会和证监局的管理，对其参照私募基金的监管方式；有政府资金参与的知识产权基金，受到国有资产管理方面的约束；其他松散型资金，则不受金融监管机构的监管。可见，知识产权基金的监管上仍有空白地带。

（2）监管内容僵化与不明确。知识产权基金涉及金融风险和知识产权风险。金融风险方面，在基金业协会登记备案的知识产权基金从性质而言一般是私募股权基金。其若通过资管业务、债券业务、证券业务等其他业务组合提高收益，将涉及跨基金业务而构成违规。这种业务跨界的僵化导致知识产权基金运营不够灵活，也减弱对知识产权基金高风险的补偿性。此外，对于政府引导的知识产权基金，大多数地区缺三明确的监管流程。知识产权风险方面，因监管机构缺失，对知识产权专业人士、专业能力、知识产权管理水平等的审查把控，都只能依赖基金实际决策者和管理者的经验和规范。

15.5 推动河北省知识产权运营基金发展的建议

15.5.1 降低政府的出资比例，引入企业导向型基金

政府出资主导建立的专利运营基金中，财政资金主要起示范和引导作用，发挥杠杆效应，以财政资金带动社会资本投入，起到"四两拨千金"的效果。在重点产业知识产权运营基金中，出资规模上政府应控制财政的出资比例，最好控制在20%—35%。通过合理配置出资比例可以降低政府的出资成本，加大企业的资本投入，以此来增加资金放大倍数，促进知识产权运营基金的发展并逐步向市场化运行方式转变。对于我国较发达的地区，例如上海、深圳等地方政府应该制定政策来扶持帮助企业引导型基金的设立，充分发挥企业引导型基金的作用。

15.5.2 适当加入其他模式，促进基金发展

对于我国的金融、信用比较发达的地区，例如上海、深圳、北京等地方可以尝试采用融资担保模式来减少政府财政的投资成本，加大资本的利用，以此克服股权投资模式的缺点；而在产业特色明显的地区例如厦门、青岛、四川等，可以尝试应用跟进投资模式来弥补市场失灵时造成的资本供给不足等问题。

15.5.3 加入多种盈利方式运营基金

单一化的盈利方式不适宜基金的发展，政府应出台相关政策鼓励多种盈利方式的基金发展。不同盈利方式的基金在特定领域能发挥更好的效果。例如在产业优势不大但专利申请量较多的地区适合用技术交易来盈利，广东的汇桔网就是其中一个例子；而对于经常遭受诉讼的地区就可以建立一个专利池，通过会员费来盈利；而对于专利

基础雄厚的地区,例如广东和北京就可以尝试用知识产权诉讼的形式来盈利。

15.5.4 从国家层面设立有效挖掘基金

专利挖掘基金的缺乏将导致很多专利落入他国,可以在国家层面建立一个有效的挖掘基金。基金初期不以盈利为目的,由政府主导建立,政府出资规模低于50%,引导有实力的国有企业或其他较具影响力的企业进行募资。可由国家知识产权局带头设立,在各个省市建立分基金,使基金在全国范围内具有影响力。通过外聘专业机构管理,以发挥基金的最大效用;同时基金应该重点投入高校和科研机构,与高校合作挖掘出有价值的专利,并与其他基金合作,将挖掘专利进行产业化或交易,使基金之间产生联系,充分挖掘、利用知识产权的价值。

15.5.5 加强各个基金之间的联系和协调

目前各知识产权运营基金间联系很少,都是在各地区独立发展,造成运营资源的浪费。应加强各基金间的联系和协调。例如广东的知识产权基金就可以和粤民投投资的汇桔网合作,基金下专利适合交易时就通过较成熟的运营平台交易,而不是盲目的产业化,因为部分专利单独实施作用有限,而通过专利池运营则产生更优效果。不仅如此,各个地区所重点关注的产业有相融合的也可以进行合作,例如厦门的一带一路基金所涉及的软件领域专利运营就可以和广东合作来实现这个领域更大价值,也实现基金更大的价值。

本章参考文献:

[1] 郑鲁英. 知识产权基金的中国实践及其发展应对 [J]. 管理现代化, 2021, 41 (4): 1-5.

[2] 郭晓珍, 陈楠. 重点产业知识产权运营基金的发展现状及建议 [J]. 厦门理工学院学报, 2019, 27 (4): 14-20.

[3] 赵夫涛, 汪永辉. 安徽省知识产权运营机制研究 [J]. 知识经济, 2019 (12): 15+17.

[4] 沈坚. 政府股权投资基金设立方式研究——以湖南省重点知识产权运营基金为例 [J]. 城市学刊, 2018, 39 (4): 43-49.

[5] 杨进, 董新蕊. 专利基金的市场化运营实践与探索 [J]. 中国发明与专利, 2019, 16 (11): 12-15.

第16章

科技创新公司债券

2022年5月20日，中国证监会指导沪、深证券交易所正式推出了科技创新公司债，简称"科技创新债"，进一步增强资本市场对科技创新企业的融资服务能力。党的二十大报告强调，必须坚持科技是第一生产力、人才是第一资源、创新是第一动力。科技创新公司债在河北地区发展前景良好，河北省省委、省政府坚强领导，同时省直相关单位和地方政府也大力支持，鼓励公司运用创新品种进行融资，推动科技创新公司债的发展。因为科创企业是符合国家战略、突破关键核心技术、市场认可度高的企业，有助于推动经济增长，而科技创新公司债券能够支持科技创新领域发展，缓解企业的资金难题，为科创类企业发展添动力，而且鼓励企业研究创新，推动了科技成果向现实生产力转化。

在河北省更加注重科技创新的背景下，政府着力推动知识价值信用贷款的制度建设，建立规范的知识价值信用贷款评估体系，为高新技术企业成长发展提供有利条件，从而促使河北省的高新技术企业发展取得了更大突破，政府特别要从健全专利和无形资产配套措施、提高优化企业科技创新条件、促进高新技术企业服务体系创新性发展等领域加强创新的压力，从而促进河北省高新技术产业建设取得更大跨越。

16.1　科技创新公司债券概念与特点

科技创新公司债券，是指科技创新领域内有关企业为支持科技创新领域发展而发行的、以融资为主的公司债券。

证监会2017年推出创新创业公司债券；2021年，开展科技创新公司债券试点；2022年，推进企业债券从试点转为常态化，并将其纳入企业债券的统一管理。该债券面向科创企业、科创升级、科创投资、科创孵化四种类型，主要用于支持高技术产业、战略性新兴产业以及传统产业转型升级等方面的融资需要。最大的特点在于它以科技创新为重点，重点投入集成电路、人工智能、高端制造等尖端行业，帮助加快科技成果转化为现实生产力。

16.2　科技创新公司债券的主要流程

科技创新公司债券是一种由科技领域相关企业发行或者筹集资金，以促进科技创新产业发展为目的的公司债券。

公司债券发行的流程：

第一，作出决议或决定。股份有限公司、有限责任公司发行公司债券，要由董事会制订发行公司债券的方案,提交股东会审议作出决议。国有独资公司发行公司债券,由国家授权投资的机构或者国家授权的部门作出决定。

第二,提出申请。公司应当向国务院证券管理部门提出发行公司债券的申请,并提交下列文件:

(1) 公司登记证明;

(2) 公司章程;

(3) 公司债券募集办法;

(4) 资产评估报告和验资报告。

第三,经主管部门批准。国务院证券管理部门对公司提交的发行公司债券的申请进行审查,对符合公司法规定的,予以批准;对不符合规定的不予批准。

第四,与证券商签订承销协议。

第五,公告公司债券募集方法。发行公司债券的申请批准后,应当公告公司债券募集办法。公司债券募集办法应当载明下列主要事项:

(1) 公司名称;

(2) 债券总额和债券的票面金额;

(3) 债券的利率;

(4) 还本付息的期限和方式;

(5) 债券发行的起止日期;

(6) 公司净资产额;

(7) 已发行的尚未到期的公司债券总额;

(8) 公司债券的承销机构。发行公告上还应载明公司债券的发行价格和发行地点。

第六,认购公司债券。社会公众认购公司债券的行为称为应募,应募的方式可以是先填写应募书,而后履行按期缴清价款的义务,也可以是当场以现金支付购买。当认购人缴足价款时,发行人负有在价款收讫时交付公司债券的义务。

16.3 科技创新公司债券典型措施借鉴

为深入贯彻党的二十大和中央经济工作会议精神,落实国务院有关工作部署,证监会制订印发《推动科技创新公司债券高质量发展工作方案》(以下简称《工作方案》),旨在进一步完善资本市场的功能,提高对科技创新企业的服务质量,推动科技、产业、金融的良性循环,为我国高水平的科技自立自强提供更好的支撑。

近几年，中国证券监督管理委员会一直在积极探索建立一套以科技创新为核心的债券融资制度。稳步推进科技创新企业债券的发行工作，逐步拓展上市主体，健全相关配套政策措施，为科技创新企业的直接融资提供便利。迄今为止，已有190家企业获得了逾2 100亿元的融资，这些资金主要投向了集成电路、人工智能、高端制造等前沿领域，对推动科技成果转化为现实生产力起到了积极的推动作用。

为进一步发挥公司债券服务国家创新驱动发展战略和产业转型升级功能，规范科技创新公司债券发行上市申请及挂牌转让相关业务行为，上海证券交易所制定了《上海证券交易所公司债券发行上市审核规则适用指引第4号——科技创新公司债券》。

上海证券交易所公司债券发行上市审核规则适用指引第4号
——科技创新公司债券

第一章 一般规定

第一条 为进一步服务国家创新驱动发展战略和产业转型升级，规范科技创新公司债券发行上市申请及挂牌转让相关业务行为，上海证券交易所（以下简称本所）根据《证券法》《国务院办公厅关于贯彻实施修订后的证券法有关工作的通知》《公司债券发行与交易管理办法》等法律、行政法规、部门规章和规范性文件，以及《上海证券交易所公司债券发行上市审核规则》等业务规则，制定本指引。

第二条 本指引所称科技创新公司债券，是指由科技创新领域相关企业发行，或者募集资金主要用于支持科技创新领域发展的公司债券。

发行人相关业务、本次债券募集资金用途应当符合国家科技创新相关发展规划和政策文件要求，重点支持高新技术产业和战略性新兴产业细分领域及引领产业转型升级领域的科技创新发展。

第三条 科技创新公司债券可以按照本所特定公司债券品种有关规定，在债券名称和债券简称中使用对应类别的特定标识。募集资金用于科技研发投入、国家重大科技项目等特定专项用途的，可以在债券名称中增加专项标识。

科技创新公司债券与普通公司债券及其他特定债券品种同时申报的，应当在申报文件中明确各自的申报金额及募集资金用途。

第四条 本所安排专人处理科技创新公司债券的申报受理及审核确认，提高科技创新公司债券的发行上市审核或挂牌条件确认工作效率。

科技创新公司债券应当符合公司债券的发行上市或挂牌条件、信息披露、投资者适当性管理、债券持有人权益保护等一般要求，并符合本指引的规定。

第二章　发行主体

第五条　发行人申请发行科技创新公司债券并在本所上市或挂牌的，应当诚信记录优良，公司治理运行规范，具备良好的偿债能力，最近一期末资产负债率原则上不高于80%。本所支持科创企业类、科创升级类、科创投资类和科创孵化类发行人发行科技创新公司债券。

第六条　科创企业类发行人应当具有显著的科技创新属性，并符合下列情形之一：

（一）发行人最近3年研发投入占营业收入比例5%以上，或最近3年研发投入金额累计在6 000万元以上；

（二）发行人报告期内科技创新领域累计营业收入占营业总收入的比例50%以上；

（三）形成核心技术和主营业务收入的发明专利（含国防专利）合计30项以上，或具有50项以上著作权的软件行业企业。

支持和鼓励"科改示范企业""制造业单项冠军企业"等国家有关部委认定的科技型样板企业，或者虽未达到前述标准，但是科技创新能力突出并具有明确依据的发行人申请发行科技创新公司债券。

第七条　科创升级类发行人是指募集资金用于助推升级现有产业结构，提升创新能力、竞争力和综合实力，促进新技术产业化、规模化应用，推动战略性新兴产业加快发展的企业。

第八条　科创投资类发行人是指符合《私募投资基金监督管理暂行办法》《创业投资企业管理暂行办法》等有关规定，向科技创新创业企业进行股权投资的公司制创业投资基金和创业投资基金管理机构，或发行人主体或债项评级为AA+及以上，报告期内创投业务累计收入（含投资收益）占发行人总收入超过30%的企业。

第九条　科创孵化类发行人是指主体评级为AA+及以上，主营业务围绕国家级高新技术产业开发区运营，且创新要素集聚能力突出，科创孵化成果显著的重点园区企业。

第十条 本所在科技创新公司债券审核工作中，可以就发行人、募集资金拟投资项目的科技创新属性征询相关主管部门意见。

第三章 募集资金用途

第十一条 科创升级类、科创投资类和科创孵化类发行人，募集资金投向科技创新领域的比例应当不低于70%，其中用于产业园区或孵化基础设施相关用途比例不得超过30%。

第十二条 发行人募集资金可以通过下列方式投向科技创新领域：

（一）用于科技创新领域相关的研发投入；
（二）用于科技创新领域相关项目的建设、并购、运营等支出；
（三）对科技创新企业进行权益出资；
（四）用于建设科技创新领域研发平台和新型研发机构；
（五）其他符合要求的方式。

鼓励产业链核心科技创新发行人募集资金通过权益出资、向产业链上下游企业支付预付款、清偿应付款项等形式支持产业链上下游企业。

支持科创孵化类发行人通过股权、债权和基金等形式支持园区内孵化的科技创新企业，或用于科技创新产业园区或孵化基地的基础设施新建、扩容改造、系统提升、建立分园、收购等。

第十三条 发行人可以使用募集资金对发行前12个月内的科技创新领域相关投资支出进行置换，鼓励将回收资金用于新的科技创新领域投资，形成投资良性循环。

第四章 信息披露及中介机构核查要求

第十四条 发行人应当根据本指引要求，在募集说明书中披露是否符合科技创新公司债券主体范围及支持领域。

主承销商和发行人律师应当根据国家及地方科技创新相关发展规划和政策文件，对发行人是否符合科技创新公司债券主体范围进行核查，并发表核查意见。

第十五条 科创企业类发行人应当披露其所属的科技创新领域、自身科技创新属性及相关政策依据、所持有创新技术先进性及具体表现、正在从事的研发项目及进展情况、保持持续技术创新的机制和安排等。

适用第六条第二款的科创企业类发行人，应当从拥有的核心关键技术、推动关键核心技术攻关、承担国家重大科技项目、形成的主要产品实现进口替代等方面说明是否符合科创企业类相关要求。

第十六条 科创投资类发行人应当披露下列科创投资业务开展情况：

（一）报告期内科创投资业务板块相关财务情况；

（二）科创投资业务板块经营主体、经营模式、经营状况，其中经营状况包括已投资项目数量、管理的基金个数、管理的资本规模等；

（三）已投资项目情况、投资退出情况、退出方式；

（四）投资项目遴选标准、投资决策程序等。

第十七条 募集资金用于科技创新项目的，发行人应当披露募投项目的基本情况、募投项目实施促进科技创新的方式和依据、募投项目与现有业务或发展战略的关系等。

募集资金用于研发投入的，应当披露研发投入的主要内容、技术可行性、研发预算及时间安排、目前研发投入及进展、已取得及预计取得的研发成果等。

募集资金用于科技创新相关权益出资的，应当参照科技创新公司债券发行主体范围相关披露要求，披露投资标的的科技创新属性、所属重点支持领域及判断依据。用于投资企业或储备项目库的，应当列出拟投资企业名单，以列表的形式披露拟投资企业情况；用于基金出资的，应当披露基金的基本情况，包括但不限于基金备案情况、各方认缴金额及出资比例、基金投向、风控措施、已投项目等。

第十八条 科创投资类发行人在申报阶段暂无具体投资企业名单或拟出资基金的，应当披露拟投资项目遴选标准、投资决策程序和投资领域，并通过披露发行人报告期内的投资规模及经验、未来投资规划等内容，合理匡算募集资金实际需求。

科创投资类发行人应当在发行前披露拟投资企业或拟出资基金的相关信息，在发行备案文件中披露拟投资项目是否具有科技创新属性，确保资金投向为科技创新领域。

第十九条 募集资金用于设立或认购基金份额的，应当符合《私募投资基金监督管理暂行办法》（证监会令第105号）和《关于规范金融机构资产管理业务的指导意见》（银发〔2018〕106号）等相关规定。

科创孵化类发行人应当承诺本次公司债券符合地方政府性债务管理相关要求，不新增地方政府债务规模。

第二十条 发行人应当在募集说明书中约定募集资金使用情况的披露事宜。

债券存续期间，发行人应当在定期报告中披露科技创新公司债券募集资金使用情况、科创项目进展情况和促进科技创新发展效果等内容，设立或认购基金份额的需披露基金产品的运作情况。

受托管理人应当在年度受托管理事务报告中披露上述内容。

第五章 配套安排

第二十一条 符合本指引相关要求，且最近一年末总资产大于 1 000 亿元、最近一年总资产报酬率高于 3% 的发行人，本所对其发行科技创新公司债券作如下优化安排：

（一）统一申报，即发行人可以就科技创新公司债券单独编制申请文件并单独申报，也可与一般公司债券、其他特定品种公司债券编制统一申请文件并统一进行申报。采用统一申报的发行人，应当在募集说明书中约定申报的科技创新公司债券发行规模。

（二）提前申报，即发行人在有效科技创新公司债券批复文件到期前 1 个月内，可申报新的科技创新公司债券。

（三）优化信息披露，即发行人按照本指引要求加强科技创新属性针对性信息披露，在注册文件有效期内进行后续发行时，如经营和财务情况无重大不利变化或不存在对偿债能力产生重大影响的事项，可适当简化募集说明书中发行人基本情况、财务会计信息等相关章节信息披露内容。

发行人报告期内存在经营活动现金流量净额持续大额为负或大幅下降等可能影响企业偿债能力的情形的，不适用上述优化安排。

第二十二条 成立时间不满一个完整会计年度，但在推动关键核心技术攻关、承担国家重大科技项目、推动产业转型升级等方面具有引领和示范作用的发行人，可以非公开发行科技创新公司债券。

第二十三条 鼓励发行人对公司债券发行方式、期限、利率确定和计算方式、增信方式和促进债券交易等进行创新，包括设计预期收益质押担保等。

鼓励发行人根据预期投资回收周期发行长期限债券，匹配长期资金使用需求。鼓励发行人利用信用保护工具、内外部信用增进等方式，降低企业融资成本。鼓励发行人根据自身特点有针对性地设置多样化的偿债保障条款，包括控制权变更限制条款、核心资产划转限制条款、交叉违约条款、新增债务限制条款、支出限制条款、股利支付和股份回购限制条款、财务指标承诺条款等。

第六章　附　则

第二十四条　科技创新公司债券发行人符合《中国证监会关于开展创新创业公司债券试点的指导意见》相关要求的，可以发行创新创业公司债券。

科创企业类发行人可以参照本所《非上市公司非公开发行可转换公司债券业务实施办法》的规定，发行附转股条款的公司债券。

第二十五条　本指引由本所负责解释。

第二十六条　本指引自发布之日起施行。

16.4　关于科技创新公司债券典型案例

科技创新公司债券是交易所为支持企业科技创新而进行的试点，是在交易所债券市场创新创业公司债券框架下，进一步聚焦科技创新引领作用而推出的公司债券新品种，募集资金重点支持集成电路、人工智能、智能制造等国家核心前沿科创领域。2021年由元禾控股作为发行人、东吴证券作为主承销商的"苏州元禾控股股份有限公司公开发行2021年科技创新公司债券（第一期）"在苏州自贸片区成功发行，成为全国首批科技创新公司债券。

元禾控股与东吴证券通力合作，仅用一周不到的时间同步完成备案材料和销售准备工作，成功完成债券发行，发行规模3亿元，票面利率为3.59%，创下首批6只科技创新公司债的利率最低，投标倍数高达4.32倍，表明投资者对本次债券的充分认可。

作为管理基金规模近千亿元的国内领先股权投资机构，本次科技创新公司债券的成功发行，有助于元禾控股针对科创企业生命周期的资本需求，打造完整的投融资服务生态圈，进一步提升培育科技创新企业的能力。同时，本次债券的成功发行也是东吴证券服务科技创新企业的又一次积极尝试，截至目前，东吴证券已总计成功发行30单创新创业公司债，市场占比近四成，发行数量连续四年位居市场第一名。

为进一步壮大新兴产业集群、提升区域科技创新能力，苏州自贸片区金融创新始终着眼于积极构筑资本围绕产业深度融合的创新资本生态体系，尤其注重发挥股权投资在价值发现、资源整合方面的功能，积极支持股权投资机构利用资产证券化等手段做大做强。

16.5 河北省推动发展科技创新公司债券的建议

发行科技创新类债券，不仅是对我国债券市场服务实体经济的一次积极尝试，更是推动建立我国高收益债券市场的宝贵契机。为此，我们建议在已有的实践基础上，继续深化发展诸如双创债等债券品种，从多个维度出发，形成协同作用，进一步加强对科技创新领域的债券支持。

（1）探索建立中国高收益债券市场

美国作为资本市场发展最为迅猛的国家之一，在构建高收益债券市场方面采取了诸多有效措施，这些举措极大地促进了科技创新型企业的蓬勃发展。中国作为全球经济的重要一员，应积极借鉴美国的成功经验，深入探讨并构建符合国情的高收益证券市场。

一是适当放宽发行条件，简化发行程序。通过降低企业发行高收益债券的门槛，可以吸引更多科技创新型企业进入市场，进而为这些企业提供更加灵活和便捷的融资渠道。同时，简化发行程序能够减少企业的融资成本和时间成本，提高市场效率。

二是根据投资者的风险容忍度，设立高收益债券的投资者准入门槛。这可以确保只有具备相应风险承受能力的投资者才能参与高收益债券市场的交易，从而保护投资者的利益。同时，通过设立不同的投资者层级，可以引导市场形成多样化的投资结构，满足不同投资者的需求。

三是鼓励发行人合理地设定各种契约条款。例如，限制发行人的支出用途，确保资金用于科技创新和研发投入；限制股利分配，避免企业过度分配利润而损害债券持有人的利益；限制新增债务，控制企业的杠杆水平，降低违约风险。这些契约条款的设置可以进一步保障投资人的利益，增强市场的稳定性和透明度。

（2）发挥创新创业园区的引领辐射作用

一是鼓励各种创新创业园区的运营企业充当债券融资的主体，通过投入的资金，加强园区的基础和配套设施的建设，从而起到辐射和带动的效果，将大量的企业吸纳到自己的创新社区中来，促进创新创业资源的聚集地区形成优势互补、互相服务、利益共享的行业生态，让他们的社会创造力得到进一步的激发。二是按照"债券+"的思路，允许科创孵化机构和风险投资机构等金融机构，通过信托、股权等方式，将募集到的一定比例的债券用于支持企业的发展。三是要合理结合债券和股票，通过债券和可转换债券等具有权证的债券和可转换债券来满足新创企业的融资需要。

（3）探索知识产权融资新路径

对知识产权证券化的路径进行积极的探索。一是要健全我国的信用评级制度，加大对我国信用评级机构的培训和信用评级机构的建设，为我国信用评级制度和信用评级制度的建立奠定坚实的基础。二是以发行人合法拥有的、可转让的专利权、版权、注册商标专用权等为担保工具，通过区块链等技术保障标的物的真实性与可追踪性。三是借鉴发达国家的经验，探讨在 SPV（SPV）中引入知识产权，并通过制度设计实现风险隔离。

（4）构建多层次的风险分担机制

创新信贷风险管理方式，建立多元化的信贷风险分担机制。一是要引导政策性融资担保公司和国家融资担保机构加大对科技创新债券发行的扶持。二是鼓励保险公司和再保险公司开展以技术创新为基础的信用保证保险产品。三是探索合约型、凭证型和指数型信用衍生品在科技创新型债券发行中的运用，并对这类信用保障型卖方给予一定的鼓励，以激发参与主体参与的积极性，丰富其投资主体。

（5）加强相关配套政策支持

出台各项配套政策，促进科技创新类债券的扩容。一是加强信用信息在工商、税务、金融等部门间的共享，确保信息的实时更新和准确性。通过跨部门的信息共享，可以建立跨市场、跨行业、跨领域的全方位信用风险监测体系，为投资者提供更加全面、准确的信用风险评估依据。这有助于增强市场信心，降低投资风险，为科技创新类债券的发行创造良好环境。二是要求科技创新类债券发行人设立资金监管专户，对募集资金的投向进行严格管理。发行人应定期向监管部门报告资金使用情况，确保资金用于科技创新和研发活动，防止资金被挪用或滥用。同时，增加专项信息披露，提高信息透明度，让投资者更加了解发行人的财务状况和运营情况，增强投资信心。三是鼓励地方政府通过多种方式精准支持科技创新类债券的发行。地方政府可以通过投资补助、基金注资、担保补贴、债券贴息等方式，为科技创新类债券提供资金支持，降低发行成本。同时，地方政府还可以与特定产业基金合作，共同推动科技创新企业的发展。这种合作模式可以充分发挥政府资金的引导作用，吸引更多社会资本投入科技创新领域，推动科技创新类债券市场的繁荣发展。

本章参考文献：

[1] 高莉，周知，刘巨松. 高收益债市场发展的美国经验与中国路径 [J]. 金融市场研究，2017（3）.

[2] 黄伟平，唐跃. 约束性契约：国内外条款对比分析 [J]. 债券，2016（9）.

［3］刘璐茜，陈冬旭．中国双创债与美国"明日之星"的比较研究［J］．中国物价，2021（11）．

［4］王立军，范国强．知识产权金融服务体系构建研究［J］．现代商业，2016（25）．

［5］许艳，王海波，雷文斓．我国高收益债市场发展分析［J］．中国货币市场，2021（2）．

［6］王牧天．高成长债回顾及展望［J］．中国货币市场，2022（2）：22－26．

［7］张溢轩，徐以祥．绿色债券的规范反思与制度完善［J］．西南金融，2021（7）：50－61．

［8］杨毅．央企发行科技创新公司债获政策支持［N］．金融时报，2022－11－16（007）．

［9］谢忠洲．绿色债券法律制度研究［D］．重庆大学，2022．

［10］仝润泽．"双碳"目标下我国绿色债券的法律规制研究［D］．西南政法大学，2022．

第17章

科创企业集合债

17.1 科创企业集合债概念与特点

企业集合债券是一种创新的企业债券形式，它采用牵头人组织的方式，将多个企业集合起来作为发债主体。各个参与企业根据自身情况确定发行额度，并分别承担债务责任。这种债券具有统一的债券名称，并实行统一的收付款机制。在债券到期时，各企业需按照约定还本付息。

为了确保债券的顺利发行，银行或证券机构通常担任承销商的角色，负责债券的发行与销售工作。此外，担保机构、评级机构、会计师事务所、律师事务所等中介机构也积极参与其中，为发债企业提供必要的筛选、辅导和专业服务，确保企业满足发债的各项条件。这种债券形式不仅拓宽了企业的融资渠道，也为投资者提供了更多元化的投资选择。科创企业则指符合国家战略、突破关键核心技术、市场认可度高的科技创新企业；属于新一代信息技术、高端设备、新材料、新能源、节能环保以及生物医药等高新技术产业和战略型新兴产业的科技创新企业；互联网、大数据、云计算、人工智能和制造业深度融合的科技创新企业。

为进一步拓宽科技型企业直接融资渠道，持续打造产融结合新高地，中国人民银行、银保监会、上海市人民政府等部门发布《关于进一步加快推进上海国际金融中心建设和金融支持长三角一体化发展的意见》（以下简称《意见》），明确提出要"推动G60科创走廊相关机构在银行间债券市场、交易所债券市场发行创业投资基金类债券、双创债务融资工具、双创金融债券和创新创业公司债"。在中国人民银行上海总部和上海市地方金融监管局的大力支持下，经过九城市金融部门的携手努力，长三角G60科创走廊"双创债"发行工作取得了明显成效。

17.2 科创企业集合债的主要流程

集合债券是企业债的一种，这种债券发行方式使发行主体由原来单一的大型国有企业转变为一揽子企业。对于发行企业债，在企业确定发行意向之后建议首先确定主承销商，由主承销商配合企业以及相关地方政府部门完成以下工作（见图17-1）。

（1）董事会和股东会对发行债券作出决议，确定发行主体，选定主承销商；

（2）确定担保人或担保方式，担保通常有第三方担保、土地抵押担保、设立偿债基金等方式；

（3）确定筹集资金的使用项目；

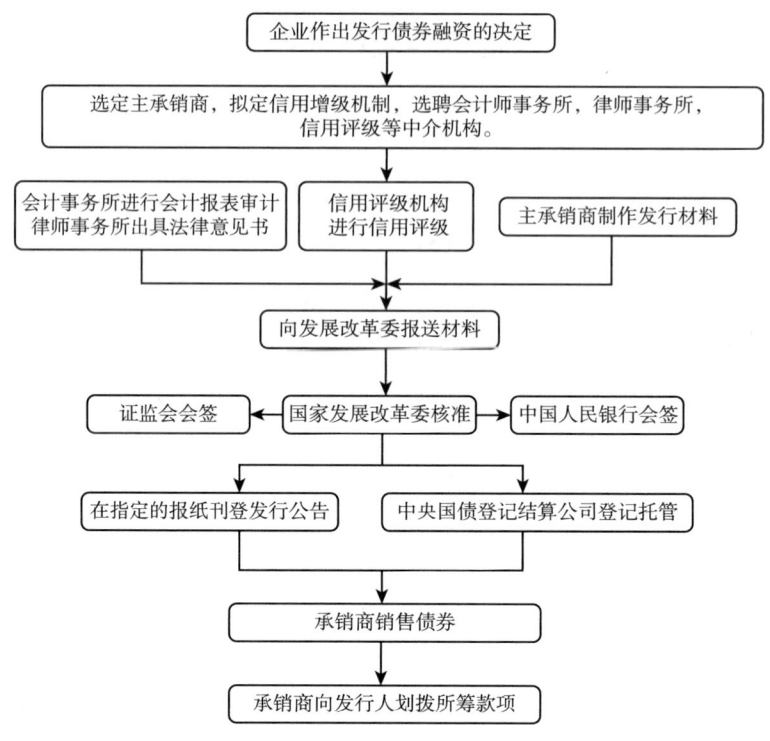

图 17-1 企业债发行流程图

(4) 确定其他中介机构，包括会计师事务所、律师事务所、信用评级等中介机构；

(5) 确定发行方案；

(6) 主承销商协助向地方发展改革委提出发行企业债券的申请；

(7) 主承销商协助企业建立与主管部门的关系；

(8) 制作申请材料并报国家发展改革委审批；

(9) 发行和承销准备工作；

(10) 发行事宜包括销售、划款、承销工作汇报、验资等；

(11) 其他工作包括信息披露、在每个环节做企业的顾问等。

综上所述，集合债券有效地规避了单个企业发债规模偏小、发行成本过高的弱点，使企业发行企业债券成为可能，为解决企业融资难的问题提供了新的途径。

17.3　发展科创企业集合债典型措施借鉴

G60 科创走廊起源于上海松江段 G60 高速公路。2019 年 12 月 1 日，中共中央、国务院印发了《长江三角洲区域一体化发展规划纲要》，指出依托交通大通道，以市场化、法治化方式加强合作，持续有序推进G60科创走廊建设，打造科技和制度创新双轮驱动、产业和城市一体化发展的先行先试走廊。2020年12月20日，科技部印发《长三角科技创新共同体建设发展规划》（国科发规〔2020〕352号），指出要发挥G60科创走廊九城市的创新资源集聚优势，先行先试一批重大创新政策，协同布局一批科技创新重大项目和研发平台，促进科技资源开放共享和科技成果转移转化。长三角G60科创走廊是三省一市空间距离最近、最易联动和一体化发展的区域，沿G60高速、辐射沪苏湖合高铁沿线的科创走廊。

创新是长三角G60科创走廊最鲜明的特质。经过上海韦尔半导体、江苏维信诺、宁波激智科技以及安徽科大国创等企业的携手合作，成功发行的长三角科创企业集合债，开创性地融合了交易型增信与风险管理联动机制，成为国内首例将此类先进机制应用于债券发行的产品，为投资者提供了更为安全、稳健的投资选择。此外，这款集合债也是首次将科技创新型、民营及上市公司以集合形式在银行间债券市场发行的短期融资券，此举不仅为这些优质企业提供了更为高效、灵活的融资渠道，也进一步促进了科技创新与金融市场的深度融合。值得一提的是，该集合债还是全国首只围绕华为供应链的企业集合短期融资券。

2022年中国人民银行近期联合多部门印发《上海市、南京市、杭州市、合肥市、嘉兴市建设科创金融改革试验区总体方案》，提出通过5年左右的时间，将上海市、南京市、杭州市、合肥市、嘉兴市科创金融改革试验区打造成为科创金融合作示范区、产品业务创新集聚区、改革政策先行先试区、金融生态建设样板区、产城深度融合领先区。《总体方案》重点聚焦畅通科创企业上市融资渠道、支持试验区内企业债券融资、强化股权投资基金培育引导这三方面。在债券融资方面，《总体方案》提出，推动试验区内相关机构在银行间债券市场、交易所债券市场、区域性股权市场发行创业投资基金类债券、双创孵化专项企业债券、双创专项债券、长三角集合债券、双创金融债券、创新创业公司债和私募可转债等，探索发行科技型中小企业高收益债券。《总体方案》提出多种针对科创企业的债券创新品种，并提到要探索发行科技型中小企业高收益债券，这不仅有利于更好地发挥债市在支持科创金融方面的作用，增强债市服务实体经济的质效，也有利于推动债券一级市场扩容，提升市场活力。

上海市、南京市、杭州市、合肥市、嘉兴市
建设科创金融改革试验区总体方案

为深入贯彻习近平总书记关于长三角一体化发展和创新体系建设的重要指示和讲

话精神，认真落实党中央、国务院决策部署，按照《长江三角洲区域一体化发展规划纲要》和《国家创新驱动发展战略纲要》要求，推进上海市、南京市、杭州市、合肥市、嘉兴市科创金融改革，加大金融支持创新力度，经国务院同意，现制定本方案。

一、总体思路

（一）指导思想。

以习近平新时代中国特色社会主义思想为指导，坚决贯彻党中央、国务院关于金融服务实体经济和长三角一体化发展的重大决策部署，全面、深入、精准地落实新发展理念，聚焦金融、科技和产业之间的良性互动与循环。以高水平科技供给和区域高质量发展为核心，致力于通过金融支持长三角协同创新体系的建设，加速构建一个渠道广泛、层次丰富、全面覆盖、持续发展的科创金融服务体系。在此过程中，特别强调金融供给侧的精准发力，协同推动原始创新、技术创新和产业创新的协同发展。主要目标是实现金融供给与需求结构的平衡，有效防范金融风险，打造出一个科技创新和制造业研发生产的新高地，为长三角地区的持续、健康发展注入新的动力。

（二）基本原则。

政府、市场双向发力。致力于推动有效市场与有为政府的深度融合，以创新驱动为核心，弥补市场短板，并大力增强科创金融的有效供给，进而推动构建更加市场化、可持续的科创金融服务体系。

金融与科技犹如一对相互依存的孪生兄弟，二者相互促进、共同发展。应紧紧围绕科技创新，推动金融供给侧结构性改革，通过科技创新为金融产业注入新的活力，实现科技资源与金融资源的高效对接与融合。构建与科创企业全生命周期相匹配的金融服务体系，为科创企业提供全方位、多层次的金融支持，助力其实现可持续发展。

协同创新，互利共享。提升科创金融政策的精准性、联动性、协调性。试验区特定城市探索形成的科创金融创新模式，试验区其他城市优先推广复制。

合规推进，安全可控。依法合规开展各项金融改革创新，正确处理和平衡创新发展与风险防控的关系，坚决打击资金脱实向虚和跨市场投机套利。运用金融科技推动监管创新，强化金融消费者权益保护，维护金融稳定。

（三）总体目标。

经过五年左右的不懈努力，将上海市、南京市、杭州市、合肥市、嘉兴市科创金融改革试验区，塑造成为引领科创金融合作的典范区域、汇聚产品业务创新的高地、率先实施改革政策的试验区、树立金融生态建设标杆的样板区以及产城深度融合的引领区域。这一进程将推动上海国际金融中心的核心功能实现新的飞跃，并进一步提升其在全球科技创新中心的影响力。同时，深入推动南京市建设成为具有引领作用的国家创新型城市,杭州市成为展示国内现代科创金融体系实践成果和金融服务科技创新发展的示范基地。合肥市蜕变为具有国际影响力的科技创新策源地与新兴产业集聚地,同时带动嘉兴市努力成为长三角地区科技成果转化的重要高地和科创金融一体化服务的基地,共同开创科创金融新篇章。

二、健全科创金融机构组织体系

(一) 进一步完善科创金融银行服务体系。

积极倡导商业银行在试验区内设立科技金融事业部、科技支行以及科创金融专营机构等。这些机构将被授权建立专业的组织架构体系,配备专业的经营管理团队,制定专用的风险管理制度和技术手段,并开发专门的管理信息系统。此外,建立专项激励考核机制和专属客户的信贷标准,以探索更为灵活和高效的差别化管理方式。同时,鼓励试验区内的地方法人金融机构根据自身职能定位和战略发展方向,按照商业自愿原则,重点支持科创企业的发展。为了进一步增强金融服务的针对性和专业性,支持符合条件的商业银行设立理财子公司等专业子公司,重点关注科技创新领域,为科创企业提供更为全面和精准的金融服务。通过这些举措,推动科创金融银行服务体系的不断完善,为科技创新和产业升级提供更为有力的金融支持。

(二) 丰富科创金融组织业态。

积极支持境内外科技保险公司在试验区内设立总部研发和创新中心,以此促进科技保险业务在区域内的深化发展。引导试验区内符合要求的保险公司设立专门的科技保险经营机构,以进一步提升保险中介在科技保险领域的专业服务能力,为科创企业提供更加全面、高效的保险保障。此外,加大试验区内证券公司、基金管理公司对科创企业的服务力度,通过提供多元化的金融服务,助力科创企业实现更快更好的发展,推动科技创新与金融服务的深度融合,为科创企业的发展注入新的活力。支持高校设立知识产权管理与运营基金,用于开展专利导航、专利布局、专利运营等知识产权管理运营工作以及技术转移专业机构建设、人才队伍建设等。大力推动创业投资的发展,积极支持各类私募股权和私募证券基金管理公司的壮大。对于试验区内符合股权投资条件的融资担保机构,给予资本金的充实支持,以进一步增强其担保能力。同时,鼓励国家融资担保基金与符合条件的政府性融资担保机构签订分保协议,与试验区内的地方法人银行业金融机构签订总对总担保协议,以形成更为完善的担保网络,为科创企业提供更为全面的担保服务。此外,进一步完善政府性融资担保机构的绩效评价体系,以更加科学地评估其工作成效。重点关注支持科创小微企业的数量,并适当降低反担保要求,以减轻科创企业的融资压力,促进其发展壮大。

(三) 补齐科创金融辅助产业链。

推动法律、会计、管理咨询、评估认证、创业孵化、中介服务等科创金融辅助服务机构的专业化和市场化发展。积极支持金融机构在试验区内设立后台运行与服务基地，以打造开放协作、功能完备、高效运行的科创金融中介服务体系和后台体系。进一步完善科创金融生态圈，提升金融服务的质量和效率，为科创企业提供全方位、专业化的支持，助力其实现更快、更稳健的发展。通过不断优化科创金融中介服务体系和后台体系，为试验区内的科创企业提供更加便捷、高效的服务，推动整个科创金融行业的健康、快速发展。基本满足试验区内各类主体科技创新和金融创新需要。

三、推动科创金融产品创新

(四) 优化科创金融产品供给。

鼓励金融机构依据市场化原则，深入评估借款人的财务实力和还款来源。在评估过程中，综合考虑项目的现金流状况、抵质押物等因素，为试验区内的重大科技创新及研发项目提供有力的信贷资金支持。同时，大力发展知识产权质押、股权质押等贷款产品，进一步拓宽信用贷款产品的种类和范围，加大信用贷款的投放力度。提升面向科创企业的首贷比例，充分发挥保险公司、担保机构等风险分担和增信作用，以进一步扩大信贷产品的覆盖面，为科创企业提供更为全面、精准的金融服务。开发符合技术贸易特点的金融产品，创新技术类无形资产交易融资的担保方式和风险管理技术，支持技术收储机制建设。积极支持具备内部评估能力的商业银行，将知识产权评估结果作为知识产权质押授信的重要决策依据，以充分发挥知识产权在融资过程中的价值。鼓励金融机构创新软件、大数据等无形资产的价值评估体系，以更精准地评估科创企业的资产价值，为其提供更加精准的金融服务。优化供应链金融服务，支持金融机构与供应链核心企业紧密合作，共同开展应收账款质押贷款、标准化票据、供应链票据、保理等业务，为科创企业提供更加全面、便捷的融资支持。同时，支持商业银行运用"远期共赢"利率定价机制，在风险可控的范围内开展无还本续贷业务，以减轻科创企业的还款压力，促进其健康、稳定发展。

(五) 推动科创金融业务创新。

支持银行业金融机构运用再贷款、再贴现资金加大对符合要求的科创企业信贷投放力度。支持商业银行在风险可控、商业可持续前提下，强化与创业投资机构、股权投资机构合作，创新多样化科创金融服务模式。推动科技类保险创新发展。支持保险公司研发推出符合科创企业需求的保险产品，持续推进生物医药相关责任保险、首台(套) 重大技术装备保险、新材料首批次应用保险、网络安全保险和知识产权质押贷款保证保险、专利综合保险产品，支持开展软件首版次应用保险补偿机制试点，支持保险公司对科创企业开展财务性股权投资。深化体制机制创新,引导阳光基金、种子基金等投向初创企业。

(六) 深化银行业金融机构跨区域协作。

深化试验区内的银行业金融机构合作,积极推动各方在项目规划、评审评级、授信额度核定、还款安排、信贷管理以及风险化解等关键领域进行更为紧密的协作。同时,鼓励并支持试验区内银行业金融机构在遵守法律法规的前提下,勇于探索创新,建立跨省(市)的联合授信机制,以银团贷款等业务形式,积极满足试验区内科技产业及重大合作项目的融资需求,确保资金的有效利用和项目的顺利推进。

(七) 鼓励跨境投融资创新。

在确保风险防控机制健全的基础上,支持境外发起的私募基金试点项目,通过合格境外有限合伙人(QFLP)机制,投资境内科创企业的股权,以推动科技创新与资本融合。支持符合条件的国内机构试点项目,通过合格境内有限合伙人(QDLP)等方式,积极参与境外科创企业的并购活动,促进国内外科技创新资源的优化配置和高效利用。从而拓宽融资渠道,提升跨境投融资的效率和水平,为科创企业的快速发展提供有力支持。

四、充分利用多层次资本市场体系

(八) 畅通科创企业上市融资渠道。

为了优化上市后备科创企业的资源配置,应强化资源库建设,对表现卓越的科创企业进行精心孵化和分类支持,以促进其健康成长。积极鼓励科创企业实施股份制改造,完善公司治理结构,为企业的长远发展奠定坚实基础。同时,鼓励科创企业积极寻求境内外上市融资机会,以及在区域性股权市场挂牌,特别是鼓励软件、大数据、人工智能等领域的优质企业在国内上市,以拓宽融资渠道,提升品牌影响力。在试验区范围内,全力支持科创企业在上海证券交易所和深圳证券交易所上市,对于符合条件的科创企业,应特别支持其在科创板上市,以进一步推动科技创新与资本市场的深度融合。此外,还应引导更多专业、优质的中介机构为科创企业提供全方位的专业服务,助力企业顺利走向资本市场。此外,为了加强区域性股权市场与全国性证券交易所的协同合作,应发挥区域性股权市场在培育企业上市和新三板挂牌中的积极作用,建立市场监管合作及信息共享机制,确保市场规范有序发展。同时,支持试验区内区域性股权市场开展私募基金份额登记托管、质押业务,推动试验区内区域性股权市场数据资源共享,以进一步提升市场效率和透明度,为科创企业提供更加优质的发展环境。

(九) 支持试验区内企业债券融资。

在依法合规的前提下,推动试验区内相关机构在银行间债券市场、交易所债券市场以及区域性股权市场发行一系列创新金融产品，包括创业投资基金类债券、双创孵化专项企业债券、双创专项债券、长三角集合债券、双创金融债券、创新创业公司债和私募可转债等，并积极探索发行科技型中小企业高收益债券，以满足不同层次、不同需求的科创企业融资需求。此外，为了进一步优化试验区内科创企业发行债券的流程，应完善相关注册服务机制，实行即报即核制度，大大简化发行程序，为科创企业发行债券提供了极大的便利。同时，还应积极探索利用融资担保机构增信等方式，进一步完善科创企业债券融资增信机制，旨在降低科创企业的债券成本和债券融资风险，增强其市场竞争力。

此外，积极支持试验区内符合条件的地方法人金融机构申请成为上海相关金融要素市场的会员，以扩大其业务范围和影响力，提升金融服务实体经济的效能。这些举措将有助于推动试验区内金融市场的健康发展，为科创企业提供更加全面、高效的金融支持。

（十）强化股权投资基金培育引导。

积极争取国家重大产业投资基金在试验区的落地，并加大对试验区内科创类基金，特别是民营科创类基金的配套支持力度。推动试验区产业投资基金领域的深度合作，确保能够有效满足试验区内的重大科技创新及研发项目的融资需求。大力支持二手份额转让基金（S基金）的发展，通过促进股权投资和创业投资份额的转让与退出，有效增强创业投资资本服务科技创新的能力。此外，加强试验区内投资基金与高校、科研院所的对接合作，利用市场化手段，通过现有的科创类专业子基金，为科技成果转化提供有力支持。在研究探索中，应考虑适当放宽试验区内政府投资基金单个投资项目的投资限额，适度提高投资容错率，以鼓励更多的投资活动。同时，探索建立基于孵化企业数量等指标的正向考核激励机制，进一步优化政府投资基金和国有创业投资资本的退出机制安排。鼓励通过协议转让、上市、回购等市场化方式实现资本的退出，为投资活动提供更加灵活和高效的退出路径。

五、推进科技赋能金融

（十一）优化金融科技生态。

精心布局金融科技战略空间，积极引导试验区内金融科技产业的集聚，以形成金融科技联动发展的显著优势。我们全力支持优质的金融科技项目入驻试验区孵化总部基地，为这些项目提供最佳的发展环境和资源支持。同时，积极推动试验区以第五代移动通信（5G）、物联网为代表的"万物互联"基础设施建设，加强5G技术在智能金融科技、智慧城市等领域的布局，以推进"感知城市"物联网系统的建设，实现城市各领域的智能化和互联互通。围绕国家云计算服务创新发展试点示范城市的建设目标,致力于推动"下一代互联网+云计算平台"智慧云基础设施的建设,积极构建规模化、开放型的金融云服务平台,为金融科技的发展提供强大的云计算支持。此外,深入推进"城市数据大脑"的建设,打造大数据、动态化、可视性的"城市金融大脑",实现城市金融数据的集成、分析和智能化应用,为城市金融发展提供有力支撑。通过这些举措,我们将进一步优化金融科技生态,推动金融科技产业的健康发展。

17.4 河北省发展科创企业集合债建议

随着科技创新日益重要,科创企业作为推动经济发展的新动力,越来越受到各级政府的重视。河北省作为京津冀地区的重要组成部分,拥有得天独厚的地理位置和资源优势,应积极响应国家创新驱动发展战略,大力发展科创企业。然而,科创企业在发展过程中常常面临资金瓶颈,因此,探索科创企业集合债的发行,对于解决科创企业融资难、融资贵的问题具有重要意义。关于河北省发展科创企业集合债,本书提出如下建议:

(1)建立科创企业债券发行平台。河北省应专门建立科创企业债券发行平台,该平台不仅能为科创企业提供一站式债券发行服务,还能集聚金融、法律、会计等各领域资源,提供全方位的专业指导。通过组建由多领域专家构成的顾问团队,平台能够确保科创企业在发行过程中得到精准咨询和高效服务。同时,定期的培训活动将保证平台服务团队始终紧跟市场动态,及时掌握监管政策的变化,从而为科创企业提供最前沿、最专业的支持,有效降低发行门槛和成本,推动科创企业通过债券市场实现更快速的发展。

(2)完善信用评级体系与增信机制。建立河北省科创企业信用数据库,通过搜集和整理科创企业的经营数据、财务状况、技术创新能力等信息,构建全面的信用数据库。利用大数据和人工智能技术,对数据进行深度分析,为信用评级提供准确依据。此外,河北省应积极与国内外知名评级机构携手,共同构建完善的科创企业信用评级体系。通过引入第三方评级机构,对科创企业进行客观、公正的信用评估,这不仅可以提高企业的信用透明度,也为投资者提供重要的决策参考。这一举措将极大地增强投资者信心,同时也有助于科创企业在市场上获得更广泛的认可。信用评级体系的完善,将为科创企业债券的顺利发行和市场流通奠定坚实基础。

(3)加大政府支持力度。政府应出台相关政策,对科创企业集合债的发行给予一定的财政补贴和税收优惠,降低科创企业的融资成本,对成功发行集合债的科创企业给予一定比例的财政补贴,降低其融资成本,同时实施税收优惠政策,如减免债券利息所得税等，鼓励投资者购买科创企业债券。此外，政府还可以设立科创企业债券担保基金，为科创企业债券提供增信支持，提高债券的市场接受度；也可以优先采购、使用科创企业的产品或服务，以支持其发展并提升科创企业偿债能力。

（4）加强投资者教育。科创企业具有高风险、高收益的特点，因此需要加强投资者教育，提高投资者对科创企业债券的认识和风险意识。河北省可以通过举办投资者教育活动、发布投资者教育手册等方式，帮助投资者更好地了解科创企业债券的投资价值和风险。此外，还需要建立投资者保护机制，通过完善投资者投诉处理机制，加强对科创企业的信息披露监管，确保投资者能够获取真实、准确的信息，投资者的合法权益得到及时、有效的保护。

（5）推动债券市场创新。科创企业的发展需要不断创新的金融产品和服务来支持。河北省应积极推动债券市场创新，探索科创企业债券的新品种、新交易方式等，以满足科创企业多样化的融资需求。通过不断拓展债券市场渠道，积极推动科创企业债券在银行间市场、交易所市场等多平台发行与交易，积极鼓励外资进入科创企业债券市场，提高市场的国际化和多元化程度。

通过深入实施上述建议，河北省科创企业集合债的发展将得到进一步推动。这将为科创企业带来更加便捷、高效的融资服务，解决其资金瓶颈问题，从而加速科技创新和产品研发。同时，这些举措还将有力地提升河北省科创企业的整体竞争力，使它们在激烈的市场竞争中脱颖而出，科创企业的发展将推动河北省经济结构的优化升级，为地方经济注入新的活力，实现高质量发展。

第18章

双创金融债

2014 年达沃斯论坛开幕式上，国务院总理李克强提出鼓励积极创新，形成"大众创业，万众创新"的新局面。自此，"大众创业、万众创新"成为中国社会的热点和重点话题。双创金融债在河北省前景良好，同时河北省也在制定相关措施支持金融双创债的发展。因为中小企业是非常重要的创新主体，而融资难，融资贵，依然是制约其发展，而双创金融债是在银行借款、双创类企业债券等现有金融产品基础上又一创新性的金融产品，金融机构发行双创债，资金募集能力更强，金融机构具有成本更低、服务半径更高、服务行业更全、推动力更强等优势，服务创新创业领域的效果更加显著。

在河北省更加注重科技创新的背景下，政府着力推动双创金融债的落地，支持发展创业投资，拓宽支持创新创业发展的资金来源，为支持大众创业万众创新提供全方面的金融服务。政府应积极出台政策支持，强化政策联动和信息共享，积极开展双创金融债的培育引导，促进创新创业企业的发展，适当放宽银行发债要求，在欠发达地区适当降低银行发行门槛。

18.1 双创金融债概念与特点

双创金融债，是指金融机构为募集资金以支持"双创"企业、项目或团队而特别发行的专项金融债券。

双创金融债属于金融债券，由信用资质好、资本实力强的银行等金融机构发行，属于公司债券的一个子类别，发行主体主要包括政策性银行、国有商业银行、股份制商业银行、城商行、农商行等，募集资金则主要投向高新技术企业、科技型中小企业等。双创金融债在 2017 年 12 月底由齐鲁银行首先在银行间债券市场试水发行，为确保双创金融债真正惠及双创企业，齐鲁银行单列双创贷款规模和放款序列，明确规定双创金融债券募集资金实行专款专用，所募集的资金一年内已惠及超两百家企业。双创金额债能够释放创新创业企业发展活力、创新动力、技术能力，缓解企业融资难题。

18.2 双创金融债的主要流程

双创金融债的发行主体主要包括政策性银行、国有商业银行、股份制商业银行、城商行、农商行等。对发行双创金融债的商业银行来说，应具有完善的创新创业领域贷款授信、风控、营销等制度和成熟的业务团队，要积极改进信贷管理机制，通过优化贷款审批流程、提高风险管理水平、实行差别化利率定价机制等方式，提升商业银行服务创新创业主体水平；同时要有丰富信贷产品体系，发挥科技赋能作用，扩大产业链融资、知识产权质押融资规模，多方面满足创新创业主体融资需求，支持大众创业万众创新。

双创金融债的募集资金投向以下企业：经国家或各省、自治区、直辖市、计划单列市高新技术企业认定管理机构认定的高新技术企业；符合《科技型中小企业评价办法》相关规定并纳入全国科技型中小企业信息库的科技型中小企业；符合国家及各级科技行政主管部门认定标准的科技企业孵化器经营管理企业，通过科技部备案的众创空间运营机构，国家级及省级高新技术产业开发区经营管理企业；注册地或主要经营地在国家双创示范基地、全面创新改革试验区域、战略性新兴产业区域集聚发展试点地区、国家自主创新示范区、国家高新技术产业园区等双创资源集聚区域内的企业；开业3年以内的其他小型、微型企业及个体工商户，但房地产企业和地方政府融资平台除外；地方各级政府职能部门自主认定的创新企业或创业企业（该部分贷款占比不超过发债募集资金的30%）。

双创金融债券需要同时向中国人民银行、中国银保监部门提交发行申请。人民银行方面，商业银行直接向中国人民银行总行提交申请材料（疫情期间可线上提交），中国人民银行总行比照绿色金融债券发行管理要求，适当精简商业银行申请发行双创金融债券的材料要件，优化审核流程，提高审核效率。

绿色金融债券发行流程：（1）发行人主体资格绿色金融债的发行主体为金融机构，绿色金融债发行过程包括政策性银行、商业银行、绿色金融债发行过程企业集团财务公司及其他金融机构。绿色金融债发行过程需要就发行人的历史严格进行梳理，确定发行人不存在根据有关法律法规及发行人公司章程之规定应予中止的情形，绿色金融债发行过程具有本期发行的主体资格。（2）批准与授权及债券条款绿色金融债应取得监管机构和审批机构，如中国人民银行、中国银保监会的批准和同意。但在绿色金融债发行过程法律意见书中核查内容只是针对发行人的内部授权过程，绿色金融债发行过程即需要核实发行人的绿色金融债发行过程董事会会议决议和股东大会会议决议是否符合我国《公司法》和发行人公司章程的有关规定，本次发行是否获得了有效的内部批准。

综上所述，双创金融债是贯彻落实国家创新驱动发展战略，支持大众创业、万众创新的发展战略，是切实提升对双创企业金融服务能力的重要举措，能够加速科技金融业务。对于创新创业企业来说，有助于解决其融资渠道窄、融资贵等问题，是一种可靠的融资方式。

18.3 双创金融债典型措施借鉴

为贯彻落实《国务院关于推动创新创业高质量发展打造"双创"升级版的意见》，进一步优化创新创业环境，降低创新创业成本，提升综合服务能力，发挥带动就业、支撑创新作用，充分释放全社会创新创业活力和创造力，河北省人民政府出台了《关于推动创新创业高质量发展打造"双创"升级版若干政策措施》。该政策指出鼓励保险公司为符合条件的科技型中小企业提供风险保障，深化与京津科技创新券互认互通，引导各类符合条件的科技型中小企业和创业投资企业参与债券市场，发行"双创"债等融资品种，拓宽小微企业和创新创业者融资渠道。

2018年2月，中国人民银行工作会议提出稳步推进金融市场创新开放，推出双创金融债券；2018年11月，央行发文《关于进一步加强民营企业和科技创新企业金融服务的实施意见》，鼓励和支持金融机构探索发行"双创"金融债券，募集资金用于科技创新企业贷款；2019年3月，政府工作报告《关于支持商业银行发行创新创业金融债券的意见》，提出鼓励发行双创金融债，同年8月央行、中国银保监联合发文鼓励商业银行发行双创金融债券增加双创领域信贷投放，发挥各类创新主体的创造潜能，支持经济结构调整和产业升级。在国家的鼓励下，双创金融债券以银行等金融机构为发行主体，以银行信用为基础在银行间债券市场募集双创信贷资金专项支持创新创业企业，为银行支持创新创业企业融资和服务实体经济发展提供了资金来源，有效地解决了创新创业企业融资困境。

中国人民银行办公厅 中国银行保险监督管理委员会办公厅
关于支持商业银行发行创新创业金融债券的意见[①]

中国人民银行上海总部，各分行、营业管理部，各省会（首府）城市中心支行，各副省级城市中心支行；各银保监局；各国有商业银行、股份制商业银行，中国邮政储蓄银行：

为深入贯彻落实2019年政府工作报告精神，进一步推进大众创业、万众创新，更好地支持商业银行开展创新创业领域相关业务，现就商业银行发行创新创业金融债券（以下简称双创金融债券）提出如下意见：

---

① 资料来源：https://www.gov.cn/zhengce/zhengceku/2018-12/31/content_5450767.htm。

一、优化双创金融债券募集资金用途，提高双创领域贷款发放精准度

鼓励商业银行发行双创金融债券，募集资金主要用于发放创新创业领域贷款，贷款主体包括但不限于：

（一）经国家或各省、自治区、直辖市、计划单列市高新技术企业认定管理机构认定的高新技术企业；

（二）符合《科技型中小企业评价办法》相关规定并纳入全国科技型中小企业信息库的科技型中小企业；

（三）符合国家及各级科技行政主管部门认定标准的科技企业孵化器经营管理企业，通过科技部备案的众创空间运营机构，国家级及省级高新技术产业开发区经营管理企业；

（四）注册地或主要经营地在国家双创示范基地、全面创新改革试验区域、战略性新兴产业区域集聚发展试点地区、国家自主创新示范区、国家高新技术产业园区等双创资源集聚区域内的企业；

（五）开业3年以内的其他小型、微型企业及个体工商户，但房地产企业和地方政府融资平台除外；

（六）地方各级政府职能部门自主认定的创新企业或创业企业（该部分贷款占比不超过发债募集资金的30%）。

二、鼓励商业银行申请发行双创金融债券，增加对创新创业领域的贷款投放

人民银行、银保监会比照绿色金融债券的发行管理要求，适当精简商业银行申请发行双创金融债券的材料要件，优化审核流程，提高审核效率，支持符合条件的商业银行申请发行双创金融债券。

人民银行、银保监会指导分支机构及派出机构加强对双创金融债券存续期募集资金使用的监督指导，确保资金切实用于创新创业领域贷款。

三、完善配套政策措施，支持商业银行发行双创金融债券

人民银行分支机构、银保监会派出机构要强化政策联动和信息共享，加强对辖区内商业银行的政策宣传和培育引导，提高商业银行发行双创金融债券的积极性。

加强与地方政府相关部门的协调配合，加大对辖区内商业银行发行双创金融债券的全流程支持，推动地方政府相关部门认定、培育和扶持创新创业企业和项目，为商业银行发行双创金融债券提供创新创业主体基础信息；通过财政贴息奖补、设立贷款风险补偿基金、应急转贷基金等方式，建立健全商业银行在债券存续期发放创新创业贷款的风险分担和补偿机制。

符合条件的商业银行双创金融债券可作为人民银行相关货币政策操作工具的抵

（质）押品。

四、推动完善发债银行内部信贷管理机制，提升对创新创业领域的支持力度

发行双创金融债券的商业银行应具有完善的创新创业领域贷款授信、风控、营销等制度和成熟的业务团队，要积极改进信贷管理机制，通过优化贷款审批流程、提高风险管理水平、实行差别化利率定价机制等方式，提升商业银行服务创新创业主体水平。

丰富信贷产品体系，发挥科技赋能作用，扩大产业链融资、知识产权质押融资规模，多方面满足创新创业主体融资需求，支持大众创业万众创新。

请人民银行上海总部、各分行、营业管理部、省会（首府）城市中心支行、副省级城市中心支行，各银保监局将本意见联合转发至辖区内商业银行。

中国人民银行上海总部关于进一步加强民营企业和科技创新企业金融服务的实施意见[①]

上海市各银行业金融机构：

为深入贯彻习近平总书记关于民营经济发展的重要指示精神，认真落实党中央、国务院关于上海要加快向具有全球影响力的科技创新中心进军的战略部署，根据中国人民银行等五部委《关于进一步深化小微企业金融服务的意见》（银发〔2018〕162号）和上海市委市政府《关于全面提升民营经济活力大力促进民营经济健康发展的若干意见》（沪委发〔2018〕27号）等文件精神，进一步提升对民营企业、科技创新企业的金融服务水平，引导更多金融资源支持上海民营经济健康发展和科创中心建设，现提出以下意见：

一、发挥中央银行货币信贷工具导向支撑作用，增强民营企业信心

（一）充分发挥再贷款定向调控、精准滴灌功能。将不少于100亿元的再贷款额度聚焦于科技创新、先进制造业等重点领域民营、小微企业，同时努力撬动金融机构运用自有资金进一步加大信贷投放。金融机构要切实将再贷款优惠利率传导至企业，运用再贷款资金发放的民营、小微企业贷款加权平均利率，要低于运用其他资金发放的同期同档次贷款加权平均利率。

（二）加大对民营企业票据融资支持力度。对民营企业票据再贴现不设单张和总额的限制，对有一定规模和行业知名度的民营企业票据再贴现重点倾斜。开通科技创

---

① 资料来源：https://www.waizi.org.cn/policy/61782.html。

新企业票据再贴现绿色通道，对科技型小微企业小额票据（票面金额500万元及以下）优先办理再贴现。力争每年办理民营企业和科技型小微企业再贴现超过150亿元，把央行再贴现优惠政策切实传导至民营企业和科技型小微企业。

（三）落实"民营企业债券融资支持工具"政策。发挥金融管理部门、政府部门、金融机构、债券市场专业机构等多方合力，通过创设信用风险缓释工具、担保增信等多种方式，重点支持暂时遇到困难，但有市场、有前景、技术有竞争力的民营企业债券融资。金融机构要积极参与"民营企业债券融资支持工具"的相关工作，推动债券融资支持工具在上海有效实施。

（四）发挥好抵押补充贷款资金的引导作用。辖内开发性和政策性金融机构要积极运用抵押补充贷款资金加大对科创和外贸领域重点民营、小微企业的信贷投放，有效降低企业融资成本。人民银行上海总部将根据总行授权，扎实做好抵押补充贷款非现场监测、现场核查和效果评估工作。

二、拓宽融资渠道、创新融资模式，缓解民营企业和科技创新企业融资难并努力降低融资成本

（五）积极推动应收账款融资服务平台应用。各金融机构要加大应收账款融资服务平台的应用宣传力度，推动核心企业供应链整体加入平台，强化核心企业与金融机构、平台系统三方对接，开展线上全流程应收账款融资。推动开展政府采购应收账款融资业务和存货融资服务，促进中小微供应商企业融资。

（六）利用创业担保贷款政策服务创业群体。鼓励上海市创业担保贷款政策经办银行充分利用政策性担保和贷款贴息政策，服务创业人群和初创企业，提高小微科创企业"首贷"可得性。对金额50万元以下创业担保贷款，无需借款人提供质押担保；企业借款人的贷款最高金额由原100万元提升至200万元。各创业担保贷款经办银行要做好业务精准管理、精准统计，健全业务征信数据报送机制，提高服务质量和效率。

（七）支持科技创新企业发债融资。在上海市政府、中国银行间市场交易商协会和人民银行上海总部签订的"三方协议"框架下，加大对国家重点支持产业中创新优势企业及符合条件的科技创新企业直接债务融资的支持服务力度。金融机构要优先支持科技创新企业开展债务融资工具和创新产品发行试点；鼓励科技创新企业通过资产证券化方式盘活存量资产，拓宽融资渠道。金融机构要积极发展定向可转票据、信用联结票据等适合定向发行方式的创新产品，推动开展融资工具含权化和结构化试点，为不同类型、不同规模科技创新企业在不同发展阶段提供差异化的融资产品。

（八）探索发行"双创"金融债券。人民银行上海总部将鼓励和支持金融机构探索发行"双创"金融债券，募集资金用于科技创新企业贷款。金融机构要进一步简化内部流程，提高融资效率，专款专用。

（九）便利民营企业和科技创新企业使用商业汇票融资。鼓励金融机构对民营企业、科技创新企业签发的商业承兑汇票提供保贴服务，加大小额商业汇票的推广。鼓励金融机构运用商业汇票发展供应链金融，促进民营企业、科技创新企业融资便利化。

（十）支持民营企业和科技创新企业跨境融资和跨境担保。支持民营企业、科技创新企业按照跨境融资宏观审慎管理政策等模式举借外债，简化外债登记手续。支持民营企业和科技创新企业境外融资资金调入境内用于合法的投融资活动，支持其合理的债务套期保值交易。简化境外股权、债权融资后的资金调回境内使用手续。支持民营企业和科技创新企业综合运用内保外贷或外保内贷等多种形式的跨境担保开展投融资业务。支持金融机构为开展进出口贸易的民营和小微企业创新贸易融资方式。

（十一）支持创业投资机构开展投资业务。支持专业境外投资者经批准在上海以公司制、合伙制、契约制等多种组织形式设立股权投资基金、创业投资基金和天使投资基金等创业投资机构的资金汇兑；支持创业投资机构以资本项下外汇结汇资金开展对科技创新企业和科技创新人才的投资，包括股权、夹层、可转债、优先股、分级基金、天使投资等多种方式。支持前述外资创业投资机构于境内投资科技创新企业后的本金和收益合法汇出；支持按所投项目分别核算本金和利润金额后即时汇出；适时支持境外投资者对创业投资机构开展循环出资的资金汇兑。

三、优化金融营商环境，提升民营企业和科技创新企业贸易投资兴业便利化水平

（十二）支持民营企业和科技创新企业跨境股权投资。支持民营企业和科技创新企业以获得技术资产、扩展区域市场、自有技术输出等创新技术产能回馈为目的的跨境股权投资资金汇兑，支持合理的境外投资前期费用资金汇出。

（十三）支持民营企业和科技创新企业跨境技术资产交易。支持民营企业和科技创新企业收购境外优质技术、出售自主研发技术的资金汇兑；支持合理的交易保证类资金收支。便利上海市建设科技创新企业资产（或负债）转让市场的交易登记和资金汇兑手续。

（十四）提升经常项目外汇业务办理便利性。针对民营企业和科技创新企业支付境内外关联公司间人员工资、法律、技术服务等项目分摊代垫费用，各外汇指定银行可简化操作流程，放宽分摊代垫时限。针对民营企业和科技创新企业办理与科创项目相关的服务贸易（如差旅、境外培训）等项目支付业务，支持金融机构采用审核电子单证等方式为民营企业和科技创新企业提供创新金融服务，提升相关业务便利性。

（十五）为民营企业和科技创新企业、引进的海外人才提供全方位跨境金融服务。民营和小微企业通过跨境电商平台开展的具有真实交易背景的跨境电子商务交易，金

融机构和第三方支付机构可依托自由贸易账户，为其提供更加便捷的本外币跨境结算服务，助力民营和小微企业积极开拓国际市场。各金融机构要按照人民银行上海总部拓展自贸区跨境金融服务功能的要求，依托自由贸易账户向科技创新活动提供包括技术贸易、研发创新、供应链金融、全功能资金集中管理等在内的全程全方位的跨境金融服务。支持全市科技创新型企业利用自由贸易账户对接国际市场资源，开展针对科技创新的风险投资、股权投资等活动。金融机构可以直接为符合条件的海外引进人才和参与科技创新活动的境外个人依规开立境外个人自由贸易账户，办理境内外合法资金收支、跨境投资以及兑换等配套金融服务。

（十六）引导民营企业和科技创新企业完善汇率风险管理。支持金融机构依法推出更多的汇率风险管理产品和解决方案，加强与企业的沟通交流和业务合作，引导企业健全汇率风险管理。鼓励企业在跨境贸易和投融资活动中更多使用人民币结算，以规避汇率风险。

（十七）提升支付结算服务能力。金融机构要为民营企业和科技创新企业提供开户便利，应通过银行官方网站、银行微信公众号、"一窗通"平台等电子渠道受理民营企业及科技创新企业开户预约。对民营企业和科技创新企业开户申请材料，金融机构要优先通过银行账户服务信息系统传输核准类银行账户开户资料电子影像，提升开户效率。金融机构要按照人民银行有关规定优化对民营小微商户的银行卡收单服务，提供多样化的收款方式。支持具有代收代付业务或集团公司业务（含集团公司资金划拨、代理付款、资金归集、账户余额查询、账户明细查询）等业务需要的民营企业及科技创新企业，通过开户银行以入网企业身份接入上海市支付结算综合业务系统，提高民营企业及科技创新企业的资金使用效率。鼓励民营企业及科技创新企业与金融机构在金融基础设施建设、数据挖掘等方面的合作。

（十八）优化各类人才涉外金融服务政策。便利拥有境外国籍（或港澳台地区永久身份）的科技创新人才将境内合法投资处置后所得的资金汇出。便利境内民营企业和科技创新企业的创始人搭建境外特殊目的公司融资结构及回购境外特殊目的公司股权的登记和资金汇兑手续；便利科技创新人才境外设立特殊目的公司补办理登记手续；便利科技创新人才从境外特殊目的公司资金调回手续。支持科技创新人才参与其服务企业在境外实施的股权激励计划；便利股权激励计划的登记手续，衔接非上市和上市公司股权激励管理流程；便利拥有境外国籍（或港澳台地区永久身份）的科技创新人才参与其服务企业在境内实施的股权激励计划的登记及汇兑手续。支持金融机构简化个人外汇业务流程，促进民营企业和科技创新企业海外人才引进。港澳台专家除"港澳居民来往内地通行证""台湾居民来往大陆通行证"外，还可以持"港澳台居民居住证"作为合法有效身份证件,直接在金融机构办理结售汇等个人外汇业务。外籍专家除护照外,还可以持"外国人永久居留身份证"作为合法有效身份证件,直接在金融机构办理结售汇等个人外汇业务。支持金融机构采用审核电子单证、系统批量处理等方式,通过电子化渠道为民营企业和科技创新企业相关人员办理结售汇、小额购汇提钞等个人外汇创新业务。

四、健全完善考核激励机制,为民营企业和科技创新企业营造更加公平便利的融资环境

(十九)加强信贷考核监测与正向激励。中国人民银行上海总部将依托宏观审慎评估(MPA)和货币信贷导向效果评估,强化对定向降准、央行资金运用方面的考核,并建立完善民营企业、小微企业、绿色信贷专项评估指标,引导金融机构提升相关领域信贷支持力度,逐步降低企业融资成本,力争主要商业银行新发放小微企业贷款平均利率比 2018 年一季度下降 1 个百分点。对支持成效突出、符合条件的金融机构,中国人民银行上海总部将在央行金融机构评级中予以体现,并在 200 亿元常备借贷便利额度内优先给予流动性支持。

(二十)疏通金融机构内部传导机制。各金融机构要从信贷资源安排、内部资金转移价格、授信审批权限设置、绩效考核机制等方面,针对服务民营企业、小微企业和科技创新企业,完善制度安排。对民营企业和国有企业要一视同仁。对小微企业和科技创新企业通过政策倾斜充分调动相关部门和基层从业人员积极性。

进一步加大对民营企业和科技创新企业的融资支持,做好金融服务工作,是当前一项重要政治任务。各金融机构要切实提高政治站位,主动担当作为,创新工作思路,不断提升对民营企业和科技创新企业的金融服务水平,持续推动上海民营经济和科创中心联动发展。

18.4 双创金融债的典型案例

双创金融债是在银行借款、双创类企业债券等现有金融产品基础上又一创新性的金融产品。该产品通过银行发行债券,然后定向支持双创企业的"曲线"模式,丰富了商业银行服务双创企业的金融产品体系。与企业作为主体发行双创债的方式相比,金融机构发行双创债,资金募集能力更强,金融机构具有成本更低、服务半径更高、服务行业更全、推动力更强等优势,服务创新创业领域的效果更加显著。

2017 年 12 月 25 日,齐鲁银行公告称,收到中国人民银行批准,同意其在全国银行间债券市场公开发行不超过 10 亿元人民币的金融债券,募集资金专项用于创新创业企业贷款。这是全国首单专项支持"双创"的金融债券。首期"双创"金融债券发行规模为 5 亿元，为 3 年期固定利率品种。上海新世纪资信评估投资服务有限公司（以下简称"上海新世纪"）评定齐鲁银行主体信用等级 AA+，展望稳定，金融债券的信用等级为 AA+，展望为稳定。发行人承诺在募集资金到账后一年内完成所有拟投资创业创新项目的信贷投放。截至 2019 年 3 月末，募集资金已全部投放完毕，对创新创业企业的支持得到充分体现。

齐鲁银行是全国第一家挂牌新三板的商业银行，作为山东省重要的区域性银行和最早开展科技金融的银行，齐鲁银行深入贯彻创新驱动发展战略，在创新创业金融业务方面取得了显著成果。基于这样的优势，2017 年 12 月，齐鲁银行作为发行人的全国首单创新创业金融债——"17 齐鲁银行债"，在主管机关的大力支持下成功发行。双创金融债是继小微、绿色、三农等专项金融债之外的又一个商业银行金融债创新品种，填补了双创类金融债的空白。

从投放企业类型来看，齐鲁银行的双创债券资金全部投向高新技术企业和科技部认定的科技型中小企业两大类企业。具体来看，企业类项主要包括：电子信息技术、生物与新医药技术、新材料技术、高技术服务业、新能源及节能技术、资源与环境技术等国家重点支持的高新技术领域，切实有效地推动了经济发展方式转变。

10 亿元双创金融债券的成功发行与投放，进一步加强了齐鲁银行服务实体经济和支持创新创业的能力。齐鲁银行也将以此为契机，继续带动科技金融业务再上新台阶，以实际行动助力企业实施创新驱动战略和继续发展壮大，推动经济结构调整和产业转型升级。

18.5　河北省推动发展双创金融债的建议

（1）进一步完善支持双创企业的政策

财政部门要进一步明晰双创企业金融服务配套政策，通过财政贴息、保费补贴、应急转贷、融资担保、风险补偿等措施撬动银行信贷资金和保险保障资金。税务部门要出台双创企业融资的税收优惠政策，提高金融机构服务积极性。国家金融监管部门要制定双创企业金融服务的激励引导政策，通过加大货币信贷工具支持和调整业务监管方式引导金融机构扩大双创企业信贷占比。推动符合条件的地区设立"双创"支行或专营机构，实行双创企业信贷计划单列，开通审批"绿色通道"，认真落实"尽职免责"制度，全面提升服务水平。

(2) 加强双创企业培训教育

建立双创企业发展和融资数据系统，按照企业生产经营情况及诚实守信状况对企业进行分类支持。对优质类企业匹配更多的财政、税收、产业发展优惠政策，积极推动金融机构开展对接，并督促融资事项落地。对瑕疵类企业实行"一企一策"挂联帮扶，开展有针对性的包装培育，帮助其按照融资要求完善要件，指导尽快实现融资。对限入类企业加强金融知识培训，逐步提升企业现代化管理水平，增强金融诚信意识，帮助企业寻找股权投资、风险投资、天使投资等其他融资渠道，解决资金问题。

(3) 建立统一的企业信用信息平台

"双创"信贷的信用风险，主要决定于商业银行是否能及时获得融资主体的主要信息。这需要商业银行加强与政府之间的协作，政府部门通过发挥自身统筹社会资源的优势，建立统一的企业信用信息平台，让商业银行可以实时查询融资主体的信息。同时，要建立针对"双创"企业的融资风险补偿机制与融资担保体系，实现信用风险的合理分担；最后，还要完善对"双创"金融债权的保障，借助互联网平台，完善针对"双创"群体的快速诉讼体系，使商业银行可以在"双创"信贷资产出现风险时，对"双创"融资主体进行简单快速的诉讼申请。

(4) 适当放宽双创金融债的发债要求

近年，我国经济高速发展，不过仍存在较为突出的贫富差距，而贫富差距不仅限于东中西部的不同，省域内也存在不均衡。因此由于银行类型、资本金规模、所在地区等的不同，发行条件也有所区别。一方面，建议适当放宽双创金融债的发行条件，如非原则性问题，不设置额外条件，坚持在发展中动态防范金融风险，根据经济形势提高部分风险监管指标容忍度。另一方面，建议银行加大与企业在"双创"项目的合作，一般来讲，银行与大型企业的银企关系相对比较紧密，因此，可以开发针对大型企业"双创"项目或团队的专项金融债。此外，随着大企业"双创"的溢出效应增加，大中小企业协同"双创"的趋势日益明显，因此，银行可以以大企业"双创"平台为"纽带"，寻求大中小企业联合"双创"项目并进行"双创"金融支持。

(5) 强化发行双创金融债的政策激励

双创金融债券作为一种新型金融工具，其产生主要是为了支持创新创业企业融资。出于防范金融风险的考虑，除国家统一的监管指标以外，部分地区在实践中还制定了一些更加严格的指导意见或操作细则，对地方法人银行的债券发行总体持审慎态度。如部分地区认为银行在资金充足时，不应通过发债的形式增加"三农"、小微等领域的资金来源，而应优先使用自有资金发放贷款。金融债发行能帮助金融机构打开市场化融资渠道，广泛吸引各类资金支持本地银行发展，从而促进本地经济发展提速，要想双创金融债券在良好的法制下运行，应强化政策激励。因此，建议地方政府不断提高认识，将金融债纳入直接融资奖补范畴，如对发债银行的承销费、法审费、评级费等给予补贴，按发行规模给予一定比例的奖励，以降低发行人成本。鼓励地方投融资基金、产业基金购买本省银行发行的金融债，不断增强银行放贷能力和资本实力，更好地支持地方实体经济的发展。

本章参考文献：

［1］袁航，朱承亮．数字经济、交易成本与中国区域创新创业［J］．科研管理，2023，44（4）：19-28.

［2］杜念宇，赵建．数字金融能促进创新创业吗？——来自280个地级市的证据［J］．新金融，2023（3）：50-56.

［3］钱颜文，顾元勋．基于创新创业共生的企业战略转型过程研究——基于荣事达集团"双创模式"的案例分析［J］．北京交通大学学报（社会科学版），2023，22（1）：114-122.

［4］吕重阳，傅联英，韩蓄．数字创新创业实现共同富裕的机理和证据［J］．研究与发展管理，2023，35（1）：12-26.

［5］刘欢．双创金融债券发行监管法律问题研究［D］．西北大学，2020.

第19章

科技创新券

19.1 科技创新券概念与特点

高科技中小企业作为我国创新活动的中坚力量,对促进国家经济发展和建设创新型国家具有举足轻重的作用。我国的中小科技企业在进行创新活动时,常常面临着资源短缺、研发经费短缺等问题,从而导致市场失灵。为了改善中小企业的创新绩效,促进创新资源的最优配置,研究者们普遍认为,政府应该对其进行适当的财政补贴,为科技型中小企业的创新发展保驾护航,从而促进科技型中小企业持续开展创新活动,激励市场创新活动,对市场失灵进行补偿。然而,传统的政府补贴方式主要通过财政补贴的方式来支持中小科技企业的研发创新,存在着政策挤出效应和过度投资等问题,无法有效激励企业创新。于是,创新券政策应运而生。

创新券制度是由欧洲国家首先提出的。荷兰于2004年首次推出了"创新券"政策,旨在鼓励高技术中小企业和科研院所进行技术交流与合作。随后,欧洲国家如爱尔兰、意大利、英国、瑞士等纷纷借鉴荷兰的成功经验,制定了符合本国国情的"创新券"政策,为企业和科研院所搭建了一座"桥梁",促进了产学研合作和成果转化,促进了新产品的商业化,促进了企业的创新发展。2012年,江苏省宿迁市通过借鉴国外先进经验,在全市率先开展了"创新券"的试点工作,并在全国范围内开展了"创新券"的试点工作。此后,为刺激中小科技企业研发创新,加快科研院所科技成果转化,北京、上海、天津、重庆、浙江、广东等多个省市相继出台了"创新券"政策,旨在刺激中小科技企业研发创新,加快科研院所科技成果转化,推动区域科技和经济发展。创新券是一种鼓励中小科技企业研发创新的"创新货币",它可以有效地解决中小科技企业面临的资源短缺、研发经费短缺和高风险等问题。相较于政府直接补贴,该政策不仅可以发挥财政补贴效应,提高政府资金的使用效率,降低企业创新成本,还可以促进产学研合作。

19.2 科技创新券申请的主要流程

19.2.1 江苏省科技创新券申请流程

(1)企业注册。符合条件的科技型中小企业登录省科技资源统筹服务云平台科技创新券管理系统注册。

(2)创新券申领。注册成功的企业登录云平台科技创新券管理系统,在线填写创新券资格申请表,并按照要求上传相应附件。

（3）资格审核。云平台注册及资格审核业务常年受理。工商注册地在麒麟高新区的企业，主管部门选择"麒麟高新区"，由麒麟高新区负责资格审核；其他企业选择"南京市科学技术局"，由市科技局负责资格审核。审核通过的企业即成功申领创新券。

（4）创新券使用。企业通过云平台向省创新券服务机构购买服务，在订单支付环节直接抵扣省创新券，仅需向创新券服务机构支付扣除省创新券后的余款。

（5）联动支持。市科技局根据省科技资源统筹服务中心对创新券兑付审核后公示发文的结果，于次年按照与省资助资金1∶1的比例拨付我市联动支持资金（麒麟高新区企业联动支持资金由麒麟高新区全额负担）。

19.2.2 深圳市科技创新券网上办理流程

（1）申请

申请人可通过"深圳市科学技术服务中心"（www.sticapply.sz.gov.cn）进行网上填写申请，并上传相关材料，并经系统提出申请。

（2）受理

申请人在网上提交申报材料后，受理人员于网上申报截止后予以正式受理。

（3）审核

受理后，在15个工作日内提出初审意见（15个工作日内办理完毕，不计算处理时间）；由市科技创新委组织的委托审核、专家评审、答辩或实地考察。电子信息科技处在20个工作日内拟定拟资助名单，分管领导在5个工作日完成审核，在20个工作日内提请委务会审议。

（4）审批

市科技创新委电子信息科技处决定人员在所有审查环节完成后5个工作日内作出审查决定。

（5）办结

经审核合格的，在市科技创新委政府网站向社会进行公示，公示期为10天，公示期满后，无异议或者异议已处理的，市科技创新委会将下达文件。

（6）送达办理结果

申请人按约定的方式选择快递物流或自行在申报系统打印批复文件。

19.3　发展科技创新券典型措施借鉴

19.3.1　首都科技创新券资金管理办法

为深入落实党的十九大精神，落实《国务院关于强化实施创新驱动发展战略进一步推进大众创业万众创新深入发展的意见》（国发〔2017〕37号）和《北京市人民政府办公厅关于加强首都科技条件平台建设进一步促进重大科研基础设施和大型科研仪器向社会开放的实施意见》（京政办发〔2016〕34号），进一步强化北京作为全国科技创新中心的核心功能定位，推进大众创业万众创新，促进科技资源开放服务，充分发挥市场在资源配置中的决定性作用，进一步盘活首都优势科技资源，激发创新活力，促进小微企业与高等学校和科研院所之间的产学研用合作，北京市决定实施科技创新券制度，由北京市财政局与北京市科学技术委员会共同组织实施。为切实加强创新券的管理，充分发挥创新券的作用，特制定本管理办法。现印发给你们，请遵照执行。

北京市财政局
北京市科学技术委员会
2018年3月6日

首都科技创新券资金管理办法[①]

第一章 总 则

第一条 为深入落实党的十九大精神，落实《国务院关于强化实施创新驱动发展战略进一步推进大众创业万众创新深入发展的意见》（国发〔2017〕37号）和《北京市人民政府办公厅关于加强首都科技条件平台建设进一步促进重大科研基础设施和大型科研仪器向社会开放的实施意见》（京政办发〔2016〕34号），为进一步加强北京国家科技创新中心的地位，推动大众创业万众创新，推动科技资源的开放性，使市场在资源配置中起到决定性的作用，进一步激活首都科技资源，激发创新活力，推动小微企业与高校、科研机构开展产学研合作，北京市决定实行"创新券"，北京市财政和北京市科委联合开展。为了更好地规范和发挥其应有的功能，特制定本管理办法。

第二条 "创新券"是指支持各地区、北京市级重点实验室、工程技术研究中心、北京市设计与创新中心等重点科研单位（以下简称"实验室"）等各类科研资源，进行科学研究与技术创新，并由国家、省、市级重点实验室、工程技术研究

[①] 资料来源：https://www.beijing.gov.cn/zhengce/zhengcefagui/201905/t20190522_61036.html.

中心、北京市设计与创新中心等重点科研单位的资助，并给予相应的补贴。小型、微型企业和创业团队在实验室开展研究活动时，可将其用于科研项目，由获得创新券的单位凭此到指定部门兑现。

第三条 创新券的资金来自于本市的科技财政经费，在使用和管理上要遵循相关的法律、法规和财务制度，坚持诚实申请，公正受理，择优支持，科学管理，公开透明，专款专用，据实列支。创新券资金用于以下两个方面：一是用于向小微企业和创业团队发放创新券；二是用于支付政府购买创新券过程管理的服务费用。

第四条 创新券服务获得的科研设施与仪器开放共享服务收入视为技术服务收入或科研合同项目收入，由管理单位自主统筹使用，可用于实验人员及辅助管理人员的绩效激励、人员培训、实验室建设和运行、仪器及测试方法研发、围绕科研合同开展的研发活动等方面的费用支出。

第二章　组织机构及职责

第五条 市财政局和市科委应当共同组建领导小组，负责协调各部门的工作。由市财政局和市科委分管领导担任组长。领导小组的职责是：制定政策，指导决策，监督审批，绩效评估，研究决定实施中的重要问题。

第六条 领导小组下设办公室。该办事处位于北京科技贸易促进中心，承担该机构的日常运作及管理工作，并负责每年的财政预算的编制、发放、兑现以及组织评估工作，以及执行领导小组安排的其他工作。

第七条 机构推荐。主要负责为小微企业等机构的创新券申领工作。申报机构由科技服务机构、孵化器和创新型孵化器等单位组成，年度由领导小组研究确定，并予以公告。推荐单位应提供工作承诺书，并提供工作机制和保证工作顺利进行的保障措施。

第八条 专业服务组织实验室在为企业提供服务，收取和兑现创新券时，专门委托给一家专业服务公司作为其在创新券工作中的唯一外部工作机构，主要负责组织实验室开展科技资源服务，审核业务的真实性和是否符合创新券的发放要求，业务是否正常完成，配套资金比例是否符合要求，接收并兑现创新券。

第九条 专业技术服务机构应在具有创新券受理资格的高校、研究机构、企业等单位中进行选择，通过自愿申报、择优选择，并由领导小组研究决定后予以公告。专业服务机构需要提交工作承诺函和保证工作顺利进行的实施细则，具体内容主要有：可以接收创新券的实验室名单，合同签订方式，接受创新券的主体，支付方式和兑现方式。

第三章 创新券的形式及支持范围

第十条 创新券采取网上认证的方式，每一张创新券都要在有效期限内有效使用，未进行科研活动的，过期作废。对当年已用完但由于年度资金总量或兑现时限限制而未能兑现的创新券，将滚动至下一年继续支持。

第十一条 "创新券"支持的对象是小微企业及创业团队，并可从中选择1—2个重点领域予以支持。对与指定实验室围绕科技创新创业而进行的测试、合作研发、委托研发、研发设计、技术解决方案或者购买新技术、新产品（服务）的资助。"创新券"是一种专门用于支持科技创新和创业的科学研究活动。按照法律、法规、强制性标准规定必须进行的强制性测试、法定测试等经营活动，不在创新券支持范围内。

第十二条 "创新券"资助项目除"创新券"专项资金外，从未收到过财政资助。

第十三条 申请创新券的小微企业需同时满足以下条件：

（一）在北京注册，具备独立法人资格，且在职员工人数不超过100人，营业收入不超过1 000万元，注册资本不超过2 000万元人民币，财务制度健全，管理规范，没有不良记录；

（二）不存在隶属关系、共建关系、产权关系等关联关系。

申请"创新券"的创业团队必须符合下列条件：

（一）尚未登记的法人资格；

（二）创业团队成员须为在校大学生；

（三）申请"创新券"资助的项目须具备在产品研发和转化过程中开展的试验、研究和开发工作（不含限定为创业文本的项目）。项目结束后所产生的知识产权，将由本单位自行拥有，也可以通过协商与本单位共同拥有。推荐机构应优先向符合条件、连续两年获得省级及以上创业大赛一等奖的前三名团队，或在京高校大学生创业大赛获奖的前两名团队，优先发放奖励。

第四章 支持方式

第十四条 创新券采取网上认证的方式，每个申报周期对小微企业及创业团队给予最大资助 50 万元。

创新券申请额度采用分段超额累进比例法核定，结果取整后取整，核定比例如下：

对每年符合补贴条件且金额在 100 000 元以上的，按最多 90% 的比例进行核定；

超过 10 万元至 50 万元的，按最大限额 60% 核定；

超过 50 万元至 100 万元的，按最高 30% 核定；

超过 100 万元的，不再给予创新券补贴。

第五章 申请与发放

第十五条 小微企业及创业团队，由推荐机构组织申报创新券。对年度确定的重点扶持领域，符合条件的专业服务机构可作为推荐单位，组织本领域内企业申报"创新券"。推荐机构向符合条件的小微企业及创业团队发放"创新券"。

第十六条 推荐机构对网上申报的小微企业及创业团队进行审核，审核通过后，向本中心报送。

第十七条 办公室经审核合格后，由推荐机构向小微企业及创业团队发放创新券，并通过系统查询其申请额度。

第六章 拨付与兑现

第十八条 专业服务机构对小微企业和创业团队的申报材料进行审查，组织实验室为符合条件的小微企业和创业团队提供科研服务。完成科研服务活动后，需及时登记对应的合同内容及金额。取得申报系统自动生成的唯一标识验证码后通过信息系统与合同内容绑定，完成创新券收取。

第十九条 办公室根据各专业服务机构创新券绑定情况，与市科委统一签订创新券工作任务书，市科委根据任务书将创新券资金拨付到各实验室依托单位或专业服务机构。

第二十条 专业服务机构需在规定期限内向办公室提交创新券及相关证明材料，办公室组织专家对创新券兑现材料进行审查核实，各实验室依托单位或专业服务机构依审查结果将先期拨付的创新券资金兑现到实验室。未通过审核的创新券项目，由专业服务机构将创新券资金退回。

创新券制度终止前，将指定最后兑现期限，并停止创新券的发放工作，不再接收创新券相关申请，创新券按实际面值进行兑换。

第七章 监督管理

第二十一条 创新券不得转让、赠送、买卖等，在创新券专项资金的申请过程中，企业、推荐机构、专业服务机构等不得提供虚假信息；专业服务机构及开放实验室不得与小微企业或创业团队通过隐瞒产权隶属关系、虚构创新券合同或提高合同金额等方式，套取创新券资金。对于违反以上规定的单位，停拨或追回财政资金，并纳入诚信记录。构成违法的，按照《财政违法行为处罚处分条例》及其他相关法律法规处理。

第二十二条 市财政局、市科委负责监督管理创新券专项工作，并负责本管理办法的监督执行。

第八章 附 则

第二十三条 京津冀三地及其他区域互相衔接的创新券制度、接收创新券的组织机构及拨付兑现流程另行制定。

第二十四条 为维护小微企业及创业团队的商业秘密和合法权益，推荐机构及专业服务机构应严格保密其注册信息、科研活动内容等信息。

第二十五条 本办法自发布之日起 30 日后施行。《首都科技创新券实施管理办法（试行）》（京财科文〔2014〕2515 号）同时废止。本办法由市财政局、市科委负责解释。

19.3.2 深圳市科技创新券管理办法

为了进一步优化深圳市创新创业生态体系，更好地发挥科技创新券支持企业和创客团队开展科技创新创业活动，推动科技资源开放共享，加大科技研发投入等方面的作用，根据《深圳市科技计划项目管理办法》《深圳市科技研发资金管理办法》等有关规定，结合我市实际，我委制定了《深圳市科技创新券管理办法》，现予印发，请遵照执行。

深圳市科技创新券管理办法[①]

第一章 总 则

第一条 为了进一步优化深圳市创新创业生态体系，更好地发挥科技创新券

[①] 资料来源：http://stic.sz.gov.cn/xxgk/zcfg/szkjcxzcfg/content/post_6759090.html。

（以下简称创新券）支持企业和创客团队开展科技创新创业活动，推动科技资源开放共享，加大科技研发投入等方面的作用，根据《中共中央办公厅国务院办公厅关于促进中小企业健康发展的指导意见》《深圳市科技计划项目管理办法》《深圳市科技研发资金管理办法》等有关规定，结合实际，制定本办法。

第二条 本办法所称创新券，是指由市科技行政主管部门通过财政资金支持科技型中小微企业（以下简称"创客团队"），从服务商那里购买与其科技创新活动直接相关的科技服务。创新券由企业、创客团队申请、使用，服务机构负责收集、兑现。

第三条 市科技行政主管部门负责制定本市创新券相关政策，编制年度申请指南，建设服务机构库，对创新券使用有关事项进行管理、监督，对实施过程中涉及的重要问题进行研究决定。

第四条 创新券的使用和管理应当遵守国家、省、市有关法律法规，遵循公开普惠、自主申领、专款专用、据实列支的原则。

第二章 创新券申请

第五条 申请创新券的企业或者创客团队，应当同时符合以下条件：

（一）企业应在本市或深汕合作区注册，具备独立法人资格，符合《中小企业划型标准规定》（工信部联企业〔2011〕300号）规定的中小企业；创客团队必须是在市级以上（经认定）备案的众创空间；

（二）上年度发生的研究开发支出；

（三）采购与所进行研究开发活动具有直接关联的科技服务；

（四）上年创新券余额不剩；

（五）在科学研究方面有较好的记录。

第六条 企业和创客团队通过"深圳市科技业务管理系统"在线填报项目申请书，并且提交以下资料：

（一）企业上传上年度财务审计报告，创客团队上传所入驻众创空间的财务审计报告；

（二）科研诚信承诺书。

第七条 根据申请单位类别，创新券申请额度各不相同，中、小、微和创客团队每年申请限额分别为20万元、10万元、5万元和2万元。

第八条 创新券实行配额制度，自下达之日起一年内有效。企业和创客团队应当在有效期内使用创新券，逾期未使用的，自动失效。

创新券不得转让、买卖，不得重复使用。

第三章　服务机构入库

第九条　本办法所称服务机构，是指提供科技服务的企业、科研院所、工程技术研发中心、实验室等机构。

第十条　服务机构向市科技行政主管部门申请服务机构入库。市科技行政主管部门经审核、公示等程序后，将符合入库的服务机构予以公布。

第十一条　服务机构申请入库须符合以下条件：

（一）依法在本市或深汕合作区注册的企业、具有独立法人资格；或者具备较强科技服务能力的服务机构在本市或者深汕合作区设立的分支机构；

（二）具有从事相关科技服务一年以上的业务基础，并且具备一定数量的专职专业人员；

（三）应当具备与服务内容相应的资质；

（四）有明确的服务内容、服务规范、收费标准，并且科研诚信记录良好。

第十二条　服务机构通过"深圳市科技业务管理系统"在线填报项目申请书，并向市科技行政主管部门提交以下材料：

（一）在业务系统中填报的服务项目申请书；

（二）上年度财务审计报告，其中服务机构属于事业单位的，提交通过审查的事业单位财务决算报表；

（三）科技服务内容及收费标准一览表，其中服务机构属于事业单位的，提交执行国家和省市相关财务制度和收费管理规定的标准；

（四）相关科技服务资质文件。

第十三条　服务机构入库有效期为三年，需要新增服务内容的，在有效期内提出申请，经审定通过后可以新增服务内容。服务机构入库有效期满后，需重新申请入库。

第四章　使用与兑现

第十四条　创新券支持的服务范围如下：

（一）研发服务，主要包括：工业（产品）设计，IC 设计，技术方案设计，中试和工程开发，云计算等；

（二）以技术转让和成果转化为主要内容的技术转让服务；

（三）检验、检验、认证服务，主要包括产品检验、指数检验、性能检验和IC封装检验等；

（四）知识产权服务，主要包括知识产权代理、知识产权检索与分析等。

第十五条 创新券不得支持以下服务：

（一）依照法律、法规、强制性标准规定必须进行的强制性测试和法定测试服务；

（二）不属于本企业或创客团队自身研究开发及科技创新活动的；

（三）提供质量管理体系认证，商标服务，财务审计，上市辅导等服务；

（四）一般市场资料分析及商业法律顾问服务；

（五）非研究开发项目的可行性报告，高科技企业和技术企业的申报咨询服务；

（六）已获得其他财政资助的具有竞争性立项的创新活动。

第十六条 创新券仅限于购买入库服务机构已登记的科技服务。服务机构应当在"深圳市科技业务管理系统"中登记提供的服务内容、上传服务协议（合同）和付费发票等资料。

第十七条 服务机构在服务事项完成后，按照要求向市科技行政主管部门申请创新券兑现。

第十八条 创新券申请兑现应当符合以下条件：

（一）申请兑现金额不高于服务合同金额的50%；

（二）完备的服务协议（合同）、付费发票等服务凭证；

（三）服务事项已在"深圳市科技业务管理系统"中登记备案；

（四）服务交易双方应当不存在任何投资与被投资、隶属、共建、产权"纽带"等影响公平公正市场交易的关联关系。

第十九条 各服务机构可通过"深圳市科技服务管理系统"在线提交申请，并将下列材料提交给市科技行政主管部门：

（一）在业务系统中填报的申请书；

（二）科技服务协议（合同）；

（三）与科技服务合同对应的付费发票；

（四）完成科技服务的说明材料。

第五章　立项和拨付

第二十条　市科技行政主管部门可以自行或者委托第三方机构组织专家对创新券申请、创新券兑现、服务机构入库项目进行评审。

第二十一条　市科技行政主管部门按照政务信息公开的有关规定向社会公示创新券拟资助项目名单、拟入库服务机构、拟兑现名单，接受社会监督和意见反馈，公示期为十日。

公示期间提出的异议，按本市科技计划课题管理办法执行。

第二十二条　公示期满后，市科技行政主管部门应当就创新券拟资助项目发布立项通知和服务机构入库通知，并且按规定拨付资金。

第六章　监督管理

第二十三条　企业、创客团队和服务机构创新券应按相关规定申领、使用、兑现，严格遵守有关财务制度及会计核算制度，依法使用，并自觉接受业务行政管理部门的监督检查。

第二十四条　企业、创客团队和服务机构有下列行为之一的，市科技行政主管部门应当终止项目，追回资助资金以及孳生利息，并且将责任单位和人员列入科研诚信异常名录，五年内不受理其申请市科技计划项目。

（一）转让、赠送和买卖创新券的；

（二）创新券申领、兑现或服务机构入库时弄虚作假；

（三）有意隐瞒中介机构与企业及创客团队之间的关联关系，从而影响市场公平交易；

（四）为骗取创新券资金，采用伪造合同或虚增合同金额等手段骗取创新券资金。

第七章　附　则

第二十五条　本办法自2020年3月1日起施行，有效期5年，《深圳市创新券实施办法（试行）》（深科技创新规〔2015〕1号）同时废止。

19.4　河北省推动发展科技创新券的建议

1. 进一步整合支持公司创新的其他有关政策

与科技、工业、教育、财政、审计等部门共同努力,加大对科技创新券的支持力度,拓宽政策支持范围,扩大支持范围,为企业提供"一站式"服务。比如,可以将支持企业创新的研发投入奖励,建立创新载体专项,科研设备研发专项等。在此基础上,进一步对"专精特新"企业支持政策进行整合,鼓励更多企业申请使用,持续提高其使用效果,帮助企业成长。

2. 加大对科技创新券支持范围的扩大

目前,我国各省市对创新券的支持对象存在一定的差异,其中一些省市是针对中小企业的,而另一些则是针对高科技企业的。但在实施创新券政策过程中发现,政策支持面越来越窄,对企业的支持力度也越来越小,兑现券的额度也会越来越小,无法体现出创新券政策的优越性。因此,后续的政策优化可以考虑扩大对中小企业的支持范围,使更多的企业受益。

3. 通过设立多种类型的科技创新券,建立科技创新券的政策支持体系

一是可以考虑对不同类型的企业设置不同的兑付比例,比如对科技型中小企业可以按照50%的兑付,对非科技型中小企业可以按照30%的兑付;二是细化科技创新券的种类,明确发放对象与用途,如设立专项券或一般券,专项券面向生物医药,信息技术,高端装备,新能源与新材料等战略性新兴产业,一般券则面向所有技术领域;三是设立平台券,支持各类创新载体的建设,如各类创新中心和重点实验室。另外,对重点行业的企业,可进一步提高兑付比例。

4. 科技创新券服务机构的进一步优化与拓展

根据《国务院办公厅关于推广第三批支持创新相关改革举措的通知》中"推动财政支持创新的跨行政区域联动机制通过统一服务机构登记标准、放宽服务机构注册地限制,实现企业异地采购科技服务"的要求,分吸纳其他省市甚至国家的优质创新载体入库,进一步丰富科技创新券服务机构库。

本章参考文献:

[1] 上海市科委、市财政局关于印发《上海市科技创新券管理办法》的通知[J]. 上海市人民政府公报,2023(7):20-23.

[2] 关于《上海市科技创新券管理办法》的政策解读[J]. 上海市人民政府公

报，2023（7）：28.

［3］段伦超，戴琦，丁思惠，李宗俊. 江苏省科技创新券政策实践及对策建议［J］. 江苏科技信息，2023，40（8）：17-20.

［4］邠文君，李学伟，朱焱. 科技创新券对科技型中小企业创新绩效研究［J］. 科技资讯，2023，21（4）：153-157.

［5］黄春美. 江苏省科技创新券发展现状、问题及对策建议——以南京市为例［J］. 江苏科技信息，2022，39（31）：57-60.

第20章

供应链融资

供应链金融作为一种新兴的金融工具，能够有效地获取企业之间的交易与信用信息。河北省先后出台《财政引导金融支持实体经济发展十条措施》《保产业链供应链稳定的九条政策措施》对供应链融资发展给予了有力支持。在金融科技赋能供应链融资的背景下，河北省政府积极推动金融中介供应链融资产品创新，为科技企业发展提供支持，政府要健全科技型中小企业风险担保、建立核心企业目录、打造供应链金融生态圈、完善科技型企业信用评价体系，推动供应链融资的高水平发展。

20.1 供应链融资概念与特点

供应链金融是一种新型的金融创新模式，其本质是以核心企业信用等级为基础，通过"信用捆绑"的方式，向金融机构申请授信，获取生产、采购、销售等环节的资金。供应链金融是一种基于供应链管理的新型融资方式，它把供应链上的核心企业与其上下游与其相关联的上下游企业作为一个整体，针对供应链中企业之间的交易关系及行业特征，提出了一种以货权与现金流控制为核心的融资方案。

为了缓解高科技中小企业的融资难题，政府参与科技金融系统的建设，增加了科技中小企业的外部资金供给，这是一种积极的方向。同时，还可以利用风险补偿、担保和设立引导基金等手段，来降低金融中介的贷款风险，引导社会资本参与进来。深圳、浙江、珠海、横琴、广州、成都等地都相继发布了供应链金融专项文件；与此同时，许多地方也纷纷启动了供应链金融的地方性基础设施，成立了协会和服务中心，为供应链金融的发展提供了便利。

20.2 供应链融资的主要流程

从中小企业的现金流缺口来看，融资需要主要体现在采购、生产库存和销售回款三个方面。在这三个阶段中，在采购阶段，下游公司将采购预付款给上游核心公司，把原材料和产成品存入银行指定的仓库，银行则通过对下游中小企业的提货权来收回资金，这就是所谓的"保兑仓"。生产阶段，在支付现金到销售存货的过程中，企业向商业银行指定的第三方物流仓储公司质押了银行认可的动产，例如原材料、半成品、产成品和未销售的货物等，由他们来保管、评估质押物的价值和风险，并对出入库进行监管，并通过销售实现分期还款，这就是所谓的"融通仓"。在销售环节，上游中小企业以核心企业应收账款凭证为质押向银行取得贷款，这就是所谓的"应收账款"。相应地，中小企业在从下游核心企业获得采购订单后，可通过订单向商业银行申请授信。此外，广义上的供应链融资还包括供应链中的核心企业和上下游中小企业之间的信用融资，主要包括核心企业对下游企业的延期支付和对上游企业的提前支付。

20.2.1 基于交易单的中小科技型中小企业供应链融资方式研究

供应链上游的科技型中小企业在得到核心企业的研发或产品订单后，可以订单质押方式向商业银行申请贷款，银行收到申请后，需要向核心企业确认，经核心企业反馈确定后，理论上可向企业提供贷款支持。然而，实证研究表明，银行与核心企业在研发投入与产出不确定性、核心厂商订单违约风险等方面存在较大的不确定性。为此，需要引入政府的金融引导性创新支持，通过确认和备案核心企业的委托行为，减少订单违约的概率，同时为商业银行提供贷款风险补偿与担保，撬动银行资金，指导供应链订单融资的实施与落地，具体的融资流程如图 20-1 所示。

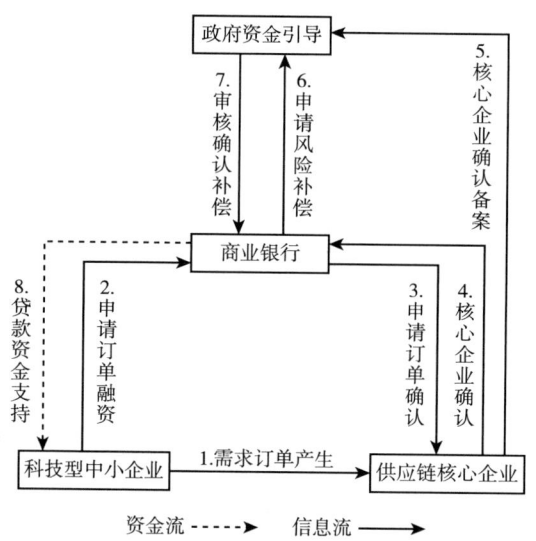

图 20-1　政府资金引导下基于订单交易的供应链融资模式

20.2.2 高科技中小企业基于交易信用的供应链融资方式研究

在高科技中小企业处于供应链上游的情况下，下游核心企业可以向上游供应商提出采购要求，并通过折扣、独占知识产权等方式预付部分或全部研发资金。但是，在实际操作中，由于核心企业具有主导优势，风险规避意识强，在较长时间的研发生产过程中，缺乏融资支持的意愿。为此，可以考虑通过政府的资金引导，联合担保机构与保险机构，通过风险补偿或担保的方式，来激励核心企业实行交易信用基金支持，即由科技型中小企业向核心企业提出提前支付，同时申请政府专项资金，政府确认核心企业的意愿后,将其备案,再将反馈给科技型中小企业。与此同时,政府为担保机构和保险机构提供风险补偿,并为核心企业提供风险担保,旨在减少核心企业预付资金的风险,最后由核心企业提前支付研发和生产资金,具体过程如图 20-2 所示。

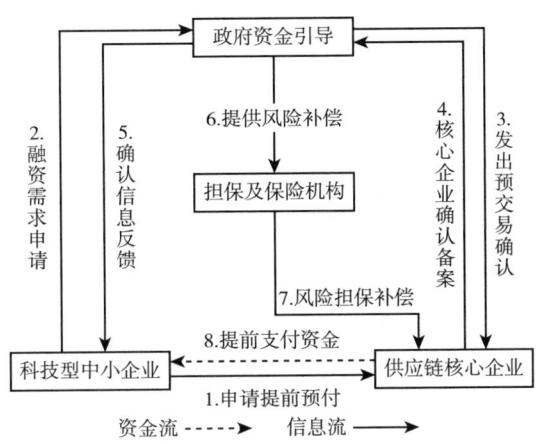

图 20-2　政府资金引导下基于企业交易信用的供应链融资模式

20.2.3　中小企业应收账款供应链融资模式研究

在应收账款融资方式中,科技型中小企业从交货到收到款项这段时间内都存在着应收账款,从理论上讲,可以用应收账款质押融资。然而,在实际调查中发现,作为债务人的核心企业并不愿意对应收账款进行确权,其本质原因在于其确权必须纳入征信系统,从而影响到核心企业的信用等级。同时,由于应收账款质押融资利率偏高,使得应收账款质押融资难以落地。为此,本项目拟在政府财政资金的引导下,建立核心企业"确认权"的融资模式,即在政府与银行确认应收账款事实的前提下,通过政府资金为银行提供风险担保,以风险补偿的方式为银行提供风险担保,商业银行在应收账款账期内为企业提供融资支持,而核心企业的应付账款则是商业银行的还款来源,具体过程如图 20-3 所示。

20.3　发展供应链融资典型措施借鉴

深圳,作为中国供应链服务思想的发源地、中国供应链服务商的聚集地和中国供应链创新的摇篮,在全球范围内形成了一批具有自主知识产权的中小企业。在产业互联网背景下,借助新一代信息技术与设备的快速应用,深圳供应链服务企业在促进外

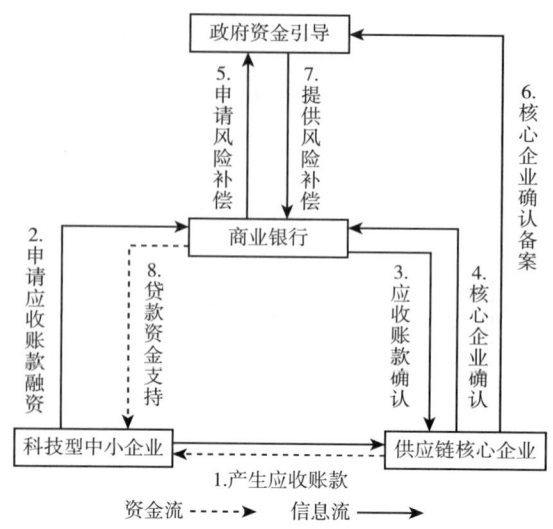

图 20-3　政府资金引导下基于应收账款的供应链融资模式

贸发展、全球供应链建设、产业组织能力增强、降本增效、供应链新技术的运用上取得了显著成效，进入了一个又快又健康、全面发展的新阶段，大量的供应链服务企业落户深圳，对深圳的进出口贸易、制造业的发展和商品流通都有积极的贡献。A股上市的供应链服务企业有4家来自深圳，其中越海环球、富森等10家企业跻身全国100强贸易进口企业行列。

自2019年起，深圳市按照商务部的要求，充分发挥自身优势，深入推进供应链创新应用试点工作，建立了以商务、工信、生态、市场监管、金融办等为主体的多部门联动机制，加强政策协同，形成"市场主导，协会指导，政府服务"三位一体的试点推进机制，构建了国内领先的"丰链云"智慧供应链公共服务平台，为行业提供咨询、智库、教育培训、品牌推广、标准宣贯、政策解读、风险评估等公共服务。试点成效显著，受到上级主管部门的充分肯定。

一是供应链服务行业标准化提升。在全国率先出台《供应链服务质量要求》（SZDB/Z296—2018）、《供应链服务术语》（SZDB/Z295—2018）、《绿色供应链企业评价》（DB4403/T10—2019）、《供应链企业金融风险控制与评价》（DB4403/T11—2019）和《供应链企业分类与评估（DB4403/T28—2018)》等5个地方标准。

二是重点产业供应链体系不断完善。试点期间，深圳市在工业消费品、商贸流通、大宗农产品等领域，推动一批龙头企业打造供应链协同平台，实现供应链上中下游资源、信息的聚集和共享，降低交易成本，提升资源配置效率。

三是供应链金融更加稳健可控。出台了《关于促进深圳市供应链金融发展的意见》，提出12条措施，支持供应链金融健康发展，引导供应链金融合规经营，强化对先进制造业创新和改造升级金融支持力度，营造良好供应链金融生态环境。支持金融机构和大型核心企业与中国人民银行认可的供应链票据平台对接，完成"平安好链"供应链金融平台和招商银行"云证"供应链金融平台接入上海票交所供应链票据平台。成立深圳市供应链金融协会，广泛开展供应链金融政策解读、供应链金融人才培养、供应链金融公共服务平台建设，成功举办了2020首届供应链金融高峰论坛。

四是加快了供应链技术的应用。加快推进大数据、区块链、云计算、人工智能等新技术和高科技装备（如无人仓库、无人机、无人车辆、自动分拣设备等）的应用，是深圳供应链企业获得竞争优势的重要选择。

五是走在绿色供应链发展的前列。2020年，智能快件箱投递率达20.7%，超过全国平均水平10%。拥有85 000辆新能源物流汽车，连续5年位居世界第一；建成智能化、高效化、共享化的物流车辆充电网络，建成约17 000个专用充电站。

六是积极布局全球供应链"湾区号"中欧班列，为粤港澳大湾区华为，比亚迪，华大，稳健等企业搭建起一座连接欧洲和一带一路沿线各国稳定、高效的国际物流"钢铁桥梁"。开设"海外大讲堂"网上直播平台，全年共举办15场会议，参加人数7 000多人次。支持中越经济合作区等园区建设运营，加快境外重大工程建设，加快推进盐田港、南山开发等，同"一带一路"国家及地区经贸合作不断深化，新签约中方投资额达9.7亿美元。

为了进一步提升金融服务实体经济质效，推动金融支持供应链服务业高质量发展，2023年3月31日，深圳市地方金融监督管理局就起草的《深圳市关于金融支持供应链服务业高质量发展的实施意见（征求意见稿）》（以下简称《意见》）公开征求意见。《意见》围绕供应链金融发展水平的提升、体制机制的创新、基础设施和发展环境的优化、风险防控和规范管理的强化等四个方面提出了12项具体任务。本次《意见》是在深入调研和提炼供应链金融先进实践的基础上，对2019年发布的意见（《关于促进深圳市供应链金融发展的意见》）的更新升级，在结构和内容上有不少亮点，针对深圳产业、金融、科技的生态优势提出了一些具有创新性、先进性的举措。《意见》的实施将加强各界对金融促进产业链供应链发展形成更深的共识，明确工作目标，进而更好地发挥供应链金融的产业聚合作用，促进产业集群实现跨区域协同发展，巩固深圳供应链金融优势，丰富打造国际金融高地的内涵。

深圳市关于金融支持供应链服务业高质量发展的实施意见[①]
（征求意见稿）

为贯彻落实党中央、国务院的决策部署以及人民银行等八部委《关于规范发展供应链金融支持供应链产业链稳定循环和优化升级的意见》有关精神，进一步提升金融服务实体经济质效，推动金融支持供应链服务业高质量发展，制定本实施意见。

一、指导思想

以习近平新时代中国特色社会主义思想为指导，以深化金融供给侧结构性改革为主线，以服务中小企业、增强金融服务实体经济效能为目标，充分发挥金融服务产业链供应链的效能，促进供应链产业链稳定升级，为我市经济高质量发展提供有力支撑。

二、基本原则

（一）坚持市场导向。以市场需求为导向，结合我市产业链供应链发展特点，充分发挥市场在资源配置中的决定性作用，切实扩大金融服务供给和提高金融资源配置效率。

（二）坚持普惠金融。聚焦产业链、供应链的中小微企业金融服务需求，准确把握金融支持供应链企业的难点痛点，在体制机制和要素赋能方面提高金融服务普惠性和适配性。

（三）坚持协同共建。充分发挥深圳供应链金融先行优势，加强供应链金融的横向联系、市区联动，促进供应链要素协同和产创深度融合。

（四）坚持科技赋能。发挥金融科技优势，坚持科技为供应链金融赋能，积极稳妥规范运用金融科技，守正创新，提高供应链金融服务效率。

三、工作目标

紧跟政策导向，结合《深圳市金融业发展十四五规划》和我市金融、科技发展优势，加快数字金融与产业实体的深度融合，促进供应链金融服务场景化、生态化、线上化和数字化，提升金融精准支持产业链供应链能力，加强产业链供应链韧性和安全，推动我市产业链供应链与金融的良性循环和高质量发展。

四、重点任务

（一）提升供应链金融高质量发展水平

1. 完善金融支持供应链的服务体系。研究建立产业支持导向、普惠小微导向的金

[①] 资料来源：http://jr.sz.gov.cn/hdjlpt/yjzj/answer/27553。

融监管考评机制。鼓励银行机构为我市重点产业链研究专属信贷产品，开辟金融服务绿色通道。鼓励金融机构深入供应链业务场景，依托核心企业和供应链服务平台主动靠前服务，在结算、融资、财务管理等方面对产业链的快速响应。

鼓励金融机构、核心企业、第三方机构加强信息协同和共享合作，在生产、流通、交易等各环节丰富供应链金融产品。鼓励各类机构积极参与供应链金融生态建设，构建适用供应链场景的中小企业数字信用体系和动态风控模式。推动供应链金融配套服务业集聚发展，对新引进的金融机构和风投创投机构，满足相关条件的，依据《深圳市支持金融企业发展的若干措施》（深金监规〔2022〕2号）和《关于促进深圳风投创投持续高质量发展的若干措施》（深金监规〔2022〕3号）给予落户奖励。（责任单位：市地方金融监管局、市市场监管局、市工信局、市商务局、人民银行深圳市中心支行、深圳银保监局）

2. 因地制宜打造供应链金融创新示范园区。鼓励各区规划建设供应链金融生态专业园区。支持福田区发挥金融和金融科技集聚优势，规划供应链金融特色街区；支持罗湖区发挥黄金珠宝产业和商贸业优势，打造黄金供应链金融特色园区；支持南山区发挥科技创新优势，建立供应链金融科创示范产业基地；支持盐田区发挥港口基础和保税燃料加注优势，围绕大型船舶设备与油气贸易创新供应链金融发展模式；支持宝安区依托制造业产业链，打造粤港澳大湾区先进制造业的供应链金融服务中心；支持龙华依托数字龙华都市核心的产业生态布局，打造特色产业的供应链金融数字园区；支持大鹏新区依托食品谷国家级产业项目和文化旅游优势，打造食品和文旅特色的供应链金融示范基地。支持其他各区依据产业集群或围绕区域龙头企业，打造特色供应链金融产业园区。有条件的区可制定扶持政策，对满足相关条件的园区运营机构以及园区内企业，给予奖励支持。（责任单位：各区（新区、深汕特别合作区）、市地方金融监管局）

3. 加快供应链金融数字化转型与金融科技赋能。鼓励金融机构加速供应链金融产品服务和管理的数字化转型，提升全线上化的供应链融资支持能力和支付结算便利化程度，构建基于供应链场景的大中小企业融合的数字信用体系和动态风控模式。支持各类参与主体运用金融科技，推动供应链交易的可视、可感、可控。鼓励各种供应链生态系统之间加强信息共享，并与金融机构共同开发线上化和数字化的供应链金融产品。

支持市供应链金融协会组织制定金融科技应用标准和供应链金融平台技术应用规范。支持供应链金融科技公司和供应链金融配套服务机构参与金融创新奖评选。对于满足相关条件的供应链金融科技机构，按照《深圳市扶持金融科技发展若干措施》（深金监规

〔2022〕1号）给予奖励和支持。（责任单位：市地方金融监管局、市科创委）

（二）推动供应链金融服务体制机制创新

4. 探索供应链金融专营化管理。鼓励商业银行探索设立供应链金融专营机构、事业部或特色分支机构，在产品创新、授信决策、业绩考核、不良容忍度及风险责任等实施差异化管理。鼓励金融机构联合供应链核心企业、供应链金融配套服务机构、专业研究机构等组建供应链金融创新实验室，优化供应链融资授信模式和信用评价模型，丰富标准化的线上产品，探索弱确权的信用类产品，推动跨主体、跨区域、跨系统的模式创新。支持专营机构深入场景优化产品设计，创新"一点对全国"服务方式，全面统筹产业链供应链的资源和融资业务。鼓励保险、证券、担保等金融机构和地方金融组织推进供应链金融专营化管理。（责任单位：市地方金融监管局、深圳银保监局、人民银行深圳市中心支行）

5. 探索平台型供应链金融的健康规范发展。支持供应链核心企业、供应链管理公司与金融机构、供应链金融配套服务机构等共建供应链金融服务平台。支持供应链金融服务平台机构在风险可控、合规经营的前提下，探索基于数据共治和信用传递的供应链融资服务创新模式，为产业链上下游中小微企业提供增信赋能。鼓励金融机构基于各类供应链服务平台和供应链业务场景，提供综合虚拟授信支持。鼓励供应链金融服务平台机构参与供应链金融示范基地评选。支持本市供应链金融服务平台机构积极融入全球供应链体系。（责任单位：市地方金融监管局、深圳银保监局、市工信局）

6. 丰富多元化的供应链投融资渠道。探索投资、信贷、保险、担保等金融工具在供应链金融领域的协调联动。支持政府性融资担保机构在同等条件下优先为供应链金融场景下的中小微企业融资提供担保。支持小额贷款、商业保理、融资租赁等地方金融组织在风险可控、合规经营的前提下，为供应链上下游中小企业提供差异化的金融服务。支持市供应链金融协会联合中国互联网金融协会设立央地合作的供应链金融生态发展基金，鼓励市区两级引导基金、社会资本积极参与供应链金融生态发展基金建设。支持发展供应链产业基金，鼓励产业基金与金融机构合规开展股债联动业务。借鉴国际经验，发展基于供应链优质资产的特殊投资机构，支持符合条件的机构在深圳证券交易所发行供应链资产证券化产品（ABS）和资产票据化产品（ABN），鼓励有条件的企业基于优质供应链资产发行绿色债。（责任单位：市地方金融监管局、人民银行深圳市中心支行、市财政局、深圳证监局、深圳证券交易所）

7. 发挥供应链核心企业的基础性带动作用。鼓励核心企业加强对供应链上下游中小企业的信用赋能，协同金融机构开发适应业务场景需要的供应链金融产品和服务。鼓励核心企业应用中征应收账款融资服务平台，为供应链上下游企业提供在线确权确真、买方付息、加速支付结算等支持。支持核心企业设立供应链产业基金，鼓励政府引导基金、社会资本参与共建。支持核心企业与各区政府、金融机构、配套服务机构和市供应链金融协会等共建供应链金融示范基地。（责任单位：市商务局、市地方金融监管局、人民银行深圳市中心支行、深圳银保监局）

（三）优化供应链金融基础设施和发展环境

8. 大力加强供应链金融基础设施发展建设。加快建设深圳市供应链金融公共服务平台（以下称"供应链金服平台"）建设，加快供应链金服平台与深圳市创业创新金融服务平台（以下称"深圳金服"）的全面融合。探索依托供应链金服平台落地数字人民币应用场景，统筹开展供应链资产数字权证的验真、登记、托管以及标准认证、线上结算等公共服务。支持各类供应链金融服务平台和与供应链金服平台的互通互联；支持供应链金服平台与广东省供应链金融试点管理平台的协同发展建设；支持供应链金服平台与中国供应链金融数字信息服务平台互联互通和标准统一；支持供应链金服平台与国家级基础设施、各级征信服务平台对接。对引进的国家级供应链金融基础设施平台，满足相关条件的，按照《深圳市支持金融企业发展的若干措施》（深金监规〔2022〕2号）给予奖励和支持。（责任单位：市地方金融监管局、人民银行深圳市中心支行）

9. 加强供应链金融前瞻性研究和标准制订。支持市供应链金融协会联社会各界开展供应链金融前瞻性课题研究和标准体系建设。支持市金融稳定发展研究院、市供应链金融协会、市先行供应链金融研究院与交叉信息（清华大学）研究院组织多方力量，加强前沿性理论和实践探索，研究建立产业数字金融及供应链金融相关评价体系、标准规范、参考模型和发展指数等。（责任单位：市地方金融监管局、人民银行深圳市中心支行、市工信局、市政数局）

10. 加强供应链金融人才培养和对外宣传合作。支持市供应链金融协会及市先行供应链金融研究院参与供应链金融人才标准和人才认证相关研究。支持将供应链金融专才培养纳入深圳市百千万金融人才培养工程。鼓励社会各界共建供应链金融产教融合基地。加强对供应链金融发展的正向引导和宣传力度，鼓励各区、园区常态化开展产业链与金融的对接交流活动。加强供应链金融在人才、资金、业务等全方位国际化对外合作交流。研究设立供应链金融高质量发展评选奖，深度挖掘深圳供应链金融前沿研究成果、先进模式和优秀案例。支持市供应链金融协会持续打造有国际影响力的供应链金融高端论坛和专业展会。（责任单位：市地

方金融监管局、市人力资源和社会保障局）

（四）强化供应链金融风险防控和规范管理

11. 加强供应链金融行业自律和风险管理。支持行市供应链金融协会配合金融监管部门加强合规教育、数据报送等监管工作。引导金融机构和供应链金融服务平台规范供应链金融业务流程，指导供应链核心企业加强自身债务管理和供应链信用管理能力。鼓励供应链金融各类参与主体依托深圳金服平台、供应链金服公服平台、动产融资统一登记平台、中征应收账款融资服务平台等基础设施，提高动产权属管理，防范重复质押、空单质押以及基于关联交易或虚假贸易的自融行为。鼓励运用数字化技术加强多维度交叉验证，防范无真实贸易背景的应收账款融资、票据贴现风险。加强数字化转型下的金融安全、数据治理、科技伦理等方面风险教育，提高风险防范能力。（责任单位：市地方金融监管局、人民银行深圳市中心支行、深圳银保监局、深圳证监局）

12. 加强供应链金融规范引导和数据治理。建立政府、机构、协会多层次的合规管理和监督体系，推动跨部门信息归集共享和制度协同，落实"联合激励、联合惩戒"措施。建立供应链金融动态信用评价体系，探索供应链金融运营数据的归口管理和动态监测。探索地方金融组织白名单制度管理机制，指导地方金融组织严格按照监管要求开展供应链金融业务。加强对数字化转型中的数据治理规范管理。依法严厉打击利用供应链金融名义进行的非法集资、虚构贸易、虚构应收账款融资、信用滥用等各类违法违规活动。（责任单位：市地方金融监管局、深圳银保监局、市政数局、市公安局、人民银行深圳市中心支行、深圳证监局）

五、其他

本意见自发布之日起施行，有效期5年，《关于促进深圳市供应链金融发展的意见》（深府金发〔2019〕7号）同时废止。各有关单位应当自本意见发布之日起，积极落实各项措施，切实推动我市供应链金融高质量发展。

20.4 关于供应链服务质量评价指标体系

20.4.1 指标体系构成

供应链服务质量评价采用二级指标体系，评价指标及其说明见表20-1、表20-2。

表 20-1　　　　　　　　　　供应链服务质量评价指标及其说明

一级指标	二级指标	二级指标说明
一、业务水平	协同能力	供应链服务企业和上下游客户之间的协同能力，以及与关检汇税等政府部门数据对接、共享能力
	资源整合能力	供应链服务企业提供广泛、便捷的资源整合能力
	单据准确率	供应链服务流程中各种订单流转准确率
	通关及时率	统计期内，从报关开始到报关结束后放行，通关所用时间占总的开关时间的比重，通关及时率为按时完成通关委托订单与应完成委托单总数的比率
	完好订单率	根据客户要求在规定时间内完成的订单百分比
	准时交付率	供应链服务企业提供虚拟生产服务时，产品准时交付客户所占比重
	资金到位及时率	供应链服务企业提供资金服务时，资金按商务合同要求及时到位所占比重
	风险控制管理	供应链服务企业就其提供的服务建立质量检测、流程控制、危机管理、应急预案、纠正以及预防措施等管理制度
	作业流程规范性	供应链服务作业流程的完整性与规范性
	投诉处理	供应链服务企业对订单投诉采取的跟踪管理制度以及投诉的响应时间
二、服务素质	专业素养	主要指供应链服务企业基层员工在供应链管理、物流、国际贸易、金融、会计、法律等方面的专业素养
	专业培训	为提高供应链服务业务能力与专业素养而进行专业化员工培训活动
	客户关怀	为及时了解客户对服务要求以及新的发展需求，而组织定期回访客户，组织座谈会、论坛等活动
	信息保护能力	客户资料与业务信息是否妥善保管，是否存在不正当使用与泄露现象
三、客户评价	客户满意度	客户接受供应链服务后根据整体的服务体验而作出的总体评价

表 20-2　　　　　　　　　　供应链服务质量级别划分及要求

评价指标	供应链服务质量级别		
	五星级	四星级	三星级
协同能力	运用大数据、云服务、区块链等技术，已建立集订单（采购、分销、生产）管理、办公管理、客户管理、物流管理、海关、税务及商检管理等环节高度协同平台，能够提供业务流程信息化集成的解决方案	尚未建立协同一体化运作信息平台，但已建立办公管理、订单管理、海关、税务及商检管理、物流管理、仓储管理、财务管理、客户信息管理完备的信息系统	已建立办公管理、订单管理、财务管理、客户信息管理等信息系统

续表

评价指标	供应链服务质量级别		
	五星级	四星级	三星级
资源整合能力	能够广泛、便捷整合上下游客户资源,实现资源优化配置。通过服务为客户交易成本降低20%,流程效率提高20%	能够快速、广泛整合上下游客户资源,为客户提高便捷、高效服务。通过服务为客户交易成本降低10%,流程效率提高10%	能够广泛整合上下游客户资源,实现资源优化配置。通过服务为客户交易成本降低5%,流程效率提高5%
单据准确率	≥99%	≥97%	≥95%
通关及时率	≥99%	≥95%	≥95%
完好订单率	≥99%	≥97%	≥95%
准时交付率	≥99%	≥97%	≥95%
资金到位及时率	≥99%	≥97%	≥95%
风险控制管理	有健全的服务质量检查、作业流程控制、危机管理、应急预案、纠正和预防措施等风险控制管理有关制度,定期进行服务质量检查、作业流程优化、危机管理检验等作业		
作业流程规范性	有完整规范的采购、分销、物流、进出口代理、关务、风控、结算等作业流程		
投诉处理	设立服务热线、电邮、传真、网络等多种投诉渠道,具有接受投诉、分析投诉信息、制订投诉处理方案、反馈投诉结果等完整的投诉跟踪处理流程,并且投诉响应时间≤4小时	设立服务热线、电邮、传真、网络等2种以上的投诉渠道,投诉响应时间≤6小时,具有接受投诉、分析投诉信息、制订投诉处理方案、反馈投诉结果等完整的投诉跟踪处理流程	设立服务热线、电邮、传真、网络等2种以上的投诉渠道,投诉响应及时
专业素养	80%以上中基层员工具有供应链管理、物流、国际贸易、金融、会计或律师等三年以上从业背景	60%以上中基层员工具有供应链管理、物流、国际贸易、金融、会计或律师等三年以上从业背景	50%以中基层员工上具有供应链管理、物流、国际贸易、金融、会计或律师等两年以上从业背景
专业培训	基层员工技能培训6次/年	基层员工技能培训4次/年	基层员工技能培训3次/年
客户关怀	定期组织电话回访或拜访客户,了解客户需求;组织年度大型论坛、年会等活动,了解客户未来发展趋势与需求,不断提升服务质量与能力		
信息保护程度	客户信息与商务信息得到妥善保管,不存在信息不正当使用与泄露现象		
整体满意度	≥99%	≥95%	≥95%

20.4.2 指标选取

根据供应链服务企业基本服务内容,制定相关指标,用于评价供应链服务质量。

(1) 业务水平

针对供应链服务的基本内容,提出衡量供应链各服务业务水平、能力与质量的基本指标。主要包括协同能力、资源整合能力、单据准确率、通关及时率、完好订单率、准时交付率、资金到位及时率、风险控制管理、作业流程规范性、投诉处理 10 个二级指标。

（2）服务素质

供应链服务企业为更贴近和了解客户需求而作出的能够更满足客户需求的相关活动。主要包括专业素养、专业培训、客户关怀、信息保护能力 4 个二级指标。

（3）客户评价

客户接受供应链服务企业提供的服务后对供应链服务企业服务质量作出的评价。包括客户满意度 1 个二级指标。

20.4.3 供应链服务质量级别划分及要求

（1）级别划分

对提供供应链服务的企业，按照其服务质量水平，划分为五星级、四星级、三星级三个级别，五星级别最高，依次降低。

（2）评价要求

供应链服务质量评价要求见表 20-1。

20.5 供应链企业金融风险控制与评价体系

20.5.1 基本原则

在进行供应链企业金融风险控制评价时，应遵循以下基本原则：

系统性原则：评价组织应全面识别供应链金融风险的来源，并在评估过程中系统性地分析这些风险。

客观性原则：由于信息不对称可能导致金融风险控制问题，评价过程必须坚持客观性，以提供准确的参考依据，从而提升供应链金融风险控制的整体水平。

动态性原则：鉴于供应链中的商流、物流、资金流和信息流是持续变化的，评价过程应关注企业业务运作的长期动态，而非仅考虑某一特定时间点的状况。

20.5.2 评估指标体系构成

供应链企业金融风险控制的评价采用两级指标系统，具体的评价指标体系和相关指标的评价标准详见表 20-3。

表 20-3　　供应链企业金融风险控制评价指标体系及评分标准

一级指标	二级指标	评分标准
发展环境 （12分）	产业政策环境 （6分）	1. 若企业所在行业受到省部级及以上国家部门的扶持政策支持，企业可获得3分 2. 企业若获得国家级或省、市级的相关试点资格，或因其业务规模扩大、模式创新等原因获得评级评优的表彰，同样可得3分 3. 当企业成功通过市级相关资助或试点项目的评审时，将获得2分
	上下游网络稳定性 （6分）	1. 如果企业与其上下游业务中占比最大的客户合作时间超过3年，并且在评价期间内合作关系持续存在，企业将获得3分；若合作时间在2年以上但不足3年，并且在评价期间内合作关系持续，企业将获得2分 2. 当供应链企业与世界500强客户的业务量占比超过50%时，企业可以得到3分；若业务量占比在30%以上，企业可以得到2分
经营状况 （24分）	订单增长率 （6分）	若借款企业的订单年增长率达到10%或更高，可得6分；若订单年增长率在5%及以上，可得3分
	主营业务收入 （5分）	供应链企业若年度主营业务收入超过20亿元人民币，将获得5分；若年度主营业务收入在10亿元人民币以上，将获得4分
	资产负债率 （5分）	若借款企业的资产负债率低于70%，可得5分；若资产负债率在70%以上但低于80%，可得2分
	坏账率 （4分）	如果借款企业的年坏账额与年赊销总额之比（即坏账率）为0，则可获得4分；若该比率大于0，则得分为0
	业务闭合化 （4分）	供应链中的各个环节企业，如采购、生产、分销和销售等，若能有效连接并形成价值的循环流动，使各个环节的经济价值得以实现并带来价值的增长，可获得4分；反之，若供应链业务未能构成一个完整的闭环，得分为0
管理水平 （10分）	业务操作制衡化 （5分）	供应链企业若在内部实施了业务审批与操作相分离的管理运营机制，并对业务扩展进行风险评估，确保制度完备，将获得2分。此外，当供应链企业采用第三方物流监管，实现交易与物流监管的独立，企业将得到3分
	业务职责明确化 （3分）	若供应链企业在供应链金融业务的开发、执行和监管方面实现了职责的明确划分，确保了每个环节的工作职责明确，并能够将责任明确分配至相应的部门，企业可获得3分
	应收账款平均账期 （2分）	应收账款平均账期90天以内，得2分；应收账款平均账期180天以内，得1分
信息化水平 （16分）	交易信息可查询 （10分）	1. 若借款企业成功接入相关的供应链企业交易平台，实现线上与线下交易的协同，并能够提供交易信息、物流信息、资金信息等的查询功能，则可获得3分 2. 交易平台若具备订单管理、流程管理等全生命周期的信息管理功能，同样可以获得3分 3. 如果物流、商流、资金流等的历史信息真实可靠且不可篡改，企业将得到4分

续表

一级指标	二级指标	评分标准
信息化水平 （16分）	信息化建设 （6分）	1. 通过应用大数据、云计算、区块链等先进技术构建信息化平台的企业，可得2分 2. 当上下游供应链企业能够与该平台对接，实现信息的全程可视化，亦可得2分 3. 若企业成功实现与官方数据平台（如海关、检验检疫、外汇、税务等）的对接，同样可得2分
资信状况 （38分）	供应链核心企业资信 （16分）	1. 若供应链中的核心企业位列世界500强，该企业可获得5分 2. 企业若在商业、检验、外汇、税务等方面均无违法或违约行为，并且未曾接受过行政处罚，同样可得5分 3. 供应链核心企业若能保持历史上到期信用偿付率的100%记录，将获得3分 4. 企业若在合同履行（包括应付账款履约）方面违约率为零，也可得到3分
	关联企业资信 （12分）	1. 如果借款企业获得的直接授信来自世界500强企业，将得到5分的奖励；若直接授信来源于中国500强企业，则可得到3分 2. 对于关联企业（主要指借款企业），如果其货物交付率能够达到100%，将获得4分 3. 实际融资企业若历史上的信用偿付率始终为100%，同样可以得到3分
	第三监管方资信 （10分）	1. 若抵押或质押货物的监管方能够恪尽职守，在监管期间（除不可抗力因素外）未发生货物损失，可获得5分 2. 当第三方监管机构严格按照操作规程执行职责，且在其监管历史中，除市场因素外，未出现过货物质量或价值的减损，同样可得5分

20.5.3 风险控制评价级别划分及要求

供应链企业金融风险控制评估的要求主要包括以下几点：

（1）评估与评定：基于风险控制的实际成效，依据相应的评估指标体系对供应链企业的金融风险控制状况进行评定，确保风险对供应链金融活动的利益相关者影响程度得到明确。

（2）风险等级划分：评估应采用风险等级划分的方式，根据评估时期的风险控制水平，将风险等级分为AA、A、B、C四个等级。供应链企业的金融风险控制水平越高，对应的等级也越高，其中AA级为最高等级。

（3）评分标准：达到90分（含）以上的评分，且经营状况与资信状况指标均获得满分的情况下，供应链企业的金融风险控制水平定为AA级。若有任何一项未达到要求，最高评定等级降为A级。

评分在80分（含）以上但低于90分的情况下，且经营状况与资信状况指标得分均达到总分的 80% 以上，供应链企业的金融风险控制水平定为 A 级。若有一项未达标，最高评定等级降为 B 级。

评分低于 80 分的，供应链企业的金融风险控制水平定为 B 级或 C 级，表明企业金融风险控制能力较弱，存在较大风险，需要引起关注和警惕。

以上为供应链企业金融风险控制评估的具体要求和评分标准。

20.6 河北省推动发展供应链融资的建议

20.6.1 发挥政府财政的激励机制，完善对科技型中小企业的风险担保体系

政府资金在支持科技型中小企业发展方面，已经从直接投资和补助逐步转向财政引导模式。为了克服政府在科技创新投入识别过程中可能存在的不足，并减少资源配置的失误，政府财政的角色应从传统的资金支持转变为更加注重服务性质的扶持。在初期阶段，政府可以通过风险补偿、提供贴息等财政引导措施来支持科技企业。随着时间的推移，政府可以尝试将科技资金的投入运作市场化，采取股权化投资的方式，通过创新基金、科技保险、风险投资和科技担保企业等多元化运营主体，实现政府资金的专业化管理，从而提升资金的使用效率和配置的精准性。同时，在科技型中小企业的供应链融资方面，需要根据实际情况不断完善和深化担保与保险服务，增强这些服务的针对性和深度。政府可以通过专项财政支持发挥担保和保险的杠杆效应，培育多样化的担保机构，并鼓励社会资本的参与，共同促进科技型中小企业的健康发展。

20.6.2 创设核心企业清单

核心企业凭借其丰富的交易历史和数据积累，能够对上游科技型中小企业的研发实力、生产流程和财务状况作出较为精确的评估。这些企业不仅信用水平较高，还具备出色的管理能力和稳健的现金流，显示出较强的风险抵御能力。因此，确认核心企业的身份和分析其交易网络是构建科技型中小企业供应链的基础，同时也是实施供应链融资模式的关键先决条件。政府作为政策引导者，应参照对科技型中小企业的认定和评估流程，制定科技型核心企业的认定和评价标准。为了鼓励核心企业的积极参与，政府可以在初期提供一定的政策补贴。随着时间的推移，通过建立竞争力排名系统，借助政策宣传和推广活动提高企业的参与热情。同时，在科技型中小企业的融资过程中，政府应负责收集和审核核心企业的信息，并进行备案，积极创建核心企业名录。此外，政府还可以搜集和整理国有企业、创业板和新三板上市企业的行业和业务需求信息，筛选出符合条件的核心企业，并对其在供应链中的交易关系进行分析，以完善

科技型中小企业的供应链结构。通过这些措施，可以有效地促进科技型中小企业的发展，并提高整个供应链的效率和稳定性。

20.6.3 构建供应链金融的生态系统

供应链融资模式涵盖了供应链中的企业、金融机构、法律及会计等多个参与方，涉及的利益主体众多。目前，这一模式主要依托商业银行，以核心企业为中心展开金融活动。然而，鉴于科技型企业通常具有轻资产和高风险的特点，商业银行对此类企业的贷款意愿相对较弱。特别是在缺少政策支持和法律规范不够完善的情况下，商业银行对于深入参与供应链融资业务持谨慎态度。因此，河北省政府应当利用其政策和财政手段，发挥引导和支持作用，逐步建立起核心企业的目录库。政府可以与商业银行及担保机构合作，共同开发针对科技型供应链的融资产品，并构建相应的业务体系。在初期阶段，可以基于现有的科技银行和担保机构，在其已有业务基础上，推进科技型中小企业的供应链融资业务发展。同时，鼓励保险公司推出适合科技型中小企业的保险产品，完善相关法律、会计和税务咨询服务。通过这些措施，可以逐步构建起科技型中小企业的供应链融资生态系统。通过在特定区域内先行先试，不断优化和完善科技型中小企业的供应链融资服务体系。随着体系的成熟，可以进一步推广至线上和线下交易，从而促进整个供应链融资生态的健康发展。

20.6.4 优化科技型企业的信用评估机制

在供应链融资活动中，存在核心企业和科技型中小企业的违约风险，例如核心企业可能未能履行订单，科技型中小企业可能无法按时偿还贷款，以及双方可能共同涉及的道德风险，如联合进行欺诈以获取风险担保和贷款支持。此外，科技型中小企业在成长过程中面临较高的技术和市场风险，信息不对称和隐匿性可能导致风险评估出现误差。鉴于此，对科技型企业的信用评估和风险分析需要考虑其所在行业和所处的生命周期阶段。然而，当前河北省的金融中介机构尚未建立专门针对科技型中小企业的融资和风险评估体系，而是继续使用传统的中小企业贷款评估模型。为了解决这一问题，河北省政府应当积极推动建立分类的融资评价体系和机制。借鉴深圳的经验，可以建立科技型中小企业的竞争和排名系统，并通过公开宣传和奖励政策来激励企业。这有助于解决科技型企业在信息上报中的问题，鼓励企业主动提供融资评估所需的信息，从而补充信用评价中的信息不足，完善科技型中小企业的信用评估工作。

本章参考文献：

[1] 王霜，魏苗苗，于辉．供应链金融：金融科技赋能路径探究［J］．经济问题

探索，2023，488（3）：56-67.

［2］王波. 科技型中小企业供应链融资模式研究——基于政府资金引导视角［J］. 技术经济与管理研究，2021，296（3）：45-49.

［3］马梅若. 破解小微企业融资难的多元路径［N］. 金融时报，2023-03-09（004）.

［4］郑瑜. 金融科技发力供应链融资火热［N］. 中国经营报，2022-07-25（B07）.

［5］王波，郭宏丹，郑姣等. 供应链金融与科技型中小企业融资效率［J］. 金融与经济，2022，545（12）：88-9.

第21章

投贷联动

第 21 章　投贷联动

为了扩展科技型中小企业的融资途径并减轻其融资负担，国务院、中国人民银行以及相关部门已经连续推出了一系列激励性政策，旨在鼓励金融机构创新其产品和服务，以支持科技型中小企业的发展壮大。在这些政策中，投贷联动作为一种商业银行为科技型中小企业量身定制的综合金融服务创新模式，受到了广泛关注。该模式通过结合股权投资和债权融资，平衡不同融资方式的风险与回报，有效满足了科技型中小企业在创业初期和成长期的资金需求，成为促进这些企业发展的新途径。

在河北省，创新创业取得了显著成效，科技与金融的深度融合为商业银行探索投贷联动提供了一个良好的金融生态环境。银行通过增加对高新技术企业的投资，不仅拓宽了创业企业的融资渠道，也有助于提升自身的竞争力。因此，河北省应当逐步推广科技型企业投贷联动的试点经验，并建立相应的服务体系，以进一步优化投贷联动业务的发展环境。通过这些措施，可以更好地服务于科技型中小企业，推动其持续健康发展。

21.1　投贷联动概念与特点

投贷联动是一种商业银行与私募股权基金（PE）投资机构之间的战略合作模式。在这种模式下，商业银行在 PE 机构对企业完成评估并进行投资之后，采取"股权+债权"的方式对企业进行资金支持，从而形成了一种股权与债权相结合的联动融资机制。这种模式主要服务于中小科技企业，通过产业基金的股权投资和银行的配套贷款，或者 PE 的财务投资与银行贷款的跟进，共同促进企业的财务结构优化和规范化发展。

投贷联动的核心在于构建一个由风险偏好和收益需求不同的金融机构组成的紧密合作体系，以满足处于不同发展阶段的企业在投融资方面的个性化需求。在这个合作体系中，各方在信息共享、渠道拓展、产品创新和客户服务等多个层面展开协作，利用多样化的金融工具，为企业提供全方位的金融服务解决方案。

21.2　投贷联动的主要流程

我国对投贷联动业务的发展持积极态度。在实施投贷联动时，金融机构被允许与风险投资机构等第三方融资平台合作，通过间接融资方式参与企业股权投资。这种合作模式旨在促进资金需求方、投资者和贷款机构之间的紧密协作，并共同分担融资过程中的风险。随着投贷联动业务的持续发展，我国的业务模式日趋多样化，主要分为内部和外部两种商业模式。这些模式为企业提供了更广泛的融资选择，有助于满足不同企业的特定需求。

21.2.1 内部商业模式

目前，国内不少商业银行已经成立了自己的股权投资公司，例如中信银行便是其中之一。在这种业务模式下，商业银行需要建立风险隔离机制，确保股权投资公司能够根据其自身的风险承受能力，独立选择适合的目标企业进行投贷联动操作（见图21-1）。

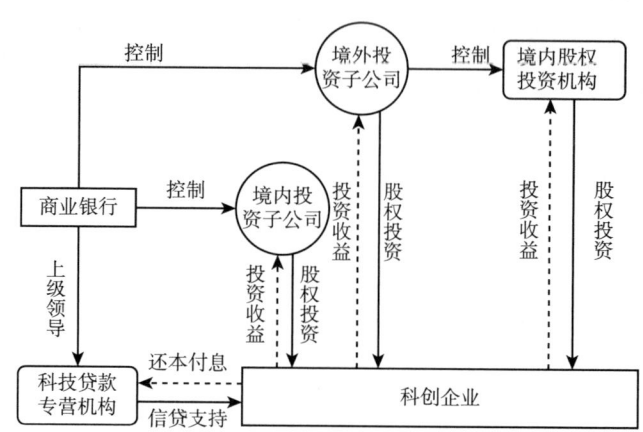

图 21-1　内部投贷联动运行流程

21.2.2 外部商业模式

对于那些尚未获得股权投资许可的商业银行，它们通常会寻求与外部股权投资机构建立合作关系，以共同推进投贷联动业务，这种合作方式构成了所谓的外部商业模式。在此模式下，外部股权投资机构负责向科技型创新企业提供股权资金，而商业银行则为这些企业提供债权融资以及一系列其他金融服务。在我国，这种外部商业模式主要分为三种类型，它们分别是：

（1）投贷联盟

在投贷联动模式下，商业银行与股权投资机构通过业务合作实现项目资源的共享。这种合作基于"股权投资+贷款"的联动机制，在信息共享和风险分担方面建立了合作机制。通常情况下，商业银行在股权投资机构进行投资之后，会相应地提供贷款，并可能提供包括咨询服务在内的配套业务支持（见图21-2）。

（2）选择权模式

在选择权模式下，商业银行与外部投资机构通过深入合作，签订战略性股权协议，并约定商业银行有权将对科技型创新企业的债权转换为等值的股权（见图21-3）。

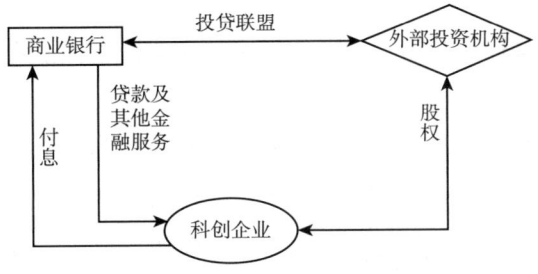

图 21-2 投贷联盟运行流程

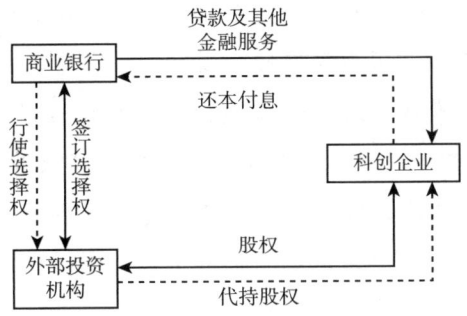

图 21-3 选择权模式运行流程

（3）产业投资基金模式

我国的投贷联动产业投资基金模式在很大程度上参考了英国的 BGF 模式。在这种模式下，政府基金发挥引导作用，促进商业银行与外部投资机构的合作，共同建立产业投资基金平台。该平台采用"优先 + 劣后"的结构化融资设计或股权回购机制来增强信用，主要服务于尚未上市但具有高成长潜力的科技创新企业（见图 21-4）。

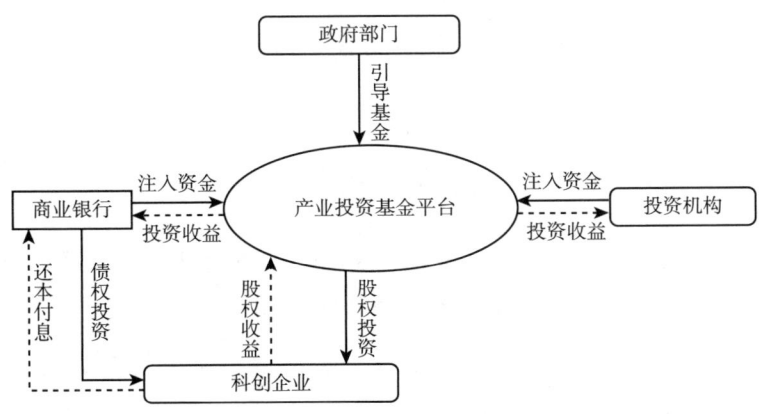

图 21-4 产业基金投资模式运行流程

21.3 发展投贷联动典型措施借鉴

2020年4月,为助力企业融资,广东省佛山市南海区出台《支持企业投贷联动专项扶持资金管理办法》,充分发挥财政资金对银行信贷资金的引导和杠杆作用,利用"股权+债权"结合的新型资金供给方式,对符合扶持要求的企业提供贷款贴息、支付管理费,补偿银行机构因支持企业投贷联动融资而产生的风险损失。其中,南海试点企业最高可享3 000万元贷款扶持,以及30%的贷款利息贴息。佛山市南海区支持企业投贷联动专项扶持资金(以下简称投贷联动专项资金)的设立,旨在充分利用股权+债权联动支持的创新模式,通过合作银行机构和投资机构的协同合作,提高区内企业的金融服务受惠面。投贷联动专项资金扶持方向为国家重点行业或领域、南海区政府人才引进计划及相关团队、具备核心技术或服务等区内相关优质企业,政策目标清晰且方向符合区"十四五"规划及远景目标的定位,通过精准投放,达到提高金融支持相关产业发展的效率及效果。

目前,已有8家银行和10家投资机构成为南海投贷联动专项资金的合作银行和合作投资机构,包括好易点在内的5家南海科技型企业获得银行授信,累计融资金额约5亿元。南海这些举措,进一步解决了企业融资难问题,是对本地优质企业在新形势下发展壮大的有力支持,也为佛山南海经济转型升级和高质量发展提供有力的金融支撑。

佛山市南海区支持企业投贷联动专项扶持资金管理办法实施细则[①]

第一章 总 则

第一条 为了加快扶持培育区内高科技企业高质量发展上市,确保佛山市南海区支持企业投贷联动专项扶持资金(以下简称"投贷联动专项资金")的高效、规范运作,加强资金管理,根据《佛山市南海区支持企业投贷联动专项扶持资金管理办法(试行)》(南府〔2022〕3号,以下简称"管理办法"),结合我区实际,特制定本实

---

① 资料来源:http://www.nanhai.gov.cn/fsnhq/zwgk/zwdt/tzgg/content/post_5285475.html。

施细则。

第二条 本实施细则所称的管委会是指投贷联动专项资金管理委员会，管委会为投贷联动专项资金的主管机构；本实施细则所称的管委办是指管委会下设的办公室，管委办设于区金融办，并由区金融办代章。

第三条 本实施细则所称的资金管理人是指佛山市南海产业发展投资管理有限公司（以下简称"资金管理人"）。

第四条 本实施细则所称合作银行、合作投资机构，分别是指符合《管理办法》相关要求，并与资金管理人签订合作协议的银行、投资机构。

第二章 企业入库及管理

第五条 投贷联动专项资金建立"投贷联动扶持企业库"（以下简称"扶持企业库"），入库标准按照《管理办法》文件执行；扶持企业库的企业名单由管委办根据实际情况不定期发布。

第六条 企业入库及审核：

（一）管委会成员单位按照择优原则从区内具有发展潜力的科技类、上市后备类等企业中遴选并推荐符合条件的企业，经入库管理小组形式性复核并报管委会审定后纳入扶持企业库。

（二）合作投资机构、合作银行可按《管理办法》规定的入库标准推荐符合条件的企业，其中，合作投资机构须联合至少一家合作银行共同推荐企业，合作银行可单独或联合合作投资机构推荐企业；经入库管理小组形式性复核并报管委会研讨后纳入扶持企业库。

第七条 扶持企业库实行动态管理。入库管理小组不定期对库内企业进行风险评估，若库内企业不再符合扶持企业库扶持或入库标准，经研讨并上报管委会审定后可将其退出扶持企业库。

入库管理小组可结合经营规模、发展现状、具体需求等，视实际情况对库内企业实施分级管理。

第八条 区金融办及资金管理人不定期对合作机构进行走访，协调相关单位处理入库企业的推荐及对接沟通事宜。

第三章 扶持申请流程

第九条 投贷联动专项资金通过贷款利息补贴、风险损失补偿等方式对符合条件的企业和合作银行给予支持。

第十条 贷款发放申请及原则：

（一）对已获得合作投资机构股权投资的扶持企业库内的企业，合作银行向该企业发放不低于股权投资金额50%（含）的信用类资金（非抵质押贷款授信）。纳入统计的股权投资金额投资时点为该投资机构成为合作机构后，或成为合作机构前6个月（180天）内。

上述非抵质押类贷款是指抵押或质押担保贷款之外的贷款，可以为纯信用贷款，还可以是企业的股东、实际控制人、关联企业或其他关联方或其他第三方（但不包括融资担保公司）提供保证担保的非抵/质押类贷款等。

（二）企业原则上在收到合作投资机构首笔投资款后或在该投资机构成为合作机构后3个月内向合作银行提出贷款申请。

（三）原则上由推荐企业入库的合作银行对该企业实施投贷联动的贷款发放，企业可直接向该银行提出贷款申请；如同时有多家合作银行意向向企业发放贷款的，由企业根据自身实际情况自行确定一家合作银行；

如推荐企业入库的合作银行未给予该企业发放贷款的，由管委办按投贷联动专项资金确定的合作银行贷款发放规则或由其他合作银行主动申请优先等方式确定贷款银行。投贷联动专项资金确定的合作银行贷款发放规则，具体由管委办另行明确。

（四）原则上由管委会成员单位推荐入库的企业，其贷款发放由管委办按投贷联动专项资金确定的合作银行贷款发放规则或由合作银行主动申请优先等方式确定贷款银行；如同时有多家合作银行主动申请发放贷款的，由企业根据自身实际情况自行确定一家合作银行。

（五）合作银行向企业发放的贷款额度、担保条件、用途、期限、利率按照《管理办法》相关规定执行。

（六）合作银行须严格按照投贷联动专项资金有关规定开展业务，同时合作银行开展投贷联动专项资金业务情况将作为评估指标纳入佛山市南海区银行业金融机构支持地方经济发展评估机制。

第十一条 贷款扶持申请及备案：

（一）扶持申请：投贷联动专项资金实行"先放贷、后报备"方式。合作银行向符合上述第十条规定的企业发放信用类贷款（非抵质押贷款授信），原则上合作银行应按不低于纳入统计的股权投资金额50%（含）发放贷款，如实际发放贷款虽低于上述纳入统计股权投资金额的50%（含）但金额达到3 000万元及以上的，在申请备案时可视同其贷款发放比例已符合上述要求。

合作银行按上述要求发放贷款，在贷款发放之日起三个月（90天）内向资金管理人提交"项目报备表"及相关附件材料进行备案申请；逾期提交申请的，视为该笔贷款自动放弃申请投贷联动专项资金扶持。

（二）审查备案：资金管理人对报送的贷款项目进行形式性审查，主要对贷款企业是否属于扶持对象、贷款发放情况、贷款金额、贷款期限、贷款利率是否符合要求、材料是否齐备等进行审核；经审查符合要求的贷款项目，资金管理人按要求办理备案确认手续，经确认的贷款项目纳入投贷联动专项资金的贷款贴息及风险损失补偿扶持。

（三）同一笔贷款不得重复申请区级政府部门的其他风险补偿政策，对于资金管理人按有关规定不予受理的贷款或合作银行违规发放的贷款项目，投贷联动专项资金不承担任何补偿责任，企业也不得享受贴息扶持。

（四）原则上单个企业同时只能享受一笔不超过3 000万元（含）的贷款扶持，贷款期限最长不超过3年（含），其按时或提前归还全部本息后可申请贴息扶持。

第十二条 贴息要求及申请：

（一）经资金管理人确认备案扶持的贷款项目，企业在按照贷款合同规定期限归还本息后，可通过佛山扶持通向区金融办申请利息补贴（以下简称"贴息"）；对未按照贷款合同规定期限归还的逾期贷款不予贴息。贴息资金在投贷联动专项资金中列支，由区金融办每年编制年度预算。

（二）投贷联动专项资金按单笔贷款利息的30%给予补贴，单笔贷款贴息计算时间不得超过3年，贴息总额不超过100万元（含），超过100万元部分不再予以补贴。

（三）符合上述条件的贷款贴息，企业原则上须在结清贷款本息之日起12个月内申请，且同一笔贷款不得重复申请区级政府部门的其他贴息政策支持，否则不予补贴。

（四）贷款贴息原则上每年申请一次，具体申报时间及材料要求以区金融办在佛山扶持通网站发布的通知为准。

第四章 风险控制及管理

第十三条 合作银行发现贷款逾期、欠息或尚未发生实质逾期但出现经营情况严重恶化或其他重大不利影响情形时，应尽快对风险信息进行分析和判断，并于5个工作日内告知资金管理人，并按要求向资金管理人提交风险处置意见报告；资金管理人根据风险处置意见，配合合作银行采取必要的风险处理措施。合作银行迟延采取必要措施减免损失的，扩大部分的损失由合作银行自行承担。

第十四条 合作银行因非正常原因需提前收回已发放贷款的，应在收回之日起5个工作日内书面知会资金管理人；合作银行如采取造成弱化担保或不利于贷款回收的变更措施的，则应在采取正式变更措施前向资金管理人提交情况说明，且变更前须征得资金管理人同意。如合作银行未按上述要求提出申请并经同意即进行变更的，投贷联动专项资金对该项目贷款将不承担任何风险补偿责任。

第十五条 投贷联动专项资金风险损失补偿实行风险共担机制。贷款项目发生违约的，合作银行应及时采取有效措施减少损失，并按照贷款合同等相关条款进行追偿，在依照法律程序追偿终结后，对最终确实无法收回的贷款本金损失，合作银行可要求投贷联动专项资金按照贷款本金实际损失的40%进行风险损失补偿，因追偿违约贷款追偿所产生的相关费用及相应的利息、罚息等损失由银行全额承担。

第十六条 资金管理人对单个合作银行的贷款本金逾期率（单个合作银行备案贷款项目逾期率＝单个合作银行备案贷款逾期项目的贷款总额/单个合作银行备案贷款项目的贷款总额）及损失补偿金额进行统计。当单个合作银行贷款本金逾期率超过5%（含）且逾期金额达到3 000万元（含）时，资金管理人应在5个工作日内向管委办进行通报，并及时向该合作银行出具暂停贷款项目申请通知书，要求该合作银行暂停项下投贷联动专项资金业务，在通知书下达后且未通知恢复期间发生的业务，均不纳入投贷联动专项资金风险损失补偿范围。

第十七条 合作银行在暂停投贷联动专项资金业务后，应加强完善风险管理制度，当逾期率降至低于5%或逾期金额低于3 000万元时，可向资金管理人提交继续开展业务的申请，经管委会审定同意后恢复业务开展。

第五章 风险补偿流程

第十八条 符合以下情形之一的，合作银行可向资金管理人申请投贷联动专项资金进行风险损失补偿：

（一）合作银行已提起诉讼或申请仲裁，相关裁判、调解或可供强制执行的法律文书生效后，向法院申请了强制执行，经法院强制执行后，未发现借款企业、担保人等还款义务人具有可供执行的相关财产，法院裁定终结执行或终结本次执行，合作银行的贷款本金仍未得到足额清偿的。但借款企业、担保人等还款义务人仍有可供执行的财产，需要等待相关法院统一执行分配、或者破产分配而被中止或终结本次执行的情形除外。

（二）借款企业已被法院依法裁定宣告破产，借款企业无财产可供分配或在破产最后分配完结后，经法院裁定终结破产程序，且其他担保人等还款义务人也出现了上述（一）的法院裁定终结或终结执行本次执行情形，没有可供执行的财产的。

第十九条 符合上述第十八条规定情形后，合作银行应及时组织书面文件向资金管理人发起申请，申请文件应写明申请风险损失补偿的基本情况（包括不限于借款企业基本情况、不良贷款形成原因及采取的补救措施、债务追收过程、损失本金额、不良资产后续处理情况等）、申请补偿的金额、受偿单位的开户行、账号等内容并加盖公章。

第二十条 合作银行向资金管理人申请投贷联动专项资金风险补偿的，必须向资金管理人提供如下相关资料复印件，并提供原件供核对：

（一）合作银行进行追偿的相关法院或仲裁机构的裁决书、调解书、判决书或其他可供强制执行的生效法律文书、相关起诉/申请仲裁文件及全部证据材料；

（二）合作银行向法院申请强制执行的申请书，法院出具的与强制执行相关的法律文书及终结执行或终结本次执行的裁定书；

（三）合作银行提交相关资金报告及证明文件：对借款企业/担保人进行扣收资金、追收或者获得还款的各笔资金清单及相应的凭证证明资料；法院强制执行相关的评估报告、拍卖及执行分配的文件，以及合作银行获得法院分配执行资金的每一笔银行流水凭证；贷款损失补偿计算表；

（四）如属于借款企业被法院依法裁定宣告破产/重整的，还须提供裁定终结破产/重整程序的证明文件，以及破产/重整的财产分配计划或清单、合作银行获得各次分配的金额计算表等文件；

（五）合作银行核销该笔贷款的批准文件或相关证明文件；

（六）资金管理人或管委办提出的其他须补充的资料。

第二十一条 资金管理人收到合作银行的书面申请材料后，应在10个工作日内对合作银行申请材料进行初核并反馈；符合补偿要求且资料齐备的，在15个工作日内制订补偿方案并报送管委办。

补偿方案经管委办报送管委会审议同意后，由区金融办按照补偿方案向区财政部门申请补偿资金，资金管理人在收到补偿资金后从投贷联动专项资金专户向合作银行划付相关补偿金。

非经管委会批复及资金管理人办理划转手续，合作银行在任何情况下均不得自行扣划投贷联动专项资金专户或资金管理人的任何资金。

第二十二条 合作银行收到投贷联动专项资金的风险损失补偿资金后，仍应继续关注借款企业及相关担保人等债务主体可供执行财产情况，如发现具有可供执行的财产线索的，应继续进行追索，并将案件的新情况及时书面告知资金管理人。

合作银行应加强对账销案存资产的管理和追索工作，不得擅自放弃任何追偿权益，否则对可能追索的部分应按照损失补偿比例在已作补偿的资金范围内退还等值资金给资金管理人。

合作银行日后如有追收得到的所有款物（以物抵债的，则以法院认定的抵债金额确定），同样必须先用于抵偿贷款本金（合作银行不得主张先用于偿还利息、罚息、违约金以及追偿发生的诉讼费、律师费等费用），也即项目贷款本金实际损失额相应减少，合作银行必须按照《管理办法》及本实施细则规定的原损失补偿比例，在收到追收款物后5个工作日内退还相应资金给资金管理人。

第二十三条 投贷联动专项资金的风险损失补偿只针对合作银行这一特定的主体实施，如果合作银行以债权转让的方式处置贷款项目的不良贷款债权的，则风险损失补偿同时提前终止，不给予任何补偿资金，债权受让方不能享有《管理办法》及本实施细则规定的补偿权益。

第二十四条 合作银行与投贷联动专项资金的内部核算上，应当采取先还本后还息的原则核算（无论合作银行与借款企业就还本付息顺序进行如何约定，或者法院/仲裁机构对其进行如何认定），借款企业违约后，合作银行扣划或者获得偿还的所有资金（借款企业在违约前的正常贷款期内还息的除外），包括以物抵债的金额，均必须先用于抵偿本金，剩余未还本金才能申报由投贷联动专项资金按《管理办法》及本实施细则规定的比例补偿。

除贷款本金外的其他损失及产生的费用（包括但不限于利息、罚息、违约金以及追偿发生的诉讼费、律师费等费用）由合作银行自行全额承担或追偿，不得优先于贷款本金在回收资金中进行扣除。

第二十五条 合作银行不得减免贷款项目的债务金额或放弃担保权益，否则，减免或放弃部分的损失不属投贷联动专项资金按比例补偿的范围，由合作银行自行承担该部分损失。

合作银行追偿时必须对借款担保人及相关债务偿还、赔偿责任主体（若有）一并提出诉讼、仲裁及执行等，不得放弃对该类全部或部分责任主体的追索，否则，投贷联动专项资金提前终止对该项目的补偿，均不承担按比例补偿的责任，由合作银行自行承担全部损失。

第六章 项目管理

第二十六条 资金管理人负责投贷联动专项资金日常管理，每季度向管委办报送贷款项目扶持及归还、不良贷款发生及清缴返还情况、贴息、损失补偿等情况。

第二十七条 建立投贷联动信息交流机制。资金管理人定期收集合作投资机构拟投企业储备情况、投资计划等情况；合作银行应按时将业务受理、贷款发放、贷款逾期等情况告知资金管理人，各方在投资决策、风险管控、信息共享、追索欠款等方面要密切合作。

合作银行应加强对贷款企业经营状况以及贷款使用情况的监督和检查力度，按要求及时向资金管理人进行项目运作情况备案，同时资金管理人有权要求合作银行及合作投资机构配合，视实际情况对贷款企业或拟投企业进行实地走访，及时了解企业的经营状况。

第二十八条 合作银行在申报项目、申报损失补偿或者在后续追偿中，如有与贷款企业串通、弄虚作假或隐瞒、遗漏真实情况的，资金管理人有权不予补偿；或者已经补偿的，则有权追回相关资金及损失，并且有权暂停或终止其合作银行资格。

第二十九条 纳入投贷联动专项资金扶持的企业违反有关法律法规、或弄虚作假不按管理要求提供完整财务报表、项目进展报告等材料申报扶持的，资金管理人、合作机构有权提前中止对该企业的贷款项目扶持并追讨相关资金；构成犯罪者，采取法律途径追究其刑事责任。

第七章 附 则

第三十条 本实施细则自印发之日起实施，有效期与投贷联动专项资金存续期保持一致。

第三十一条 本实施细则由区金融办负责解释；细则未明事项按照《管理办法》有关规定执行。

21.4 关于投贷联动——银行科技信贷风险评价指标体系

创新驱动型企业由于其独特的创新能力和所处的成长阶段，与普通私营企业存在本质的不同。这使得对这类企业在投融资结合方面的信贷风险评价与控制研究显得尤为关键。在制定银行科技贷款风险的评估体系时，主要关注三个核心方面：技术创新带来的风险、企业财务状况的风险以及除此之外的其他潜在风险（见表21-1）。

表21-1　投贷联动机制下的银行科技信贷风险评价体系

一级指标	二级指标	三级指标	全局权重
技术风险 0.4405	技术周期 0.3178	创新阶段 0.3129	0.0994
		成长阶段 0.1462	0.0465
		成熟阶段 0.1024	0.0325
		衰退阶段 0.4385	0.1394
	研发投入 0.2769	研发费用占比 0.1523	0.0422
		研发人员占比 0.3025	0.0838
		研发项目数量 0.1466	0.0406
		高新技术产品收入占比 0.3986	0.1103
	技术创新 0.4053	新产品开发率 0.2394	0.0970
		新产品市场占有率 0.3645	0.1477
		专利数量 0.1638	0.0664
		工艺创新 0.0988	0.0401
		产品性能创新 0.1335	0.0541
财务风险 0.3054	偿债能力 0.6000	现金比率 0.3365	0.2019
		流动比率 0.2249	0.1349
		速动比率 0.1674	0.1004
		资产负债率 0.2712	0.1628
	盈力能力 0.4000	销售毛利率 0.1278	0.0511
		净利润率 0.3859	0.1544
		净资产收益率 0.2796	0.1118
		总资产报酬率 0.2067	0.0827

续表

一级指标	二级指标	三级指标	全局权重
其他风险 0.2541	投资机构状况 0.4052	持股比例 0.2205	0.0893
		背景与经验 0.0937	0.0380
		投资金额与时间 0.1420	0.0575
		股东资信 0.2692	0.1091
		优质企业筛选 0.2746	0.1113
	企业信用 0.3549	行政处罚 0.3665	0.1301
		税务记录 0.1987	0.0705
		质监记录 0.1291	0.0458
		海关记录 0.1156	0.0410
		法律纠纷 0.1901	0.0675
	企业基本情况 0.2399	抵押充足性 0.2745	0.0659
		产业政策 0.1170	0.0281
		融资轮次 0.1890	0.0453
		公司治理 0.0709	0.0170
		行业状况 0.1983	0.0476
		企业周期 0.1503	0.0360

21.5 河北省推动发展投贷联动的建议

（1）建立配套服务体系，优化投贷联动业务发展环境

投贷联动模式的关键在于促使银行与投资者的积极参与。为实现这一目标，需持续改进其业务环境。首先，政策上，建议政府修订相关法律，加强专利保护，降低研发风险，并鼓励企业通过股权筹资，以营造有利于投贷联动发展的条件。其次，建立财政支持体系，以便在项目失败时，政府能根据既定协议对银行和投资者的损失给予部分补偿，从而减轻其风险负担，增强投资者信心。最后，监管方面，鼓励金融机构建立风险投资机构，提升业务执行效率，并通过制定详细的业务规则，明确企业参与标准和资产评估准则，为银行的流程优化和制度规范化提供指导。这些措施有助于减少业务运作中的冗余，推动投贷联动模式的健康发展。

（2）完善风险控制机制

为提升科技型企业金融服务的质量和效率，银行需加速构建风险管理框架，巩固投贷联动业务的根基。首先，应开发全面的科创企业风险评估机制。政府或行业组织可主导制订风险分担方案，降低特定风险的冲击，指导银行开发适合科技中小微企业

的信用评估模型,并设立专门的审批与风险控制流程,优化利率定价,提升风险评估的准确性,并建立项目的评估与淘汰制度。其次,应开发定制化的信贷管理策略。根据投贷联动的特点,对传统的贷前、贷中、贷后流程进行改革,增强信贷管理的适应性,并建立有效隔离措施,确保股权和债权的独立运作。最后,应加强风险缓解措施。通过充分利用政府的风险补偿政策,与融资担保机构深化合作,减少对科技型企业抵押物的依赖,提高信用贷款的比例。这些措施有助于提高银行对科技型企业的金融服务能力,同时有效控制风险。

(3) 与股权投资机构建立有效的业务合作机制

在实际业务中,银行可以通过与风投机构的合作,深入了解行业动态和发展潜力,提高对借款企业的评估能力,并借此发掘更多高质量的初创企业。为此,银行需拓展与股权投资机构的合作方式和途径。首先,应建立信息共享和联合决策的机制,确保信贷与风险投资等流程的紧密结合和同步进行。其次,银行应深化与风险投资基金的合作关系,在遵守国内监管政策的基础上,共同提供资金托管、现金管理、外汇交易等服务,持续推进科技支行的建设,并根据业务特性,建立专业的考核、管理体系和授权机制,扩展与股权投资机构的合作范围,通过加强科技支行建设促进投贷联动业务的专业化。最后,银行应加强资源整合,积极构建专业的管理团队和组织结构,同时培育银行内部的科技金融专业人才。通过这些措施,银行能够更有效地服务于科技型企业,同时提升自身的风险管理和业务发展能力。

(4) 持续推动金融产品创新

投贷联动作为一种新兴业务模式,对于银行、风险投资机构以及企业来说,关键在于协同合作以实现共同增长。首先,需要不断推进金融产品的创新,通过建立专门的运营机构,构建全面的投融资服务平台,提供更多样化、低成本的金融资源,同时,增强如知识产权质押贷款等创新金融业务的开发,拓宽资金使用途径。其次,应扩大金融服务的覆盖面。除了传统的信贷和股权投资服务,还应根据企业的具体需求,提供包括战略咨询、高级管理层的私人银行服务以及综合现金管理等多元化的金融服务,以实现收益来源的多样化。最后,可以利用理财子公司的资产管理能力,探索直接投资或利用银行理财的资金优势参与股权投资,以促进投贷联动业务的有效实施和成果显现。通过这些措施,可以有效地降低业务运作中的重复性,推动投贷联动业务向更高效、更创新的方向发展。

(5) 构建投资主体退出机制,强化风险控制能力

投贷联动模式在实践中面临股权流动性不足的挑战,为缓解这一问题,构建股权交易平台显得尤为重要。政府作为稳定性的保障者,其财政投入相对稳定,而银行及

外部投资者可以通过创立各自的股权交易网络系统，增加退出机制的选择，提升股权与债权的流动性。在企业投资遇到不利情况时，应优先使用政府的投资份额来吸收损失，以最大程度地维护其他投资者的利益。通过这种方式，可以有效地分散风险，增强投贷联动模式的稳定性和可持续性。

本章参考文献：

[1] 于颖．银行科技信贷风险评价指标体系构建——基于投贷联动模式［J］．技术经济与管理研究，2021，299（6）：84-88．

[2] 王泉江．基于金融生态圈模式的投贷联动业务创新研究［D］．贵州财经大学，2022．

[3] 蔺鹏，孟娜娜，杜崇东．商业银行投贷联动的模式探索及机制构建——以河北银行为例［J］．农村金融研究，2017，447（6）：7-12．

[4] 唐婧．迈小步、慎创新投贷联动或迎科创金融新机遇［N］．21世纪经济报道，2023-05-22（007）．

[5] 牟晓青，刘春波．投贷联动机制探索与创新——济南市的实践与经验［J］．金融发展研究，2023，495（3）：87-89．

[6] 张原，梁仕清，张雪艳．投贷联动支持科技金融的发展机制与实施路径研究［J］．科技与金融，2023，59（Z1）：76-81．

[7] 朱越，李丽平．投贷联动模式支持科创企业融资研究——基于甘肃视角［J］．甘肃金融，2022，529（4）：72-75+46．

第22章

科技保险(与保险补偿)

科技保险是由国家科技部和保监会于 2006 年共同发起的项目，专注于为高新技术企业提供保险服务，目的是助力这些企业的成长并推动国家创新战略的执行。2007年，北京等六个城市（区）被选为科技保险创新的首批试点地区。随后在 2008 年，上海等六个城市（区）也加入了试点行列。从运作情况来看，试点地区初步形成了"政府引导 + 商业化运作"的发展模式，科技保险为科技企业发展提供了重要的风险分散和风险补偿保障渠道和产品工具，相关的保费补贴、产品创新、机构建设等政策引导体系逐步完善，但依然存在着明显的科技保险供求抑制以及科技企业、保险机构、政府等相关主体之间的利益协调等问题。

22.1 科技保险的概念与特点

科技保险涵盖了针对科技企业在技术创新和运营过程中涉及的财产（无论是有形还是无形）、员工的健康与安全、企业可能面临的第三方经济赔偿责任，以及创新项目预期成果的保险保障。

企业在研发领域的投入面临较高的风险和不确定性，由于需要大量的前期资本和较长的研发时间，科研工作者、研究机构和企业通常会有所犹豫。保险作为最基础的、最可持续的风险管理方式，在化解科技创新风险、支持科技企业发展方面发挥了积极作用，从保险业的角度来为这种不确定性进行承保，降低研发风险，以科技保险为成果转化保驾护航，激发研发创新活力的新探索，对支持企业技术创新具有积极意义。

科技保险是一系列产品的统称。它不属于单一的保险种类，也不归属于现有的任何保险类别。与传统保险产品不同，科技保险并非仅以保险对象来定义，也不是根据其功能进行分类，而是包括了人身保险、财产保险等多种保险产品的整体概念。

客户群体主要是科技企业。科技保险主要面向科技企业，旨在为这些企业在研发、生产、销售等环节遭遇的风险提供保障。与传统的人身和财产保险相比，科技保险能够为科技企业在各个商业环节的特定风险提供保险，包括研发、生产、销售、售后服务等，既可以单独承保，也可以提供综合性或全流程的保险解决方案。

科技保险承保信息不对称问题凸显。科技研发成果受多种因素影响，科研活动的复杂性和相关风险的不确定性导致保险公司在这方面仍在探索。科技保险涵盖的责任风险包括研发成果的不确定性，而科研成果的保密性又增加了信息不对称的问题。科技企业技术的专业性质进一步加剧了信息不对称，相应地，保险公司在道德风险方面的挑战也更为显著。

政策支持是科技保险发展的关键。科技保险的壮大得益于政府层面的政策支持。在这一过程中，中央及地方政府出台了多项激励措施，如保费补助和税收减免等，以促进科技保险业的发展。科技保险对于推动科技企业的增长和整体经济的进步具有显著的正面影响。鉴于此，我国在科技保险领域采取了政府引导与商业运作相结合的运营策略。

缺乏可借鉴的理赔标准。信息不对称问题在科技保险的定价和理赔过程中造成了挑战，特别是在确定赔偿标准时。与医疗保险依据医疗票据、车辆保险依据维修单据、农业保险由专门机构或政府部门确定赔偿范围不同，科技保险缺乏类似的第三方参考标准，导致保险公司与科技企业在理赔时可能出现分歧，从而引发争议。

22.2　科技保险补贴的主要流程

科技保险作为一项创新的保险类型，有助于减少科技企业在创新、生产、员工健康和出口信用等领域面临的风险。这不仅鼓励企业增加科研投资、提升研发实力，还有效分散了科技创新过程中的风险。同时，科技保险也促进了科技创新与保险业的协同进步，优化了资源配置。

为了确保科技保险业务的顺利进行，国内多个城市根据本地特色，推出了各自的支持政策。其中包括税收优惠政策，将科技保险费用视为研发投入，享受税收减免；以及保费补贴政策，地方政府根据本地科技企业的特性，制定了补贴办法，明确了补贴的险种、比例和上限，以激励企业根据自身情况选择合适的科技保险产品。这些政策旨在提高企业参与科技保险的积极性（见图22-1）。

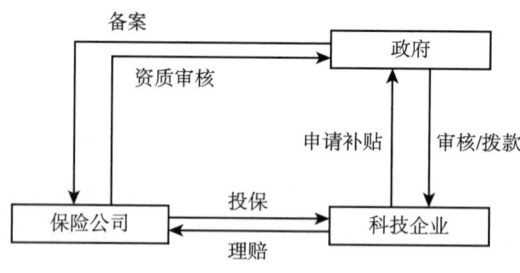

图22-1　补贴流程

以下是关于河北省2023年度科技保险费补贴支持资金项目申报的通知。

河北省市场监督管理局
关于申报专利保险补助和专利权质押贷款贴息补助项目的通知[①]

各市（含定州、辛集市）市场监督管理局，雄安新区综合执法局：

为进一步推进全省专利保险和专利权质押贷款工作，根据河北省市场监督管理局等四部门《关于印发〈河北省专利保险补助管理办法〉和〈河北省专利权质押贷款贴息补助管理办法〉的通知》（冀市监发〔2021〕126号）和《关于修改〈河北省专利保险补助管理办法〉部分条款的通知》要求，现将2023年申报专利保险补助和专利权质押贷款贴息补助项目有关事宜通知如下：

一、专利保险补助项目

（一）补助对象

在本省行政区域内依法登记，具有独立法人资格，2022年1月1日至12月31日期间一次性全额缴纳一年以上专利保险保费，为本单位核心技术专利或对产业发展具有重要支撑作用的专利购买的与实际需求相匹配的专利保险产品的企业。上一年度已获得补助的专利续保的，不予补助。

（二）补助标准

1. 对第一年专利保险保费给予全额补贴，必要时可根据预算规模调整补助比例。
2. 同一专利保险险种，优先补助费率低、风险保障金额大的专利保险项目。
3. 同等条件下，优先补助投保时间早的补助项目。
4. 同一专利同一险种仅享受一次专利保险补助。

（三）申报材料

1. 河北省专利保险补助经费申报书；
2. 专利保险保单（含保险公司出具的投保明细表）复印件；
3. 保费发票复印件；
4. 投保专利证书及年费缴纳凭证复印件；
5. 诚信承诺书及其他材料。

二、专利权质押贷款贴息补助项目

（一）补助对象

在本省行政区域内依法登记，具有独立法人资格，通过自主专利权质押获得一年

[①] 资料来源：http://scjg.hebei.gov.cn/info/79127。

以上（含一年）银行贷款、且将贷款用于与专利生产能力建设有关投资的科技型企业。企业该笔贷款需满足在2022年1月1日至12月31日期间还款结束，有一年以上完整连续的利息支付凭证。

（二）补助标准

1. 采用专利权质押单一方式获得贷款的，对最后一年贷款按照合同约定利息的50%给予补助；实际支付利息低于合同约定利息的，按照实际支付利息的50%补助。

2. 采用专利权质押附加其他担保组合方式获得贷款的，对最后一年贷款按照不超过贷款业务中专利权质押部分支付利息的50%给予融资企业补助。

3. 每笔专利权质押融资贷款业务仅享受一次补助。同一补助年度内，通过专利权质押融资的企业，获得的补助额度不超过50万元。

（三）申报材料

1. 河北省专利权质押贷款贴息补助申报书；

2. 科技型企业的相关材料复印件（可提供科技型中小企业、高新技术企业、创新型企业、"专精特新"或其他体现企业创新水平等的认定证书或文件复印件）；

3. 申报单位的营业执照复印件、法定代表人相关材料（可表述为：×××为×××公司的法定代表人，身份证号为×××。加盖单位公章）；

4. 专利权质押登记通知书复印件（核对原件）；

5. 与银行签订的借款合同、质押合同、保证合同等复印件，合同之间须具备关联性，其中在借款合同的担保方式页需双方盖章确认（核对原件）；

6. 与资产评估相关的合同、评估报告等；

7. 贷款拨款凭证复印件（加盖单位财务章）；

8. 贷款结清凭证、利息支付凭证及相关资料复印件（加盖单位财务章）；

9. 采用专利权质押附加其他担保组合方式获得贷款的，出具通过专利权质押获得实际贷款额度的相关材料（如银行出具的证明）；

10. 专利权证书及年费缴纳凭证复印件；

11. 诚信承诺书及其他材料。

提交的申报书及相关材料纸件一式一份和PDF格式电子件（同时报申报书的word版电子件）。材料是复印件的，需加盖公章。

三、申报程序

（一）符合条件的企业请在3月1日前，向所在市（含定州、辛集市）和雄安新区市场监管（知识产权）部门提交专利保险补助和专利权质押贷款贴息补助申报材料，一式一份（并报电子件），材料是复印件的，需加盖单位公章。未在规定时间内提出补助申请的，视为放弃申请补助，逾期不再补报补发。

（二）各市（含定州、辛集市）和雄安新区市场监管（知识产权）部门要认真审核申报材料是否齐全，查看原件，核实填报信息的真实性、准确性，提出初审意见，并填写项目汇总表（附件6、附件7），于4月1日前上报省市场监督管理局（省知识产权局）。

22.3 发展科技保险的典型措施借鉴

科技保险作为保险领域的新成员，正持续获得发展的新机遇。各地正在积极推动保险公司构建健全的科技创新支持体系，开发定制化的保险产品，并加强风险的防范与保障。

从深圳市地方金融监督管理局发布的《深圳市关于金融支持科技创新的实施意见（征求意见稿）》来看，其中提到研究将科技项目研发费用损失保险纳入深圳市科技研发专项资金的支持范围。还提出实施小额贷款保证保险补贴，对于通过小额贷款保证保险新发放的贷款，对保险公司按照实际承保贷款金额给予1%的业务奖励。除了拟定"真金白银"的鼓励措施，整体来看，安徽省、北京市、福建省等地相继推动保险公司加快布局科技保险专营机构或专营分支机构，旨在实现服务前移、专营优做。比如2022年9月，北京五部门发文，支持有条件的保险公司设立科技保险专营机构，为企业提供特色服务。

对于保险公司而言，大力发展科技保险离不开一纸规划。当前，包括福建省、陕西省在内的多地明确，保险机构、保险分支机构要制定支持科技创新的规划。2022年4月，福建银保监局印发《福建银行业保险业支持科技创新行动方案（2022—2024年）》提到，鼓励辖区有条件的法人保险机构围绕福建创新型省份建设，将科技创新金融服务纳入公司发展战略。

保险机构推动科技创新的支持主要依靠产品与服务的共同作用。在产品创新方面，安徽省积极倡导开发与本省科技创新需求相匹配的保险产品，着重保障科技研发、成果转化、企业孵化及产业化进程以及知识产权的创造与保护等关键环节的风险。在提升保险服务能力方面，北京银保监局印发专项通知，鼓励保险公司持续开展专利类、商标类执行保险及被侵权损失保险等业务，探索研发境外知识产权保险产品，降低企业维权成本，助力科创企业"走出去"。

与此同时，顶层设计也在为科技保险的发展释放新信号。2021年11月，银保监会印发《关于银行业保险业支持高水平科技自立自强的指导意见》，要求保险机构强化科技保险保障作用及强化科技保险服务。2022年7月，中国银保监会与上海市政府联合发布《中国（上海）自由贸易试验区临港新片区科技保险创新引领区工作方案》，同年11月中国人民银行和中国银保监会等八部门印发《上海市、南京市、杭州市、合肥市、嘉兴市建设科创金融改革试验区总体方案》，这些政策文件明确了保险业支持科技发展的方向，并提供了政策上的支持，为企业创新服务体系的完善迈出了重要步伐。

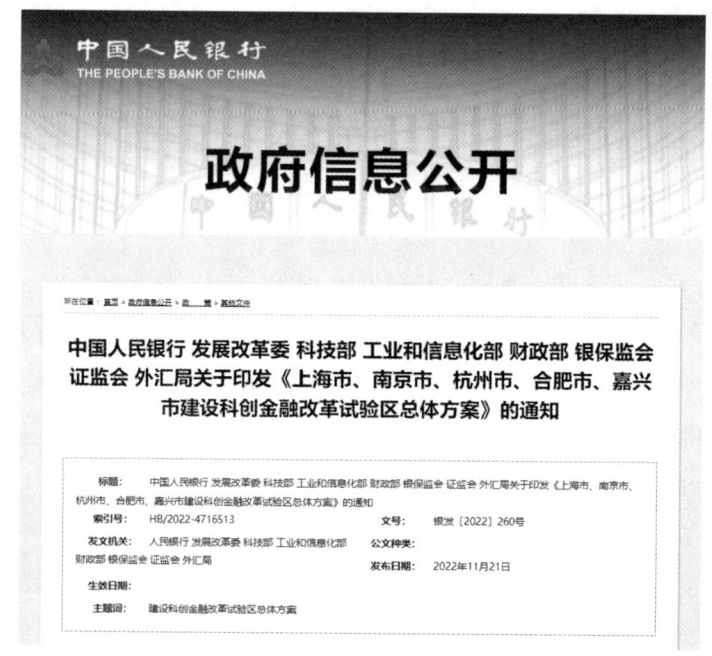

22.4　关于科技保险典型案例

河南省科技保险补贴重在引导科技企业通过购买科技保险的方式，分散和化解创新创业风险，提高科技研发的积极性，降低研发失败损失。从2022年开始对企业进行补贴，今年选取了保产品研发责任保险、关键研发设备保险、营业中断保险（A款研发中断保险）、产品质量保证保险、科技成果转化费用损失保险（揭榜挂帅攻关险）、科研费用损失保险等六个险种（险种名称不同但具体条款实质相同的，可纳入补贴范围）作为本次科技保险补贴的范围，按照实际支出保费的30%，每个企业每年最高补贴额度不超过20万元的标准予以补贴。同时，按照我市《鹤壁市科技保险补助资金管理办法》，企业还将按照实际支出保费的40%—50%获得市级补贴，企业实际支出保费只有20%—30%。今年我市首批科技保险补助资金已经通过专家评审，市级补助资金将于近期到位。

唐山开元自动焊接装备有限公司位于河北省，作为中国领先的焊接与切割设备制造商，该公司专注于生产焊接机器人、系统及焊接材料和辅助工具等产品。在央视的宣传片"大国重器"中，很多工程的构件都是开元自动设备焊接完成的。港珠澳大桥这座全世界总长度最长的钢结构桥梁最长的超级跨海大桥，其中的钢箱梁板单元焊接设备就出自唐山开元。2016年政府出台《关于开展首台（套）重大技术装备保险补偿机制试点工作的通知》（财建〔2015〕19号）文件，公司在政府的帮助下成功申请了2个产品的首台套，成为河北省首批加入首台（套）目录的企业。

首台（套）重大技术装备是指经过创新，其品种、规格或技术参数等有重大突破，具有知识产权但尚未取得市场业绩的首台（套）或首批次装备、系统和核心部件等。其中，"首台（套）"是指用户首次使用的前三台（套）装备产品。目前装备公司入目录的首台套产品共17项，合同总额2.1亿元。累计投保金额约630万元，其中政府投保补贴504万元，企业自付126万元，理赔150万元。

22.5　河北省推动科技保险发展的建议

科技保险的成长需要政府、科技企业、保险公司等多方的合作与努力。保险公司应超越单纯的产品开发和销售渠道扩展，实施全面的改革与创新。面对挑战，保险公司需在产品体系构建、服务完善、团队能力提升、风险评估与管理以及资源的有效整合等方面作出努力，以推动科技保险的全面发展。

（1）构建多元化、层级化的科技保险产品结构

为了更好地服务科技企业，保险公司应当根据科技企业的价值链来完善其保险产品体系。这意味着要开发一系列覆盖费用、责任、人员和知识产权等方面的保险产品，确保能够提供覆盖科技企业全生命周期的全面保险解决方案。同时，保险公司需要不断优化并推出重点和补充性的科技保险产品，形成一个以国家级和地方级政府主导的保险种类为主体，辅以一般性和试验性保险种类的综合性产品体系，以此提高对风险的保障力度和服务水平。针对中小型科技企业，保险公司应开发标准化的服务方案，解决这些企业在成长过程中普遍遇到的知识产权保护、产品责任等问题，助力这些企业的发展。此外，对于国家重点支持和地方政府重点扶持的行业，如信息技术、生物医药、智能制造、能源研究和核心科技研发等，保险公司应提供定制化的保险方案，满足这些战略性行业和特色行业中重点科技企业的个性化和全面保险需求。

(2) 通过"产品+"服务提供综合性保险解决方案

在科技保险的未来发展中,保险公司应超越传统的风险分散功能,积极采取主动措施以减少科技领域的潜在风险。为此,保险公司可以探索新的业务模式,将风险降低服务融入整体的保险解决方案,形成一种以保险为基础,灾前预防为重点的综合服务体系。同时,保险公司还应寻求与科技金融领域的合作机会,开发"保险与投资联动"的共赢模式。通过这种方式,保险公司不仅提供风险保障,还能参与科技企业的成长过程,共享其发展成果,实现资源共享和互利共赢。

(3) 参考"军团制"策略,迅速聚焦并突破关键业务领域

科技保险的核心客户是科技型企业,借鉴华为公司的"军团模式",可以从科技保险的角度出发,对传统保险的销售体系进行革新,升级业务模式,并深入分析科技企业的具体需求,以实现业务场景的创新转型。此外,为迅速而准确地满足客户需求,保险公司可以对传统的组织结构进行优化,将销售、核心运营、产品开发、精算、财务和投资等多个部门的资源整合起来,减少客户需求响应、风险防范、产品创新和客户服务之间的距离。通过这种快速、灵活、高效的流程,保险公司能够围绕科技保险产品开发和客户服务,提高解决方案的实施能力。

(4) 建立一支具备科技保险专业能力的团队

首先,为了满足科技保险业务的发展需求,应当选拔并培养具有科技背景、金融知识和风险管理能力的复合型管理人才,同时加强营销、核心运营和精算等专业人才队伍的培养和发展。其次,应组织成立专注于不同科技领域的保险团队,通过深入研究行业特点,不断提升对科技企业风险的理解,并针对智能制造、数字技术、生物医药、新材料和新能源等行业,建立专门的保险团队。最后,制定与科技保险特性相适应的基本法规,考虑到市场化机制和业绩导向的重要性,综合科技保险的特点及不同科技行业的特性,进行灵活的制度设计。同时,平衡业务发展模式、团队结构和扩张策略,提高考核机制的灵活性和激励措施的有效性。

(5) 专注于科技领域的特点,优化管理体系

首先,提升科技在保险业务中的应用,通过将科技创新融入保险的核心流程,如承保和理赔,以增强风险管理的能力。同时,开发便于销售人员使用的工具,增强其业务拓展的能力,并不断优化数据报告平台,为精确的业务管理提供数据支持和决策依据。其次,构建和完善科技保险的运营管理体系,不仅要确保核保和核赔流程的严格管理,控制风险,还要制定符合科技保险特点的管理规范和操作指南,以科学化的方法指导业务的分类和细化管理。最后,创新考核机制,建立与传统保险业务不同的评价体系,除了关注保费和利润等基本指标,还应重视科技保险的覆盖范围、深入程

（6）充分发挥各级政府扶持政策的作用

科技自立是国家战略的关键组成部分。为了支持科技型企业的成长，各级政府相继推出了包括鼓励科技保险发展在内的多项政策措施。保险公司需把握这一战略机遇，充分利用政策优势，积极搜集政府提供的科技保险创新支持政策，如财政补贴、风险投资基金、企业孵化平台以及"保险+科技"研究园区等资源。结合自身的实际情况，保险公司应在关键区域和关键领域进行深入研究，并积极开展试点项目，以实现局部突破，进而带动整体的推广和发展。通过这种方式，保险公司能够更好地服务于科技企业，同时推动自身业务的创新与成长。

（7）主动寻求与外部机构的协作

保险公司应当主动与科技企业、其他保险公司、数据分析机构以及科研机构建立合作关系。首先，通过共同搜集风险相关数据，创建科技风险数据库，并在此基础上开发风险控制模型，这有助于对科技风险进行精确评估和计量，从而提升风险评估的准确性和保险产品的定价精确度。其次，合作方应共同探讨科技产业的发展规律，深入研究潜在风险，以便更好地理解和应对科技领域的保险需求。通过这样的合作，保险公司能够更有效地服务于科技企业，同时推动保险产品与服务的创新。

本章参考文献：

[1] 任辉. 高新技术企业科技保险购买意愿影响因素研究——基于广州市274家高新技术企业的调查[J]. 科技进步与对策，2020，37（21）：110-117.

[2] 李亚青，梁晓源，王梓龙. 需求异质性视角下的科技保险财政补贴政策优化[J]. 保险研究，2020（3）：55-66.

[3] 季昱丞，徐维军，赵琪. 科技型企业的运营决策与融资均衡：保险在其中所扮演的角色[J]. 保险研究，2018（8）：91-100+110.